外 交 学 译 丛

外交的本质

［瑞典］克里斯特·约恩松　著　肖珺　译
Christer Jönsson

［瑞典］马丁·霍尔
Martin Hall

北京大学出版社
PEKING UNIVERSITY PRESS

著作权合同登记号　图字:01-2017-1117
图书在版编目(CIP)数据

外交的本质/(瑞典)克里斯特·约恩松,(瑞典)马丁·霍尔著;肖玙译.—北京:北京大学出版社,2020.6
(外交学译丛)
ISBN 978-7-301-28796-5

Ⅰ.①外… Ⅱ.①克… ②马… ③肖… Ⅲ.①外交—研究 Ⅳ.①D8

中国版本图书馆 CIP 数据核字(2020)第 105146 号

Essence of Diplomacy, by Christer Jönsson and Martin Hall
© Christer Jönsson and Martin Hall 2005
First published in 2005 by PALGRAVE MACMILLAN
First published in English by Palgrave Macmillan, a division of Macmillan Publishers Limited. This edition has been translated and published under licence from Palgrave Macmillan. The authors have asserted their rights to be identified as the authors of this Work.

书　　　名	外交的本质 WAIJIAO DE BENZHI
著作责任者	〔瑞典〕克里斯特·约恩松(Christer Jönsson) 〔瑞典〕马丁·霍尔(Martin Hall)　著　肖玙译
责任编辑	董郑芳(dzfpku@163.com)
标准书号	ISBN 978-7-301-28796-5
出版发行	北京大学出版社
地　　　址	北京市海淀区成府路 205 号　100871
网　　　址	http://www.pup.cn
新浪微博	@北京大学出版社　@未名社科-北大图书
微信公众号	ss_book
电子信箱	ss@pup.pku.edu.cn
电　　　话	邮购部 010-62752015　发行部 010-62750672 编辑部 010-62753121
印　刷　者	大厂回族自治县彩虹印刷有限公司
经　销　者	新华书店
	650 毫米×980 毫米　16 开本　16.75 印张　199 千字 2020 年 6 月第 1 版　2023 年 5 月第 4 次印刷
定　　　价	49.00 元

未经许可,不得以任何方式复制或抄袭本书之部分或全部内容。
版权所有,侵权必究
举报电话: 010-62752024　电子信箱: fd@pup.pku.edu.cn
图书如有印装质量问题,请与出版部联系,电话: 010-62756370

译丛总序

当今世界处于"百年未有之大变局"。全球化与逆全球化、传统安全与非传统安全、改革开放与保守封闭等矛盾事物和进程相互激荡，外交思想不断涌现，外交主体趋于多元，外交方式空前灵活，外交领域迅速扩大，一个多层次、全方位、立体化的全球外交网络渐趋形成。随之而来的是，外交学研究正走向新的繁荣。

一方面，中国的发展深受世界变化的影响；另一方面，作为国际体系中的大国，中国也深刻影响世界变革的方向。外交学在中国的兴起和发展是中国与世界关系在实践中不断磨合和调适的生动体现。中国的现代外交研究起源于20世纪30年代，杨振先的《外交学原理》、刘达人的《外交科学概论》等都是早期中国外交学的重要著作。1949年10月1日，新中国的成立为中国外交掀开了崭新的一页。在1949年11月8日外交部成立大会上，周恩来总理提出了"把外交学中国化"的目标。1988年，国务院学位委员会提出新设外交学学科的要求，并委托外交学院组织撰写学科建立的标志性著作。1997年《外交学概论》一书出版，标志着中国外交学研究进入了新的阶段。此后，中国外交学研究的作品开始大量涌现，教学和研究队伍不断壮大，外交学研究的中国特色日益显现。

随着国际交往的深入，外交与国际关系研究在中国渐成显学。加强外交理论与业务的研究，对积极参与全球治理变革的当代中国具有特殊的意义。发展中国的外交学，必须"立足中国，放眼世界",处理好全球化时代的外交共性与中国特性之间的关系。早在17世纪,法国外交家卡利埃、威克福等人就开始对外交业务与技术进行了系统的研究,20世纪英国外交家萨道义、尼科尔森等人进一步发展了这一研究领域。近年来,微观社会学、认知心理学、人工智能和生物技术等学科领域的知识被充实到外交学研究中来,由此产生了一批跨学科研究的外交学著作;经典名著《萨道义外交实践指南》已更新至第七版。这些"他山之石"有助于我们了解当今世界外交学发展的新特点和新趋势,为中国外交的理论建设和实践发展提供借鉴。

中国越是强大和自信,就越需要开放和包容,在对外交流中取长补短,与世界共同进步。在北京大学出版社的支持下,我们坚持开展国外外交学著作的翻译工作,希望能对中国的外交学研究有所裨益。

高 飞
2020 年 6 月

译 者 序

外交理论著作并不多见。在很多人看来,外交是实践的艺术,但无关科学——声名显赫的外交家有谁会凭借外交理论纵横捭阖呢?对外交的狭隘理解将外交学等同于外交术或外交人员的职业培训指南,从而把它和更广泛的社会科学研究分割开来。然而,回顾历史就会发现,外交不只关乎技艺,更关乎文化、历史和社会思想。今天,即时通信和跨国旅行越发频繁,国际交流或跨国交往活动不再局限于外交官;在电视媒体和社交媒体的联合作用下,外交活动正在淡化传统的精英色彩和神秘倾向,进入更扁平的社会,触及更广泛多元的各国公众。外交学的确应该指导外交实践活动的开展,但更重要的是,它必须走出狭隘的操作层面,提供理解国际交往实践的多元视角和方法。换言之,外交学必须同国际关系理论和更广泛的社会科学联系起来。

《外交的本质》融合了外交史、外交实践和国际关系理论,可谓是朝着上述方向努力的代表性研究。第一作者克里斯特·约恩松(Christer Jönsson)是瑞典皇家科学院院士、瑞典隆德大学政治学系教授,主要研究领域包括国际谈判与外交、国际组织、跨国关系等。第二作者马丁·霍尔(Martin Hall)是瑞典隆德大学政治学系副教授,主要研究领域包括国际关系与历史社会学、国际政治思想与概念历史等。两位作者在书中讨论了以下问题:为什么不同发展程度的人类社会都出现了外交?当代语境中的"外交"与古代外交史语境中的"外交"有哪些异同？当今的众多"外交变体"（如公共外交、峰会外交）与古代近东外交有什么关联？如何区分外交与其他社会交往实践（如文化交流或贸易）？"外交过时论"是基于怎样的前提？简而言之：外交的永恒特征或本质属性是什么？通过采用自上而下的关系主义（过程性）视角，作者们提出了三个重要观点：第一，外交是一种国际社会的制度而非单个国家或其他实体的制度；第二，从跨历史视角看，作为国际社会主要制度的外交构建了政治实体间关系而非国家间关系；第三，从最抽象的层次看，外交是联结普遍主义和特殊主义的媒介，正是这二者间的不同平衡令外交的形式呈现出时空差异。

这个时代亟需"好"的外交。正如基辛格所言，"国际社会"并不包含清晰或一致的目标、方式与规则。[1] 而外交正是贯穿其中、沟通国际规则和国内规则之间的桥梁，是缓冲不同社会秩序间张力的过渡带，是推动国际社会再造的引擎。正因如此，外交在世界秩序转型过程中的作用至关重要。尽管本书并不提供具体的外交战略，但它能有助于我们更好地理解外交本身及其与国际关系变化之间的联系。《外交的本质》中译本算是译者为实现该目标所尽的绵薄之力。

本译作自筹备到出版历时四年，其间得到了许多帮助和支持。在此，译者想对外交学院的多位老师表示感谢。吴建民、高飞、苏浩、张历历、张迅等老师在译者求学期间给予了悉心指导，帮助译者积累了翻译本书所需的大量外交学、历史学和社会学的知识。译者还要感谢广东外语外贸大学。本校国际关系学院浓厚的科研氛围

---

[1] 参见〔美〕亨利·基辛格：《世界秩序》，胡利平等译，中信出版社2015年版，第viii页。

和良好的科研环境极大地鼓励了译者的工作，校科研处领导和其他工作人员也对本译作的出版给予了许多有用的建议。本译作是教育部人文社会科学青年基金项目"权力转移中的大国合作演化研究"（项目号：18YJCGJW011）的阶段性成果，广东外语外贸大学校级精品翻译项目"外交的本质"（项目号：19FY03）为本译作的出版提供了资助。北京大学出版社的徐少燕主任、董郑芳编辑和其他工作人员为本译作的编辑出版付出了大量的心血，没有他们的热忱协助，这部译作将难以付梓。约恩松、霍尔两位作者在百忙之中为本译作作了序，施普林格自然公司的陈青经理在版权信息沟通等方面给予了不少帮助，在此一并感谢。此外，感谢家人的理解与鼓励，没有他们在生活上和精神上的支持，这项翻译任务恐将不能完成。

书中内容如有错漏和误译之处，还望读者和各位同行不吝批评指正。

肖 玗
2020 年春

中文版序

外交是一项历史悠久的国际制度。无论何时，无论是否存在利益冲突，只要不同身份的人群需要同他人交流，他们就会诉诸某种外交。人们的互动方式随着历史时期的不同而变迁，但某些根本标准却恒久不变。本书要做的就是甄别这些变与不变，追踪在不同外交史时期的这些根本标准之下发生的变化。

本书写作之时，国际关系学者很少关注外交。不仅外交处于国际关系理论的边缘地位，而且以史学家和外交官为代表的外交文献作者也很少进行外交的理论化研究。

今天的世界不乏数字化和人工智能等新机遇，也面临着气候变化、大规模传染病等新威胁。我们比其他任何时候都需要具有创造性的外交，也需要以新视角来更好地理解21世纪的外交。希望本书的中译本能够激励中国学子和学者参与到对外交的探索和理论化当中来。

最后，感谢肖玙博士承担了本书繁重的翻译工作，也感谢北京大学出版社将《外交的本质》中译本出版发行。

克里斯特·约恩松
马丁·霍尔
2020年于瑞典隆德

致　谢

本书由两位专业相近但有着不同学术背景的作者共同撰写。第一作者约恩松[1]长期从事国际谈判与合作研究。第二作者霍尔在其博士学位论文和博士后期间的论著中研究了历史社会学和国际关系理论。我们希望向读者展现两位作者对外交理论的构建是相互补充且相得益彰的。

我们的联合研究算是殊途同归。1996年，约恩松受雷蒙德·科恩（Raymond Cohen）之邀前往意大利贝拉吉奥（Bellagio）参加"《阿玛那书简》（Amarna Letters）中的古代近东外交"研讨会。此次研讨会汇集了古代史学者和当代外交与国际谈判专家，与会专家对"外交的跨时空特征"的讨论令我们大开眼界。约恩松曾为《国际关系手册》（Handbook of International Relations，2002年出版）撰写过一章关于外交和国际谈判的内容。在研究外交文献的过程中，他发现外交亟需理论构建。在整理国际关系历史社会学的文献后，霍尔发现，尽管外交研究成果颇丰，但既有研究忽略了国际制度。

我们的联合研究始于2001年，并得到了瑞典银行三百周年基金会（the Bank of Sweden Tercentenary Foundation）的慷慨资助。我们

---

[1] 本书中的脚注均为译者注，原书注释见书末。在本书中，外国人名的中文译名主要参照新华通讯社译名室编的《世界人名翻译大辞典》（中国对外翻译出版公司1993年版）的译法。著名外交家、外交和国际关系理论学者的姓名（例如威克福、詹姆斯·德·代元等）以及外交学常用术语的翻译参照了杰夫·贝里奇和艾伦·詹姆斯的《外交辞典》中译本（高飞译，北京大学出版社2008年版）的译法或国内常见的译法。

非常感谢基金会及其工作人员一直以来对我们的事业所给予的帮助与信任。研究期间，我们得到了很多人的帮助。我们要感谢隆德大学、复旦大学和罗格斯大学纽瓦克分校以及隆德大学—加州大学2004年暑期班的同学们，他们阅读并讨论了本书的观点并提供了非常有价值的反馈。一些国内外同行在座谈会和学术会议上对本书初稿做了点评。我们无法在此提及所有人，谨向耶鲁·弗格森（Yale Ferguson）、理查德·兰霍恩（Richard Langhorne）、玛利亚·斯特伦维克（Maria Strömvik）和托尔斯滕·厄恩（Torsten Örn）等人表示感谢，他们提出了有益的建议以及建设性的批评。

研究期间，约恩松曾有幸前往斯坦福大学国际安全与合作中心访问，并得到了该中心的热情接待以及相关工作人员和研究人员所给予的帮助。在此，要特别向斯科特·萨根（Scott Sagan）和亚历山大·乔治（Alexander George）表示感谢，是他们协助安排了此次富有成效的访问。斯坦福大学图书馆和不列颠图书馆为本研究提供了价值丰富的资料。

本书的第四章是在我们的论文《交流：外交的一个重要方面》（"Communication: An Essential Aspect of Diplomacy"）基础上修改、完善形成的，该文发表在《国际研究视角》（*International Studies Perspectives*）2003年第4期。我们对国际研究协会（ISA）允许我们使用相关文字内容表示感谢。我们还想感谢帕尔格雷夫外交研究系列丛书的主编保罗·夏普（Paul Sharp）和唐纳·李（Donna Lee），他们一贯的支持和鼓励促使我们决定公开出版研究成果。我们还要感谢帕尔格雷夫·麦克米伦出版社（Palgrave Macmillan）的工作人员，他们的建议和帮助使本书得以付梓。

本书是多年来思想碰撞的结晶。书中全部内容由我们二人负责，包括纰漏之处。我们希望用文字向读者传递研究中的喜悦。

克里斯特·约恩松
马丁·霍尔

英文版序

外交似乎难以理论化。历史学家认为外交理论毫无新意可言，外交实践者则对理论的有效性表示怀疑。如约恩松与霍尔所言，外交研究在国际关系学科内被边缘化了。考虑到外交对世界形势变化和了解这一变化的重要性，这种边缘化着实令人费解。

正因如此，国际关系学者应感谢克里斯特·约恩松和马丁·霍尔所做的贡献。在《外交的本质》一书中，他们突破传统研究的窠臼，使用对国际关系学界具有深远影响的社会学理论来展现外交的重要性。只要支配人类状态的是多元主义，而不是社会连带主义（solidarist）[1]，那么有关身份、生存方式以及团体间关系的概念就会延续下去。这些关系一定会涉及交流、代表和再造。这三种元素可能因时空差异而具有不同形态。然而，它们是外交的重要元素，它们的存在也表明外交本身是国际关系的重要元素之一。

本书付梓后，实践者和历史学家至少再也无法忽略国际理论工作的价值，国际关系学者也不能漠视这一事实，即外交处于其研究兴趣的中心。的确，我们需要丰富的研究议程来探讨两位作者论点的意义。

保罗·夏普
美国明尼苏达大学政治学系主任、教授

---

[1] 社会连带主义是一种社会学理论，它将社会视为一个有机整体，即所有社会成员统一而和谐的集合是社会存在的基本条件。

目 录

导论 001

第一章 外交研究 007
  一、现有研究 007
  二、为何外交在国际关系中被边缘化? 013
  三、历史转向与外交回归？英国学派、建构主义和
       后现代主义 021
  四、结语 025

第二章 分析框架 026
  一、作为制度的外交 027
  二、联结外交与历史社会学 032
  三、平衡普遍主义与特殊主义 035
  四、理论基石 040

第三章 制度化和仪式化 042
  一、制度化 042
  二、仪式化 045
  三、共同的符号与内涵：外交礼仪 048
  四、互惠、优先权和外交豁免权 054
  五、外交官衔 068
  六、结语 071

第四章　外交交流 …… 072
　　一、语言 …… 074
　　二、信息收集 …… 078
　　三、信息传递：外交信号 …… 081
　　四、谈判 …… 088
　　五、语言交流和非语言交流 …… 091
　　六、秘密交流和公开交流 …… 095
　　七、技术进步 …… 097
　　八、结语 …… 103

第五章　外交代表 …… 105
　　一、行为：代理他人 …… 107
　　二、地位：象征他人 …… 120
　　三、结语 …… 125

第六章　国际社会的再造 …… 127
　　一、前现代时期国际社会的再造 …… 129
　　二、现代国际社会的再造 …… 133
　　三、结语 …… 143

第七章　外交和变化中的政治实体 …… 145
　　一、腓力、亚历山大和古希腊社会 …… 145
　　二、中世纪早期的宗教政体和世俗政体 …… 153
　　三、欧洲联盟 …… 161
　　四、结语 …… 174

结　论 …… 176

注　释 …… 181

索　引 …… 237

导 论

外交被当作国际关系的"主要制度"①，或者用更通俗的语言来说，外交是国际关系的"引擎"②。然而，令人意外的是，外交极少受到从事国际关系专业的政治科学家们的重视。的确，外交"与理论相互排斥"③。

外交"存在"于国际关系理论之中，却难以被深入研究和广泛探讨。关于外交的理论研究十分稀少，而且很大程度上脱离了政治学理论发展。④

理论家们将外交研究视为"长篇累牍的轶事趣闻"⑤。阿巴·埃班（Abba Eban）用"内在对立"（intrinsic antagonism）来形容理论研究者和外交实践者之间的分裂，他认为："没有哪个领域内的理论和实践相对立程度能超出外交学。"⑥原因很简单：

世界政治中，没有哪个领域像外交这样存在如此巨大的理论与实践鸿沟。研究政策的人士没有理论指导，理论学者又不关注外交本身。⑦

即使在国际关系理论蓬勃发展的冷战时期，人们也都认为对外政策的基础是武力威胁，而非外交。⑧"空谈"同使用军备武器的果断行动形成了鲜明对比。⑨

有人认为，国际关系理论和外交都受到了理论与实践脱节的限制。外交被称为国际关系研究中的"缺失链"⑩。埃班指出："外交的一大缺陷就是未被纳入任何一种显学之中。"⑪约翰·伯顿（John Burton）进一步指出：

> 同医生或其他职业一样，外交行业也有着外行不懂的实践知识和技能……其他行业从科学中汲取知识：职业外交则向来是实践的艺术，也就是学徒式训练。职业外交不会从哪一门学科中汲取营养。⑫

外交研究的另一特点是外交对理论构建的影响日趋弱化：外交著述很少建立在价值中立的独立观察之上，它往往是感性且带有偏见的。人们要么视外交为值得捍卫的善举，要么视其为应被谴责的恶行。欧内斯特·萨道义（Ernest Satow）提出，外交"是运用智力和机智处理各独立国家的政府之间的官方关系"⑬，18世纪法国作家勒·特罗那（Le Trosne）提出："外交是伪装的艺术，即用谎言伪装自己，在假象之下隐藏真面目，而且只存在于神秘的暗处。"⑭作为第一次世界大战爆发的关键因素，秘密外交遭到了猛烈抨击："现世所知的外交不过是为了掩盖罪行，外交欺骗了人类，是背叛道德和人类进步的刽子手。"⑮

不久前，另一项价值偏颇的研究讨论了所谓的"外交衰落"，它认为外交不仅于政治无益，而且"在技术层面拖沓烦琐"⑯。有关外交衰落或外交危机的观点总是"不绝于耳"⑰。人们有时视外交为濒临灭绝的事物⑱，兹比格纽·布热津斯基（Zbigniew Brzezinski）在1970年就挖苦外交部门和驻外使馆"如果不是业已存在，绝不会有人再去创建"⑲。另外，也有观察人士认为："当代外交在积极适应新形势与新的参与者。"⑳

本书的目的是在理论和实践之间搭建一座桥梁。通过外交的理论化，我们提出以下问题：什么是外交的根本维度或永恒特征？换言之，我们更注重延续性而非变化；更确切地说，我们希望发现在长历史视角下所发生变化的永恒属性。在此过程中,我们希望使国际关系理论更贴近外交,也使外交更符合国际关系理论。尽管我们的探索将从多个维度展开,但我们并不准备建立一套全面的外交理论;或许,用"前理论的基础"(pre-theorectical groundwork)一词来形容我们的研究最为恰当。

为避免误解,我们想在此澄清本书中理论研究的两个出发点。第一,和许多观察家、评论家不同,我们并没有将外交视为源于15世纪意大利的一种现代国家体系的制度。在我们看来,外交是一种历史悠久的国际制度,"它描述的是先于且超越过去几个世纪主权与领土国家经验的人类状况"[21]。换言之,我们将外交视为超越时间的、存在性的现象,我们想探索历史中不同形式的外交能否被纳入某种通用的、基本的范畴。

第二,在提及外交排斥理论时,有必要提出一项重要的保留意见。通常,谈判被视为外交的重要手段,有时甚至被等同于外交。例如,《牛津英语词典》将外交定义为"通过谈判处理国际关系"。自20世纪60年代以来,国际谈判研究是国际关系归纳和理论构建方面的一个重要的、成果显著的分支。[22]本书的理论工作重点是外交制度而非外交方式,因此对于后者,本书将不再赘述。但在第四章中,作者借谈判理论观点对外交的重要维度之一——交流做了分析。

德国心理学家科特·卢因(Kurt Lewin)有句名言:"没什么能比好的理论更具实际意义。"事实上,所有的人类知觉都由理论支撑,所有信息都会经过预先存在的"知识结构"或者"前概念"的处理。科学与直觉理论的最大差异在于,前者是明确可测的,而后者是模糊的、下意识的。本书的书名特意借用了格雷厄姆·艾利森(Graham Allison)的代表作《决策的本质》(*Essence of Decision*)。艾利森提出,理论模型或视角犹如照亮舞台一角的照明灯,但同时也使其他角落处于黑暗之中。艾利森举了另一个例子:"理论模型不仅可以调节分析者浏览信息时形成的知识网络,为特定的行为提供解释,还可以帮助分析者选定池塘、按一定的深度投网捕鱼。"[23]

和艾利森一样,我们也认为,理论是处理知识原材料的工具——选择、分类、排序、简化和整合——使我们意识到问题的某些方面、某些数据,同时忽视或忽略其他信息。然而艾利森关于古巴导弹危机的研究与本书外交理论研究的主要不同是,艾利森比较了三个已有的政治决策模型,但本书并不准备提供一套可以被运用于外交的、公认的理论视角。

需要注意的是,同艾利森的著作一样,本书并没有对应书名的具体章节。我们既不以揭示"外交的本质"为目的,也不隶属于任何本质主义学派,认为"无论如何描述,某些事物都有其本质,即不可或缺或弃之则不能成立的内容"[24]。相反,我们希望提出一些重要的构成性维度,因为历史偶然就发生于此。艾利森研究了三种不同的理论模型(理性决策者、组织过程、政府政治),我们也提出了外交的三个基本维度:交流、代表和国际社会的再造。不过,概念构建基础上的相近仅仅是出于巧合。我们提出的三个理论工具是构成性的而非解释性的,这一做法与艾利森不同。

本书具体章节安排如下。作为对本书理论内容的背景介绍,第一章简要梳理了现有的外交研究文献,并提出问题——外交为何在国际关系中被边缘化。在此基础上,第二章介绍了本书的理论、概念和方法论。具体而言,我们认为外交是一种国际制度,可以通过普遍主义和特殊主义间的平衡来分析。我们进而提出了外交的三个基本维度,并为每个维度安排一章篇幅进行阐述。在第三章中,我们讨论了外交中的制度化和仪式化过程。通过区别三种不同层次的制度化，我们从象征和认知层次研究了制度化—交流—仪式化过程；从规则层次研究了优先权和外交豁免权；从组织层次研究了外交官衔。

第四章主要介绍外交交流，即三个基本的永恒维度中的第一个。我们首先论述了外交语言的重要性，然后列举了外交交流的基本内容：收集、传递信息和谈判，即多次交流往来的过程。我们提出了两类重要的外交语言选择——语言交流与非语言交流、公开交流与非公开交流，并集中讨论了技术发展为外交交流带来的变化。

第五章介绍了外交代表，并借鉴了对多种其他情形下的"代表"的分析。主要内容涉及"行为"（代理他人）和"地位"（象征他人）的差异。就行为而言，本章的问题是，外交官履行代表职责时应该遵循指令委托（imperative mandate）还是自由委托（free mandate），在为委托人寻求利益时应该遵从指令还是见机行事。象征他人意味着将外交官视为其委托人的化身或象征性代表。

第六章分析了外交如何通过承认影响国际社会的再造。我们比较了古代近东地区的排他性外交承认与古代希腊的包容性外交承认，分析了中世纪的混合外交承认模式，也讨论了在由主权国家构成的同质性社会里现代的排他性承认模式。

最后，在第七章，我们提出的问题是，随着时代的变迁，外交会有怎样的发展；当新政治实体挑战外交规范、规则和实践所依赖的旧政治实体，当普遍主义和特殊主义的不同组合成为可能时，时代变迁中的外交会如何发展？我们研究了三个时期内政治实体性质发生的变化：马其顿帝国腓力二世和亚历山大大帝用以取代希腊城邦制的泛希腊计划、中世纪宗教力量与世俗力量之间的权威争夺和近年来欧盟作为国际行为体的崛起。

本书是一部写给国际关系专业学生和外交学学者的著作。书中的国际关系理论讨论可能会令外交研究者感到陌生，而国际关系领域的读者也会看到多个较长篇幅的案例佐证。我们希望本书的主要观点既能使前一类读者注意到本书中的国际关系理论支撑，也能使后一类读者注意到书中列举的多个历史案例。

第一章　外交研究

导论中提到学界对外交理论兴趣甚少,但这并不意味着外交研究匮乏。相反,外交研究文献不仅数量繁多,而且类型丰富。因此,在展开本书的理论之前,我们应先简要梳理现有文献,理解其启示意义。本章的第二个任务是探索外交理论相对缺乏及外交在国际关系中被边缘化的原因。

一、现有研究

许多现有的外交文献由实践者和外交史学家所著,这两类作者都没有对构建外交理论表现出太大的兴趣。实践者倾向于记载外交实践中的逸闻趣事,而不是对其进行系统分析;外交史学家则倾向于个案研究,而不是寻找基本原理或规律。[①]"史学家的最大特点不是专注于整个历史,而是过于沉溺某一段历史。"[②]同样,实践者也只关注自身的特定经历。无论实践者还是史学家都不愿将他们的"短暂经验"[③]与其他历史经验和视角进行对比。

(一)实践者的视角

在外交官或学者兼外交官的著作中通常有一种明显的描述倾向:

一名优秀的外交官应该具备哪些素质？如何更好地进行外交活动？这是作者们历来都会考虑的问题。例如，公元前4世纪由考底利耶（Kautilya）所著的古印度的治国术著作《政事论》（*Arthasastra*）就提出了如何实施外交的详细建议。④1436年图卢兹市市长伯纳德·杜·罗西耶（Bernard du Rosier）编写了第一本欧洲外交实践的教材——《大使文集》（*Short Treatise About Ambassadors*）。⑤诞生于文艺复兴时期意大利的常驻外交使节促进了外交体系的发展，在此后几个世纪里，类似作品在意大利有几百种。其中的代表作包括1620年西班牙学者、宫廷侍臣兼外交官唐·璜·安东尼奥·德·维拉（Don Juan Antonio De Vera）出版的《大使》（*El Embajador*）一书。该书后来被翻译成法文（法文版书名为 *Le parfait ambassadeur*）和意大利文，成为此后一百年来多数怀揣外交官理想人士的必读之书。⑥荷兰外交官、政治情报官员亚伯拉罕·德·威克福（Abraham de Wicquefort）在《大使的职能》（*L'Ambassadeur et ses fonctions*）一书中对德·维拉进行了批判。该书于1681年首次出版，其英译本《大使及其职能》（*The Embassador and His Functions*）于1716年出版。⑦1716年弗朗索瓦·德·卡利埃（François de Callières）出版了《与君主谈判的艺术》（*De la manière de négocier avec les souverains*），该书与威克福的书一起成为18世纪外交实践标准指南。⑧萨道义在1917年出版了《外交实践指南》（*A Guide to Diplomatic Practice*）一书，后来多次修订。萨道义对卡利埃的书赞赏有加，称其为"政治智慧的宝藏"。哈罗德·尼科尔森（Harold Nicolson）的《外交学》（*Diplomacy*，1939年）和《外交方式的演进》（*The Evolution of Diplomatic Method*，1954年）与萨道义百科全书式的著述一道成为现代外交学经典著作。⑨

在这类描述性著作中，人们会发现雷同的空洞建议；"令人惊讶的是，几个世纪以来，关于外交的建议几乎一成不变"。⑩20世纪50

年代,加勒特·马丁立(Garrett Mattingly)对自伯纳德·杜·罗西耶到他本人所处时代的外交文献这样评论:

> 罗西耶的论述与安德鲁·D.怀特(Andrew D. White)、朱尔斯·朱瑟朗(Jules Jusserand)、哈罗德·尼科尔森所言毫无差别,都是由15世纪的陈词滥调翻译过来的老生常谈。现在罗马、巴黎、伦敦和华盛顿的外交学院让学员们阅读的是内容雷同的一般概论。⑪

简言之,尽管人们在提到这些著作时仍然称之为"外交的理论",但这些外交官的著述算不上"外交理论"。⑫除了此类文献的描述性倾向外,现代的大使回忆录突出、夸大了作者本人所经历的重大变化,却忽略了连贯性因素。"一位外交官在其职业生涯末期观察到的世界一定和他在做使馆随员或初级文员时记录、翻译年长者信件时认识、理解的世界有所不同。"⑬

总之,外交官们著述颇丰,其中一部分人还具备学者的抱负和能力。在某种程度上,外交官对自身外交实践所做的思考是其他职业人员难以企及的。他们的著述主要是回忆录。尽管侧重叙述,也做不到价值中立,但这些材料和外交手稿包含着丰富的、需要系统化处理的有用信息。本书的任务之一就是将这些文献同国际关系理论连接起来。

(二)外交史

外交史是一门古老的分支学科。外交史学家虽然拥有大量的关于某一时期或某些事件的有用信息,但未能将外交史和国际关系紧密结合起来。虽然人们将外交史和国际关系称为"连体婴"⑭,但是学科狭隘主义、刻板印象和互相嘲讽的解读阻碍了二者交叉融合。一位外交史学家惋惜地说道:

在国际关系理论界，理论家对史学家的定位是从事细枝末节的工作。史学家在档案中耕耘，进行翔实的案例分析，社会科学家在这些案例基础上提出解释国际关系稳定模式、赢得决策者尊敬的分析框架。[15]

然而，国际关系理论家认为，历史学同行的研究与构建理论无关；外交史学家则批评国际关系理论家为"空想主义者而非科学家，因为他们在球滚动起来之前就确定了滚动轨迹"[16]。可见，双方都应为跨学科融合的缺乏承担责任。

政治科学家往往指责历史学同行的工作不过是"走马观花"（scratching around），缺乏严谨的方法论，对时事漠不关心，是"陈腐的纯编年史"。史学家也毫不示弱，批评理论家总是生搬硬套地套用模型，用晦涩的术语制造烟幕弹，而且沉迷于使用计算机手段不能自拔，忽略了人的作用。这种对立观点和怨恨只会促使学者们更强调他们之间的差别而非相似之处，使二者分道扬镳。[17]

然而，显而易见的是，进行跨学科的对话确有必要，历史学家和政治学家需要互相学习。如同杰克·利维（Jack Levy）所说：

每个学科最大的弊端莫过于对其他学科的忽视。研究历史很重要，因此不能只局限于历史学家的研究；理论研究也很重要，因此也不能只局限于理论家的研究。[18]

正如外交学的专家学者并不处在国际关系研究领域的中心一样，传统的外交史学家在历史学领域里也在被边缘化："在历史学科中，外交史受到双重边缘化。首先，历史学研究对象发生了变化，尤其是它更关注普通人而不是精英；其次，认识论的转变使得外交史的特点之一——仔细积累外交文献变得越来越没有意义。"[19]

作为外交学专业的学人,我们既然对这一学科有着共同的兴趣,也都有着被边缘化的经历,就不应该计较彼此的学科背景,而应互相借鉴。在避免将外交史学家看作"从事细枝末节的工作"的同时,应借鉴他们的研究成果。本书的叙事不同于那些外交史学家讲述的故事,不会按照编年体记载,而是将外交史学家编订的外交大事记来作为本书的实证基础。

政治实体间互换使节的最早记录可追溯至公元前3000年的美索不达米亚楔形文明时期。刻在洞穴里的外交档案中就包含了公元前2000年早期[20]幼发拉底河流域马里国王（king of Mari）与其他王国统治者的信函。古埃及与赫梯[1]帝国的外交记录中也含有大量的国王间通信以及签订的条约。1887年在埃及阿玛那[2]出土了著名的《阿玛那书简》（Amarna Letters）[3],这份尘封已久的外交档案记录了公元前14世纪古代近东国家间广泛、复杂的关系。[21]另一珍贵资源是公元前13世纪的《赫梯条约》（Hittite treaties）。[22]简言之,有文字记载的最早外交出现在古代近东地区。

在公元前1000年,中国、印度以及希腊城邦出现了复杂的交往

---

[1] 赫梯（Hittite）,又译为"西台",是一个位于安纳托利亚的亚洲古国,它位于小亚细亚地区的卡帕多西亚。公元前19世纪时期出现赫梯古王国,公元前17世纪拉巴尔纳斯始建赫梯帝国,约公元前14世纪达到鼎盛,公元前12世纪瓦解,残存势力在公元前8世纪被亚述帝国所灭。参见吴于廑、齐世荣主编:《世界史·古代史编》上卷,高等教育出版社2011年版。

[2] 阿玛那（Amarna）,又译亚马那、阿玛尔纳,是古埃及第十八王朝法老埃赫那吞统治时期的都城,位于今天的埃及明亚（Minya）省境内。公元前1332年,埃赫那吞逝世后不久,阿玛那城被废弃。

[3] 《阿玛那书简》是埃及新王国时期以美索不达米亚地区的阿卡德语刻成的外交书信。它记录了埃及统治者同其在迦南国和亚摩利的代表之间长达三十年的书信交流,信件总数逾300封。碑文记录了古埃及同古巴比伦、亚述、叙利亚、迦南以及赫梯等国关系中的重要事件。

模式以及外交实践。这些国家内部出现了许多大致平等的独立政治实体以及共同的语言文化基础。[23]然而,与希腊城邦国家相反的是,印度体系和中华体系都对一统天下的理想王朝心存怀念。[24]

从组织架构和延续时间来看,罗马帝国竟然对外交发展毫无贡献。罗马人"将其意志强加于他人,而不是在互惠基础上平等协商;罗马人未能建立有价值的外交方式,没有给后世留下外交遗产"[25]。罗马没有任何流芳百世的外交著作早有先兆,不过,很多罗马时期的军事方法流传至今。[26]"罗马人不像拜占庭人那样以外交手段来维持霸权;相反,罗马人将外交作为乏味事务的交易手段。或许,这正是外交在帝国内被用来处理远距离的法律或商业事务——后者才是罗马帝国真正的遗产——的原因。"[27]

拜占庭外交的影响更为深远。为避免战争,拜占庭采用了各种方法,包括行贿、奉承、搜集情报、假传消息以及举行显示霸权地位的仪式等。通过抵御外来入侵、吸收异教徒加入希腊罗马文明和基督教世界,拜占庭外交取得了巨大成功。由于和威尼斯联系密切,拜占庭的外交传统得以在西方世界延续。[28]

文艺复兴时期的意大利是现代外交体系的发源地。其最重要的发明是永久驻外使馆和常驻使节。16世纪的统治者发现,复杂外交有助于治国理政,起源于意大利北部、夹杂着中世纪与拜占庭传统的外交技术和观念随之在欧洲大陆广泛传播。[29]

17—18世纪,法国建立起了"经典"外交。法式外交以仪式考究、秘密隐蔽以及逐渐专业化为标志。由于收集、保护信息所需,加上秘密谈判不被公开的惯例,外交变得过于隐蔽。第一次世界大战后,经典或旧式外交的隐蔽性遭到抨击,人们批评整个外交体系应该对未能阻止战争爆发负责。正如美国总统伍德罗·威尔逊呼吁"公开的条约,公开达成"那样,新外交成为普遍需求。自此以后,现代外交的"新属性"和可能的"衰落"便成为观察家们谈论的主题。[30]

(三) 理论基石

除外交官的见解和外交史之外,外交研究还包括第三种类型——对相似社会之间外交的人类学和伦理学研究。学者兼外交官朗纳·努梅林(Ragnar Numelin)提出的"外交关系的人类社会基础"就是第三类研究的早期尝试。[31]近期的著作探讨了美洲印第安人[32]以及前殖民时期的非洲[33]外交。这种重描述、轻分析、轻理论的研究类型可能对本书的研究没有太多价值。

当然,我们也需要加入新鲜、有价值、系统的外交研究,国际关系中确有此类成果。[34]我们将在第二章用一定的篇幅介绍并借鉴这些成果。

总之,有关外交的文献很多,却不大可靠。我们将深挖这些文献以探寻外交的本质,它们是宝藏还是雷区取决于我们想强调哪些方面。在职业外交官的著述中,研究人员容易得到"专业的一手资料来支持那些看似遥远、模糊、难以描述的外交过程"[35]。我们也希望响应史密斯·辛普森(Smith Simpson)的号召,"做一项说明过去与现在的外交形势有何异同的政治历史学研究"。在他看来,这是"我们理解现实的外交亟需的一个基础点"[36]。不仅如此,在对低理论化的领域进行理论化时,我们还借鉴了其他领域的概念和观点,它们来自代表、仪式、交流、制度与制度化研究。

二、为何外交在国际关系中被边缘化?

现在,外交学的零星研究"处于边缘地带,并且和其他国际关系研究几乎毫无关系"。㉜我们可以从政治空间自下而上的概念化中找到外交被国际关系理论边缘化的原因,在这个空间之中,任何"国际的"事物都源自独立自主的国家。用詹尼丝·汤姆森(Janice Thomson)的话来说:

> 国际关系理论用自下而上的方式看待全球政治。正如社会契约论学者描述的那样,我们的研究始于如何从自然状态中创造出国内"社会",然后再创建理论去分析这些分裂、自治的"社会"如何互动。㉝

根据国际关系原则,当这些自治的社会相遇时,选择特定政治形式——主权国家——的过程便开始了,政治空间被划分为两类:一类是等级制的,另一类是无政府的。等级制政治空间的特点是功能差异性和专业化,它由许多明确的制度和组织构成,形成了一种强有力的秩序。相反,无政府政治空间的特点是冲突和自助需求。在满足这些需求时,国家往往采用两种基本工具:战争和外交。应指出的是,在这里战争和外交仅仅是工具。它们并不是构成国际体系的现象。除了某些机制和源于无政府结构的需求之外(例如自助和均势),无政府政治空间的确毫无秩序可言。从这种意义上而言,无政府属于空间之间(between-space),其构成单元完全没有赋予它任何独立性。这一基本逻辑影响了新现实主义和世界体系理论等体系层次的理论。

而且,大多国际关系理论都具有实体主义的(substantialist)而非关系主义的(relationalist)倾向。关系主义并不是新思想(可以追溯到赫拉克利特),但其影响是随着新的科学研究,尤其是爱因斯坦的相对论而兴起的。尽管社会学已形成了重要的关系研究成果㉞,但国际关系学界还未认真利用这一传统㉟。尽管国际关系学者还专注于"物质与意识""结构与机构""个人与社会"或其他二元论问题,

但是用穆斯塔法·艾弥拜尔（Mustafa Emirbayer）的话来说，关键问题"是选择实体主义还是关系主义"。㊶

实体主义有两种主要变体：自我行动理论和互动理论。㊷二者的共同前提是，社会研究的基本单元由实物或事物构成。自我行动理论是自由主义政治理论的基础，在方法论的个体主义中也有所体现。根据这一理论，行动主体具有预先给定的利益或身份，并且在身处特定环境时采取行动。行为体遵循的逻辑或理性原则只是次要因素，关键在于它们是自主行为体。国家、社会、阶级、民族和文化等物化实体（reified entities）在实体论中也可以是自我推进的施动者。

表面看来，实体主义的互动理论与关系主义相近：行动在实体间主动发生，而不是由后者所导致。但这里的行为体是"具有多种特性的固定实体"，它们可被喻为不同颜色的"桌球"㊸。因此，是不同特性（变量）导致了不同行为。特性变化导致行为结果变化，但拥有变量的实体不会发生根本变化。尽管实体主义的互动论导致了一种施动的幻觉，但是"实体沦为了变量间互动的场所"㊹。根据实体主义，不同政治空间的单元体就变成了事物或实物（substances）。既然单元之间不存在实物，这种理论的政治空间就无法包含事物，而只能蕴含机制，用实证主义的话来说，就是没有内容。因此，从这个角度看，外交必定是国家的特性之一。

关系主义的出发点与实体主义截然不同："关系主体间的关系不是那种经验层次上相邻的弱关系。它们是本体论上的互系，即身份只能取决于该身份在与其他身份的关系网络中处于什么'位置'。"㊺这是许多近期历史社会学研究中的隐含假设。因此，安东尼·吉登斯（Anthony Giddens）认为："国际关系并不是没有关系也可享有主权的预先建立的国家之间的关系；国际关系才是民族国家存在的根本前提。"㊻类似地，查尔斯·梯利（Charles Tilly）认为："个人、团体以及社会体系都是随机的、变化的社会互动产物。"[47]迈克尔·曼恩（Michael Mann）也认为："社会由多个权力的社会空间网络交叉重叠构成。"[48]

关系主义与进程主义[49]相互契合，且时常相伴而生。进程主义将"术语和单元体之间的关系视为动态的、延展的、行进的过程，而不是惰性实物的静态联系"[50]。将关系主义和进程主义引入社会科学的先驱诺伯特·埃利亚斯（Norbert Elias）也曾努力避免将研究物化。因此，他提出的概念是合理化、现代化和科层化，而不是合理性、现代性和科层制。[51]

关系性、进程性的路径强化了把政治空间视为自上而下的单一整体的观点。这种路径将"差异化方式……推向了规则研究的新纪元"[52]。由此看来，外交所涉及的是导致政治空间差异化的进程与关系。这样一来，就需要有一个主动的动词形式来呼应埃利亚斯的新思路。但目前，没有任何一种语言中有"外交化"（diplomatize）这样的动词表述。

明确实体主义和关系主义的差异后，我们将向读者介绍国际关系理论最主要的三个分支——现实主义、自由主义和结构主义，看看它们在多大程度上涉及外交以及它们如何处理外交。

（一）现实主义与外交

古典现实主义的基本信条是国际政治因缺少权威而有别于国内政治。因此，国际政治进程的特征是外交与战争这两大机制的对抗。摩根索曾这样写道：

> 外交官在和平时期的对外行为与军队领导在战争期间的行为一样，目的都是为了促进国家权力。在同国家利益最密切相关的国际情境中，汇集国家权力的不同元素，使

其产生最大效力是一门艺术。[53]

摩根索在《国家间政治》（*Politics Among Nations*）一书的重要部分用了两章的篇幅来阐述外交。这些内容构成了外交的前理论（pre-theory）。前理论的外交有四个任务：根据追求这些目标时所拥有的权力来定义外交目标、对其他国家的目标和权力进行评估、确定不同目标的相容度，以及采取适当方式实现目标。[54]外交是防止战争的唯一方式——这没什么不合理——因为四项任务中的任何一项失败都可能意味着"损害成功的外交政策，破坏世界和平"[55]。

在摩根索看来，外交并不是国际关系的组成部分。理论上，外交的地位同一艘军舰或者核能力无异。和过去一样，外交是行为体的一项所有物。当然，这一观点也暗指行为体能够脱离外交而生存。在本书中，我们会对这种观点进行反驳。因为外交未被视为国际关系的一个组成部分，摩根索的现实主义对外交的关注有限。现实主义六原则从未提及外交；外交不过是和战争一道应对第二项原则——国际政治就是"权力界定国家利益"[56]——后果的技术手段。

其他现实主义学者也没有详细阐述过外交。比如雷蒙·阿隆（Raymond Aron）称：

> 国家间的商业往来是一直持续着的，但外交和战争只不过是商业往来的补充。除了极端状况，比如绝对的敌对、绝对的友谊或全面联盟，外交与战争轮流占据主导地位，不存在一方长盛不衰。[57]

阿隆没有进一步剖析，我们或许可以将他的观点理解为，外交和战争都是国际关系的一部分。换句话说，摩根索认为外交与战争只是国际关系斗争中交替使用的工具，而阿隆认为外交与战争是斗争的两种表现形式，二者并不互斥。

罗伯特·吉尔平（Robert Gilpin）在《战争与国际政治的变革》（*War and Change in World Politics*）中明确提出了他的实体主义研究方法以及他对外交的看法：

> 国际政治的变迁基本上是一个演化过程，为了适应群体和国家的利益、权力变化而不断地做出调整。这种国际体系的渐进变革的特点是，就具体的、较局部的利益进行讨价还价、强制外交和战争。㊳

这些看法代表了古典现实主义的一般观点，也清晰表明了为什么现实主义没有对外交理论化。群体和国家一直存在，但具体利益和权力位置会发生变化。国家在寻求和维护利益时可使用多种工具，国际变化反映的是这些工具的部署状况。故需要理论化的不是这些工具，而是拥有这些工具的国家（现实主义的确花费了大量精力对国家进行理论化）。如果吉尔平没有为外交理论化提供基础，那么，用关系主义改写他的观点可能就是："讨价还价、外交以及战争的进程将关系具化到了短暂的政治实体当中，这些政治实体围绕在上述进程中产生的具体利益而建立。进程的动态性导致了变化的利益和权力，后者反过来推动了关系以及这种具化的改变。"

新现实主义对体系理论的偏好，可能会让人认为它更重视外交。但新现实主义使外交在国际关系领域中更边缘化。而且在这方面，它比古典现实主义走得更远。新现实主义强调政治空间的双重性、"空间之间的真空状态"以及稳定的国家特性。在很多方面，新现实主义都表现出实体主义互动论的观点，单元体犹如桌球，但是部分特性或变量（相对权力）可能不同。这些变量引发、解释了行为（战争、制衡、追随战略）和体系层次的结果（极性）。它认为国际关系中的单元就像是彩色桌球，都是大小相同且平等的个体，不同之处在于其特性和变量（相对权力）。这些不同可导致并解释不同的行为（战争、制衡或追随）以及体系层次的结果（极性）。尽管新现实主义之父肯尼思·沃尔兹（Kenneth Waltz）承认社会化的力量（可将此理解为起了一个关系主义的开头），但他认为不存在国家以外的社会化施动者。社会化和竞争是新现实主义中结构影响施动者的两种方式，通过示范效应发挥作用。[59]换句话说，单元解读其所处的环境并选择恰当的行为，否则就难以生存。如此一来，"社会化者"就是单元本身而非过程性的关系。这再次说明，没有必要对外交理论化。

（二）自由主义与外交

从强调合作与和平关系的角度看，自由主义似乎更有可能会形成外交理论。但事实并非如此，自由主义者倾向于从方法论的个体主义出发，并且将国际关系概念化为国家（或行为体）行为的总和。国家行为反过来又被看作是由国家—社会的关系所决定。[60]于是，自由主义开始根据各种各样的组织偏好以及这些偏好的具体化来分析国际关系。因此，外交"产生于国际规则、国际制度、国际行为实践这个背景下，这个背景影响着行为体的行为动机"[61]。于是，外交被再次排除在国际关系理论核心之外，它不过是影响动机的一个工具，因此不能成为理论发展的优先目标。

自由主义将国际关系比喻为网络而非桌球，强调国家的相互依赖性，不过，这并不能改变其本体论、认识论假设或研究重点。国际关系的网状模式使外交在自由主义中的地位比在现实主义中更加边缘化。自由主义设定了一个复杂的结构，该结构涉及许多特定的、相互竞争的利益。这使自由主义关注的焦点变成了围绕利益进行的博弈。作为一种经验现象，外交被排除在研究兴趣之外。例如，约瑟夫·奈（Joseph Nye）指出，国际制度的好处之一就是"帮助大国在彼此角力时保持其多边性及利益多样化,以促进外交"[62]。理查德·罗斯克兰斯(Richard Rosecrance)列举了两类国际体系:领土国家体系与贸易体系。这两种体系基于不同的逻辑运作,但都没有表现出对外交感兴趣。因为两种体系都取决于构成体系的国家的特征和利益。[63]

自由主义对外交缺乏兴趣的典型案例就是有关民主和平论的研究。尽管自由主义对民主和平的观点差异很大,但都持相同的逻辑,即把民主作为一种国家特性来解释和平——实现和平要么是因为民主国家的内部因素,要么是因为民主国家间因信任、期望、共有标准、经济相互依赖而彼此相连。所以,外交不过是国家间的交流渠道,自由主义关注的是更重要的解释因素。

(三) 结构主义与外交

传统国际关系理论的第三大理论是结构主义或马克思主义,它在很大程度上以关系主义为基础。结构主义将政治空间概念化为资本积累和商品生产中心之间的关系,这些关系决定了单元的特性和动力。在国际关系结构主义(马克思主义)研究中有三个著名学派:世界体系理论[64]、葛兰西学派[65]和新马克思主义[66]。世界体系理论和新马克思主义对外交的概念甚至无法令其成为一个重要的命题,这一点也不令人惊讶,因为政治对于资本积累和商品生产关系[67]来说不过是一个从属现象[68]。

> 任何一种国际关系理论在创建之初都需要紧扣根植于社会关系特定结构的主权和无政府状态的历史特殊性,马克思称之为资本主义模式的社会生活生产和再生产。只有这样才能看清国际关系理论的研究对象,即人与人之间的社会关系。[69]

这段话的大部分是赞成外交理论化的,但指定"社会生活的资本主义生产和再生产"作为主要推动力——实际上是唯一的推动力——又将外交理论化议程排除在外。

葛兰西学派对外交的包容令人惊奇。葛兰西学派的一个关键点是认为霸权依赖于非霸权国家一定程度上的共识或支持。[70]然而,促进这种共识的不是外交,而是跨国资产阶级的利益共通。于是,对阶级内部和阶级之间阴谋的社会学研究替代了对外交在政治形成中的政治研究。

简言之,就外交理论发展而言,马克思主义的问题是缺少综合的或双重的政治自治空间,只存在经济的或社会经济的单一空间。

三、历史转向与外交回归?英国学派、建构主义和后现代主义

为了建立新理论,很多国际关系学者像其他社会科学家那样逐渐出现历史转向。重视历史的学者倾向于将政治空间问题化(problematize),他们采用直接或间接的关系主义和进程主义视角,并且把外交纳入了理论议程。区分前文谈到的国际关系理论路径和这里所讲的路径的标准是:

> 考察理论是否立足于(作为决策个体的)某一国家,哪些体系模式和具体规则可由该国的建立及其可能的内在特征来解释,或者分析这些单元是如何被实践、话语、制度或结构化塑造出来的?[71]

英国学派、建构主义以及后现代主义可以被看作对国际关系理论的"概念越狱"(conceptual jailbreaks)[72]:它们甩掉了实体主义的

概念包袱,并且在关系主义与/或进程主义基础之上取得了进展。

今天,对英国学派的研究兴趣重返学界,有很多专著、文集、论文对英国学派的各个方面展开了讨论。[73]有几位英国学派学者在最近的文章中研究了外交。[74]他们对英国学派的外交研究进行了梳理。艾弗·纽曼(Iver Neumann)在一篇重要的论文中回顾了英国学派的外交研究。他认为,英国学派的第一代学者——尤其是马丁·怀特(Martin Wight)和赫伯特·巴特菲尔德(Herbert Butterfield)——的确把外交置于国际关系的核心位置上,形成了外交的分类学和外交史研究。但这些研究的重点不在于外交实践,也没有把外交看作社会生活的一部分,它们的目的是构建一种历史哲学。[75]

总的来说,以赫德利·布尔(Hedley Bull)和亚当·沃森(Adam Watson)为代表的第二代英国学派的学者忽略了怀特和巴特菲尔德对外交的论述。布尔[76]把外交列为国际关系中五个核心制度之一——而不是怀特认为的"主要制度",提出了外交文化和外交象征国际社会存在。但是,布尔从未对外交文化做过充分拓展,他只是把外交视为国际秩序的象征、反映及附带现象,而不是国际社会的组成部分。[77]

亚当·沃森更多地将外交作为一项实践。他的理论前提是,外交是一种交流方式,外交不以主权为先决条件,外交令人感兴趣之处在于外交制度而非表现形式。沃森开始"对通常被国际关系学者当作理论给定的条件进行社会学分析"[78]。有趣的是,沃森分别以外交和国际社会为主题各写了一本书,但两者之间没有任何交集或相互影响。[79]可见,外交虽然在沃森的国际社会的社会学中扮演了一个关键角色,但没有得到充分体现。

沃森将世界历史描述为在绝对帝国与绝对独立之间来回摆动,在这两极之间存在国际体系的不同混合形式。沃森认为这两种极端状态在历史上非常罕见或根本不存在,但这两种特性一直都在。国际社会的特征是"有一套制度规则","以超国家结构来有意识地对国际体系进行机械调节"。[30]可以说,沃森至少将外交假定为国际社会的共同构成元素。尽管沃森选择了自下而上的路径,但他也肯定了规则与制度的作用,即规则与制度是国家或其他政治单元具有某种持续性的前提基础。在沃森的阐述中,不受阻碍的机械压力必定会导致经常性变化。这是一个重要论点,以后在书中我们还会多次提到。

在纽曼看来,英国学派的第三代学者以詹姆斯·德·代元(James Der Derian)和克里斯蒂安·雷乌-斯密特(Christian Reus-Smit)为代表。但奇怪的是,这两位学者都认为有必要摆脱英国学派传统,在后结构主义或者建构主义的框架内做研究。

德·代元提出了至少三个重要观点。第一个与沃森一样,他认为外交的功能在于缓和人们的矛盾和纷争。当一个体系处于变革之中或新的社会形态出现时,群体或政治实体就会相互脱离。他举了两个例子:"西方基督教国家间的互斥催生了国际外交体系;第三世界国家反对西方'特权'的运动推动了外交向真正的全球体系转变。"[31]

外交缓和了因同一整体内的人们相互排斥和曾经将人们凝聚在一起的力量(例如基督教、人性、帝国主义)的消失所引发的冲突:

> 和中世纪的城市桥梁一样,外交文化的出现最早是为了将城市的不同地区不偏不倚地连接起来。但由于拉丁世界的权力四分五裂,外交文化变成了一种广泛分布但受保护的飞地(enclave),一种使主权国家代表在缓和体系内互斥时免遭国家束缚的松散空间。[32]

德·代元的第二个观点再次体现了沃森对他的影响。他认为,外交不是由外交体系的具体结构来决定,而是由"维系、再造或转变外交的冲突关系"⑧所决定。因此，重要的不是常驻使节、会议或其他具体的外交表现形式，而是政治实体之间的关系。德·代元的前两个观点用自上而下的方式看待国际关系——其中的任何国际体系都是由一边区分不同政治实体，一边又为缓解它们之间的互斥牵线搭桥的外交共同构成的。显然，这里所指的"外交"不是名词意义上的，而是动词意义上的。

德·代元没有论述这一观点对政治空间概念化的影响。然而，他在第三个观点中似乎给出了一些线索：外交"内嵌于社会，如果脱离这一背景抽象地理解外交就是片面的"⑧。换句话说，外交融合在社会实践中，与社会实践发生在同一个政治空间或社会政治空间中。由此可知，外交并不是仅仅由重大事件和伟大人物来定义，而是更有可能由"展现权力的'琐碎'的仪式和典礼"⑧来界定。德·代元的观点非常具有启发性，下一章会对其进一步阐述。

在纽曼看来，英国学派第三代学者中的代表雷乌-斯密特解释了为什么不同的国际社会采取了不同的基本制度。他给基本制度下的定义是"国家用来应对无政府状态下的协作与合作问题的基本规则"⑧。尽管他侧重的不是理论本身，但他在很大程度上是用外交的不同形式来区分政治制度的。他举了四个例子：古希腊城邦间的仲裁、文艺复兴时期意大利的演说外交、欧洲专制主义时期的自然国际法和"旧外交"，以及现代国家社会的契约国际法（contractual international law）与多边主义。⑧雷乌-斯密特的主要贡献是"向人们提供了一种外交如何内嵌于社会实践的解读，如果外交和国际社会是源自一种一般性的体系或道德正义，那么不了解其形成、所属的社会背景就无法理解外交"⑧。

总之，我们同意纽曼的观点——德·代元和雷乌-斯密特为外交学"设定了其应该实现的新标准"⑧。在纽曼自己的外交著作中，他坚信作为社会实践的外交不能从社会中抽象出来。与其他社会实践一样，外交是一种内嵌现象，理应如此分析。⑩

四、结语

在这一章中，我们回顾了多项研究，发现外交理论化还有待研究。外交实践者和外交史学家都没有重视理论，而多数国际关系学者又倾向于忽视外交或视其为从属现象。在这方面，英国学派是一个重要的例外，它为本书提供了一个出发点。

我们认同英国学派把外交视为国际制度的观点，第二章将对此做更详细的阐述。英国学派的另一个观点是外交与国际社会的关联性，我们也会对此做进一步分析。从稍晚时期的后现代主义代表人物的观点中可看出，外交被整合或内嵌于其他社会实践之中。从对国际关系主要传统的概述中得出的结论是：我们需要从实体主义转向关系主义和进程主义视角。根据上述经验，我们将在第二章中勾勒出本书的理论建构基础。

第二章 分析框架

如书名所示，本书探寻的是"本质"，即外交在所有时空中的共同特征。后现代主义、后结构主义与实证主义的著述认为探索本质是误入歧途，也有人认为这是政治压迫。后实证主义的许多研究路径明显不同。就连划分类型这一举动都是分类者对自身政治观点的表达，更不用说将现象归为同一类型的做法了。在"科学"的阵营中，研究的目的就是分类、识别和解释各种变量，形成类型学。

我们认为这两种观点都有一定道理，这看上去是有些矛盾。在识别各种变量之前，我们需要知道它们是关于什么的变量。世上存在若干类型的狗或音乐，但讨论狗的类型或是音乐的艺术表现形式仍是有意义的。虽然国际关系理论和历史对外交及其类型做了较好的研究，却没有界定外交的理论内涵。在探究其抽象特征的过程中，我们要做的并不是寻找容易理解的历史定律或规律、因果关系—机制、形式或实体等概念。相反，我们视外交为国际社会的构成要素，我们思考的是作为构成要素的外交包含哪些重要参数。按当代话语来说，就是研究外交的本体论。

如第一章所述，我们试图避免主流国际关系研究自下而上的实体主义路径。我们采用自上而下的关系主义（过程性）视角，并借鉴了英国学派的观点。简而言之，我们的概念起点是世界政治空间，该空间的差异化是一个体系驱动的过程。从这个角度来看，外交是关于推动政治空间差异化的动态关系。虽然"外交"一词未能衍生出基于动作的动态表达方式，但我们十分重视特定国际社会的再造以及外交的制度化和仪式化等动态过程。

具体而言，本章提出的三个分析要点是本书其他章节的前提。第一，外交是一种制度，而且是一种国际社会的制度而非单个国家或其他实体的制度。第二，从跨历史视角看，外交作为一种制度，构建了政治实体（polities）间关系而非国家（states）间关系，历史社会学为此提供了重要的理论平台。第三，从最抽象的层次看，外交是联结普遍主义（universalism）和特殊主义（particularism）的媒介，这一双重属性在不同的历史背景下有着不同的表现。

本章最后一节将介绍构成外交前理论的基石，同时也对此后的章节起到提纲挈领的作用。具体而言，我们认为交流、代表和国际社会的再造是外交的三个基本维度。根据过程性路径，我们将分析两个动态方面：外交的制度化，以及政治实体和身份变化时期的外交。

一、作为制度的外交

我们假设外交是一种制度，可被宽泛地理解为一种相对稳定的社会实践集合，它包含可识别的多元角色、潜在规范，以及一系列衡量角色扮演者行为、管理其相互关系的规则和惯例。[①]这些规范和规则"指导行为角色、限制活动并形成预期"[②]。制度可能涉及或不涉及组织、有共同目标的团体。组织是指拥有处所、办公室、人员及预算的实体。[③]根据这一区别，市场是制度，公司则是组织；婚姻是一种制度，家庭则是一个组织。同理，外交是制度，而外交部门是组织。

这一区别并不是绝对的，"制度"和"组织"两个词常常互换。

然而外交实践表明,区分这两种表达方式十分必要。作为制度的外交源远流长,但我们今天所指的外交组织即外交部及其外交工作人员直到近代才诞生。1626年,黎塞留建立了现代意义上的第一个外交部,英国则迟至1782年才设立外交部。④概括而言,组织不同于制度,它只存在于特定的时空。因此,我们将外交视为国际社会整体层面的制度,而将外交部门视为国家层面的组织机构。

要想理解制度就需要理解"规范""规则"和"角色"等关键概念。规范"代表了对行为的权威性社会规则中惯例性的、笼统的部分",而规则是"具体的、明晰的部分"。⑤规则用于指导特定场景下的恰当行为,较为精确、正式和权威。无论在何种情况下,这些概念都提供了一种共同预期的框架,凸显了特定角色扮演者之间行为的目的性和可预测性。⑥因此,外交制度一直在为担任外交角色的个体提供规范、规则及习俗惯例,即使在没有使领馆或外交部这样的组织性框架的情况下也是如此。

(一)哪一类制度?

外交是应对"一方面自愿散居,另一方面必须同外界建立联系"⑦的制度。交易——如货物、人员、信息和服务交换——是外交的主要起源。⑧无论何时何地,只要有不同身份认同的政治实体认为有必要建立某种交易关系以及相互依存,就可能产生外交角色和规则。这也证明制度可以降低交易成本。

"交易成本"概念背后的基本思想是,经济交易不仅涉及生产成本,还涉及安排、执行实施契约的成本。契约的起草、规划和谈判同解决契约中的争议一样都需要付出成本。而制度恰好可以降低交易成本。虽然"交易成本"概念最初来自经济领域,但其并不仅限于经济需求。在政治领域,包括外交在内的国际制度也"起到了降低合法交易成本、增加非法交易成本,并且减少不确定性的重要作用"⑨。

长期以来,制度研究者将制度分为"演进型"和"设定型"。这种分类可以追溯到古希腊人关于"自然"和"约定"的争论。按照这种分类方法,制度由人类按其需求建立或者自然发生,有时也可能是人类自利行为的非意图后果。⑩这种区别并不意味着制度的来源只能是非此即彼:它可能是上述两个不同发展过程间不可避免的相互作用的结果。外交恰是如此。外交的规范、规则和角色代表了自然元素和设定元素的结合。自然元素在制度发展的早期更明显,而人为设定元素在近现代历史中更为普遍,但这两种元素或许从最初就存在互动。

> 我们不知道人类社会从何时开始发现有必要相互交流,但可以肯定的是交流很早就开始了。外交历史悠久,其原因是明显且有启发性的。如果我们认为从信使处获得消息比杀掉信使好,那么就必定有规定信使合法身份的规则,也必定有保证其不受侵犯的制裁措施。外交人员最早是为了在不同社会间形成安全可靠的信息传递机制而设立的。⑪

制度还有"主要"和"次要"之分。首要国际制度是持久的、被承认的实践,同时也是构成政治实体和国际社会的元素;次要制度则是在合法行为体已经建立、基本的规则已经到位且国际关系博弈开始时,用来规范政治实体间实践的。外交可以被视为一种首要制度,而机制(regime)理论家所分析的各种基于单个事件的规范性安排可以被视为次要制度的代表。这与第一章中雷乌-斯密特⑫对外交的定位相一致,即外交是一种"基础性"的制度,它可以衍生出针对具体事件的一些制度。但是,首要制度和次要制度并不容易区分,学者们列举出的首要国际制度也不尽相同。⑬

卡莱维·霍尔斯蒂（Kalevi Holsti）使用了与上述相近的区分说法，即"基础性"制度和"程序性"制度。基础性制度界定并提供了特定行为体的特权地位，而程序性制度规范了行为体间的互动和交易。他将外交定位于程序性制度，而不是包括主权、领土在内的基础性制度。⑭

我们可以从（学界）对概念和分类的困惑中得知：外交是一种混合型制度，因为它包含基础性和程序性要素，还包括首要制度和次要制度的特征。外交中基础性或构成性的一面与它在国际社会再造以及承认合法政治实体过程中的角色有关；同时，各历史时期的外交制度为政治实体间的交往提供了适当的、详略不一的程序规则。

（二）外交规范与规则

归根结底，外交的基础是共存规范，即政治实体"自己活也让他者活"。加勒特·马丁立说："除非人们认识到彼此不同但必须长久共处，否则，外交将无用武之地。"⑮接受共存规范说明部分政治实体意识到它们在很大程度上是互相依赖的。这种互相依赖往往不对称。但共存意味着即便没有绝对的公平，也会有公平参加国际交往的权利。

虽然外交制度中的具体规则会随着时间变化，但互惠是贯穿所有外交实践的核心主题。⑯互惠意味着交换必须是大致对等的。⑰换句话说，互惠旨在建立"均衡"交换。⑱另外，由于一方的行为以另一方的回应为前提，互惠的达成存在偶然性。互惠行为导致投桃报李或以牙还牙。⑲互惠规则使外交关系有了一定的可预见性。虽然不是精确的预测，但互惠使政治实体知道它们交换活动的大致结果。⑳

在互惠关系中，有必要区分具体性（specific）互惠和扩散性（diffuse）互惠。具体性互惠是指"特定的参与方在严格限制交换连续性的条件下进行等值交换",而在扩散性互惠中"公平的定义更为模糊……事件的连续性并没有严格限定"。㉑扩散性互惠暗示参与方并不坚持在每一次交涉中都有即时生效的、绝对的公平,不坚持每次"投桃"都对应"报李"。

房产和汽车的销售商同买家执行的是具体性互惠,家庭和挚友则依赖于扩散性互惠。外交中的互惠则介乎二者之间。两种互惠的差别在于信任程度不同。虽然政治实体间关系中通常不会出现凝聚家庭的那般信任,但外交也给政治实体间关系带来了一定程度的、有别于诸如买卖关系的信任。

事实上,我们如果将偶然性(contingency)和对等性(equivalence)作为描述社会交换中互惠的两个维度,就可以区分原本混合的互惠模式。偶然性高的行为是指对别人行动非常迅速的反应,而偶然性低的行为则是在别人行动之前或更久以后才发生。对等性是指对比接受和给予的物品价值。偶然性和对等性不断在变化,但如果我们——出于研究目的——用二分法来分析,可以得出互惠的四种类型(如图1)。㉒

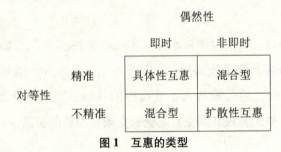

图1 互惠的类型

因谍报活动驱逐别国外交官就是具体性互惠。如今,国家意识到如果它驱逐外国外交官,被驱逐外交官所属政府就很可能以立即驱逐本国同等数量的外交官作为回应。对具体性互惠的预期往往能阻止国家冲动行事。

遵守外交交往的规范和规则可以看作扩散性互惠的一个例子。这种行为不会产生具体性互惠，而是从更长远的角度考虑互利问题。比如在"欧洲协调"时期，一国会给予别国比具体要求更多的让步。在今天的欧洲联盟中也能找到类似的扩散性互惠。

当行为体更关注短期结果而较少关注单次交换活动的具体价值时，就会出现图1左下角所示的混合型互惠。比如中美在1997年和1998年两国元首互访之前就在个别问题上互相让步。[23]

图1右上角的方格代表了另一种混合型互惠，在此情况下，行为体虽然在意单次交换的具体价值但更关注长远的关系发展。1954年周恩来总理率中国政府代表团出席日内瓦会议时，美国国务卿约翰·福斯特·杜勒斯（John Foster Dulles）曾下令，与会期间美国代表团成员不得和中国代表团成员握手。[24]

在外交的程序性规则中，豁免一直被认为是最重要的一条。外交代表不可侵犯被视为政治实体间建立稳固关系的前提。"豁免源于必要性，经由宗教加固，得到习俗认可，被互惠强化。"[25]在古代，外交信使的神圣性意味着不可侵犯，预示了现代外交豁免概念的出现。[26]

使节不可侵犯的原则可能与好客之道有关。"古代希腊人和罗马人认为伤害客人就是亵渎神灵，凯尔特人、高卢人、条顿人也这样认为。"[27]但外交豁免最持久、最稳固的基础还是功能上的必要性：外交使节享受的特权和豁免只是他们完成其职责的必需条件。[28]

二、联结外交与历史社会学

从上述分析中可看出，外交是一种国际社会的而非国家的制度。事实上，本书的一个重要创新就是摒弃在外交研究中占统治地位的国家中心论。我们认为外交是一种构建政治实体间关系的制度。政治实体可以被视为一种政治权威机构，它"有清晰的身份认同；有为政治目的，即满足某种价值观而动员其人员和资源的能力；有一定程度的制度化安排和等级制（领导和选民）"㉙。政治实体作为政治权威之所在处于持续的演化过程中。

换句话说，作为国家主权和外交间联络纽带的现代国际关系并非必然结果，而是历史巧合。和詹姆斯·罗西瑙（James Rosenau）一样，我们也认为："各行为体在世界政治中的有效性并不源于其拥有的主权或由主权给予的合法特权，而是源于相关的现象，源于它们发号施令的权力以及由此获得的服从。"㉚ 从跨历史角度而言，外交可能涉及所有类型的政治实体，无论它们是否拥有领土主权。

这与我们自上而下而非自下而上的视角不谋而合。自上而下地看，政治空间是全球性的，它的差异化是一个体系驱动的过程。进一步而言，这种差异化并不像现实主义认为的那样导致了两种不同政治空间的产生。相反，"全球政治向来是一个无缝对接的网络"㉛。就本书而言，自上而下视角最重要的含义是：我们不仅可以将国际体系当作一个想象中的自然状态，还可将其当作一个社会系统来分析。换句话说，国际体系可被理解为不受互动的自构行为体影响。的确，国际体系在分析层面和本体论上都先于体系内的单元而存在。

为了从该角度研究，我们参考了新兴的国际关系历史社会学文献。除了少数研究以外，许多国际关系的历史社会学不是新韦伯主义，就是新马克思主义，而且研究主要集中在战争、工业化以及资本主义的重大物质进程方面。它们解释的对象通常是现代国家的发展及其附带的经济体系。㉜然而，这"忽略了全球政治景象的一个重要维度"㉝。特别是对国际制度的忽略"削弱了新韦伯主义历史社会学的核心论点——将主权国家理解为一种适应历史发展的、可变化的政治形式"[34]。尽管国际关系的历史社会学不止一种,其研究重点和兴趣各不相同,在认识论和本体论上也存在差异,但是某些共性比差异更为重要。下文列举了四个共同点。

第一,侧重国际关系的历史社会学家批评主流国际关系理论脱离历史地研究现实。[35]第二,历史社会学家研究的是"行为如何成为制度而制度如何反过来被行为所改变"[36]。第三,历史社会学认为"稳定的形成"和"变化的发生"都需要解释。[37]这里,国际关系的不同的历史社会学具备的核心共同点清晰呈现出来了:"在现代主义与后现代主义的争论背后潜藏着一种更深层的争论,即稳定模式论和变化论之争。"[38]的确,从实体主义的本体论转向关系主义的本体论极大地改变了研究的原本焦点:"必须解释再造、恒定性及实体性,但无须理会发展和变化。"[39]尽管有所不同,但各种历史社会学说都是变化论的支持者。当然,这并不是说对变化的研究不再有趣或不再必要。相反,历史社会学家常常研究变化,他们并不认为变化是异常的,稳定就是自然的。但需要理解和解释的是具体的变化,而不是抽象的变化。

第四,历史社会学家对国际政治空间的差异化提出了问题。政治实体差异化、个体化的基础是什么?[40]尽管学者们给出了不同答案,但他们都没有将国家领土视为理所应当之物。英国学派指出,不仅有必要研究政治实体之间的界限或差异化,还有必要研究不同国际社会的界限或差异化。换句话说,划界或设限往往包含两个过程,即单元之间的划界和单元集合与外界之间的划界。

国际关系的不同历史社会学的四个共同点连接或跨越了反思性后实证主义(reflective post-positivism)与理性主义的元理论之争(meta-theoretical debate)。这些共同点也为我们的研究提供了以下方法论建议，即避免去历史化，注重制度化进程，解释自然变化的稳定性，就国际社会的差异化和再造提出问题。不仅这些建议为外交理论化奠定了基础，我们也希望借此反映出外交研究对历史社会学经验和观点的重视。因此，我们的主要目的是外交的理论化，同时也希望为国际关系历史社会学研究做些贡献。但这么说并不意味着我们立志创建一门外交的历史社会学或重构世界外交史。接下来，我们将讨论外交的前理论使用的一些基本概念。

三、平衡普遍主义与特殊主义

我们在前文提出，外交是国际社会的一种制度；国际社会是差异化的政治空间；研究政治空间的差异化应该使用历史社会学和关系主义的视角。我们的第三个分析出发点是，外交制度是差异化的重要过程。具体而言，外交是平衡普遍主义与特殊主义的物质性和理念性的重要过程。简而言之，我们认为任何国际社会的差异化及其正当性原则都处于普遍主义和特殊主义之间。根据这一观点，每个国际社会都是一种妥协，而外交正是形成这种妥协的关键。

在谈到国际社会再造而非国际体系的再造时，我们遵循了英国学派的思路。当政治实体之间有了常规接触，国际体系才是存在的，"各政治实体间的互动足以促使一方的行为成为另一方必须考虑的因素"[41]。当政治实体一方面"意识到了某些共同的利益和价值观"，另一方面"坚信自己在与其他政治实体的关系中受到一套共同规则的约束，且都有权建立共同制度"之时，国际社会就出现了。[42]这些规则提供了"一个有意调整体系运作的超级结构"[43]。

"国际社会"的概念也许会让人自然地联想到同质性。根据英国学派的观点，区分社会联系的圈内和圈外可以起到有效的匡正作用。

例如，尽管欧洲国家和奥斯曼帝国在 15 世纪末建立了联系，二者的关系在社会层面也有所体现，但是由奥斯曼帝国和欧洲国家构成的国际社会比欧洲各国之间形成的国际社会松散得多。㉔巴里·布赞（Barry Buzan）在其论述中借用了社会学的区分方法——礼俗社会（Gemeinschaft）和法理社会（Gesellschaft），即基于共同的情感和经历的社会与基于契约和人为联系的社会。㉕现代国际社会对内具有礼俗社会特质（主要是经济合作与发展组织国家），并通过法理社会与圈外国家（通常是指第三世界）连接。

存在国际社会并不意味着天下太平或没有冲突，它仅仅意味着战争爆发时会遵循一系列规则。的确，国际社会甚至能容忍频繁违背这些规则的行径——只要这些行为被视为违规。比如，欧洲征服者对美洲印第安人的暴行或者非洲的奴隶贸易并不表示欧洲人与非洲人或美洲印第安人不是国际社会的共同组成部分。但这种暴行在当时欧洲的法律、政治和宗教理论中被明令禁止，这一事实可以说明，彼时的国际社会不包括非洲人和印第安人。

在进一步论述之前，我们需要明确普遍主义和特殊主义的角色和地位。这两个概念均不代表任何历史规律、力量或主因。按关系主义的传统，普遍主义和特殊主义被视为一种无主进程。与有主进程相反，无主进程没有主体，或者说没有"行动者"㉖。在任何时间上，普遍主义和特殊主义都不是一方主导、一方顺从的关系；相反，它们不是互斥的进程。因此，我们强调国际社会中的混乱性，即未解决的矛盾、冲突以及对立过程的共存。最后，普遍主义未必是指"每个人"或"每件事"，而特殊主义也未必指"一个个体"。普遍主义和特殊主义仅仅是含义相反，二者是相对的关系性概念，而非绝对的孤立概念。它们是国际社会的"阴""阳"两极，其实也就是外交。

(一) 普遍性与特殊性的物质过程

传统的国际关系理论将政治学研究界定为权力研究，强调具有终极权威、权力转换为等级的差序政治与缺少权威的无政府政治之间的差异。因此，国际关系学的基本原理、论证以及独特性变成了无政府政治与等级制政治之间的区别。也就是说，国际关系学建立在特殊主义基础上。然而，等级制与无政府状态之间的绝对差异越来越受到争议。而且，"政治不是等级制的就是无政府状态的"这种观点也存在争议。关于"无政府状态或其暗示的特殊性是国际政治永恒特征"这一观点，历史社会学家、英国学派的学者及其他人士提出了不同观点。[47]

迈克尔·曼恩（Michael Mann）认为历史上有两种权力形态：支配型帝国与多元权力行为体（multi-power-actor）文明。每种类型都专注于某些权力关系，而忽略了其他权力关系。每当有一方发现如何利用另一方忽略的权力来源时，两种权力形态就会彼此各自想办法取代对方。[48]亚当·沃森进一步解释了曼恩的历史辩证法。他提出，国际社会可以被视为一个连续的光谱，光谱两端分别是无政府状态（绝对的独立）和等级制（绝对的帝国）。沃森认为，两种极端形式在世界历史中十分罕见，而体系一般处于两端之间的某处。体系像钟摆一样在两端间摇摆，但从不静止。很多战略和经济因素在推动钟摆。正如第一章提到的，沃森认为制度和规则可以调节这些机械摆动，并创造国际社会。[49]

钟摆隐喻似乎在暗示，摆向等级制和普遍主义的幅度越大，基于共存、交换和互惠原则的外交发挥作用的空间就越小。尽管我们同意曼恩和沃森关于等级制与无政府或普遍主义与特殊主义间存在持续张力的观点，但我们不赞成将二者如此泾渭分明地区分开来。

曼恩和沃森似乎认为，在任一给定的时间点上，世界历史都处于靠近一极、远离另一极的过程中。对此我们持保留意见。我们假设起作用的有多种力量，但它们的推动作用很可能并不是朝着同一个方向。如果将意识形态特性考虑在内时，这种情形就尤为明显。

（二）普遍性与特殊性的理念进程

在西方政治和道德思想中，普遍主义和特殊主义间的矛盾是一个永恒主题。例如，启蒙运动产生了一种信仰，即人类理性的稳定进步会带来"全人类的道德和政治大一统"[30]。浪漫主义思想家很快创造了两个交叉的相反意识形态：民族主义和历史主义。

哲学家奥诺拉·奥尼尔（Onora O'Neill）将普遍主义与特殊主义的区别作为研究正义与美德的组织性主题："正义理论为普遍的权利和义务辩护；美德是特定时空中团体或个体的优秀品质。"[31]奥尼尔将普遍主义与特殊主义的伦理之辩追溯到了古希腊哲学家，但她的重点是正义与美德可以共存。

关于普遍主义和特殊主义特性的探讨都是从伦理出发，最后又回到伦理。在其他思想领域中，也有过关于这一问题的探讨。本书需要强调的是：和普遍主义与特殊主义的物质特性能共存一样，普遍性与特殊性观念也能共存；二者相互竞争，但未必也很少主导对方。

下面以三十年战争和约的产物——威斯特伐利亚体系为例，简要说明普遍性与特殊性的物质、理念之间的交叉融合。

《威斯特伐利亚和约》是根据特殊主义来组建欧洲。它所代表的是一种全新的外交协定，即由国家来安排国家间秩序，它取代了大多数尊崇教皇和神圣罗马帝国皇帝的等级制法律。[32]用英国学派的语言来说："在推动霸权秩序和推动走向光谱的独立一端的两种力量较量之下,一个新的国际社会形成了。"⑤

从这一点出发,我们还可以做进一步分析。17 世纪的许多决议是物质特性与理念特性相妥协的产物,任何一方都无法在战后占优势。用本书的语言来说,威斯特伐利亚体系是基督教大一统的普遍论——被重新表述为上帝制定的自然法——与国家主权特殊论之间相妥协的产物。尽管人们一般认为,威斯特伐利亚秩序为基督教社会的政治实体敲响了丧钟,但它仍留有浓重的普遍主义痕迹。

第一,主权并不意味着平等。国王受命于上帝而非教皇的观点并不是指所有国王一律平等。尽管《威斯特伐利亚和约》"在很大程度上成功地遏制了哈布斯堡的霸权野心……但它并没有预见到波旁王朝路易十四统治欧洲的野心"⑤。

第二,更重要的是,只有信奉基督教才是毫无疑问的唯一合法主权。很明显,如果连异教徒"土耳其人"都不能被纳入主权国家,就遑论非洲、美洲和亚洲的异教徒和野蛮人了。威斯特伐利亚时代可能有其特殊性,但这种特殊主义也以一定程度的普遍主义为前提。

第三,如雨果·格劳秀斯(Hugo Grotius)和塞缪尔·普芬多夫(Samuel Pufendorf)所言,普遍主义在法理学和政治理论中均以自然法形式出现。总之,《威斯特伐利亚和约》并没有保证特殊主义。相反,《威斯特伐利亚和约》反映出普遍主义与特殊主义特性似乎无处不在且形影不离。

(三)外交、平衡与国际社会

我们认为,外交在平衡普遍主义与特殊主义的过程中发挥了关键作用,因此外交也在某种意义上组成、创造了国际社会。普遍主义与特殊主义的每一次结合——无论是在条约中或更为常见的连续谈判中——都代表了政治空间的差异。每一项决议都暗含着"我们"的身份和我们所具备的能力（普遍主义），以及"我"的身份和我所具备的能力（特殊主义）。在威斯特伐利亚秩序的例子中，《奥斯纳布吕克条约》和《明斯特条约》或明确或含蓄地指出，"我们"指的是基督徒，而"我"则指由上帝授权的国王。外交推动并反映了国际社会的这一差异化。在下文中，我们将分析决定外交的三个重要维度，它们决定了普遍主义和特殊主义的平衡机制。

四、理论基石

在导论中我们提到，外交有三个基本的或构成性维度：交流、代表和国际社会的再造。外交通常被视为政治实体间的交流。没有交流就没有外交。一般而言，谈判被认为是外交的核心，有时甚至等同于外交。外交交流的核心问题向来是避免误解，形成共识，本书第四章将对此做详细阐释。

只要外交官是委托人的代表，代替委托人及其所属政治实体行动，并作为后者的象征，那么代表就是外交的另一重要维度。第五章将进一步分析作为外交特征的委托人—代理人关系依赖的动力及其存在的问题。

最后，再造是指外交推动特定国际社会产生和延续的方式。我们用"再造"来表示一个或多个政治实体维持自我属性的过程。作为变化论的支持者，我们倾向于强调解释恒定状态的概念。再造意味着延续性不是理所当然的。外交承认和社会化是外交与任何特定的国际空间差异化相互构建的核心机制。这正是第六章和第七章的主要内容。第六章分析了外交承认和社会化的作用。第七章提出的问题是，在变化的时代中，当新的政治实体挑战现有国际社会时，外交将经历怎样的变化。

在讨论外交的三个重要维度之前，我们将在第三章对外交是一种国际制度的观点展开讨论。为了与过程研究路径要求保持一致，这一章将讨论制度化和仪式化两种动力。

第三章　制度化和仪式化

在前两章中，我们提出外交是一种可根据规范、规则和角色来理解的国际制度。我们将共存视为外交的基本规范，将互惠视为永恒的规范性主题，将外交豁免视为重要的程序性规则。虽然制度视角意味着稳定性。但我们认为有必要使用过程性路径来表明对变化论的支持，呼吁使用动词形式来描述外交。也就是说，我们关注的是行为转化成制度以及制度塑造行为的动态过程。在本章中，我们将集中分析两个相关的动态过程——外交的制度化（institutionalization）和仪式化（ritualization）。

一、制度化

像外交这样的制度既非完备无缺，也非恒定不变，而是随着制度化过程逐渐演化。这"涉及制度应用中实践和规则的发展变化，有很多称谓可以描述这种变化，比如结构化和常规化，即表意规则、推理方法以及制度执行的影响因素等方面的发展"[①]。制度化协调行为使其模式化，并推动行为朝一个方向发展，我们可以将制度化与"社会空间"概念联系起来：

> 社会空间是指一种情境或经常性状况，处于其中的行为体的行为不断相互接近。如果一个社会空间内有着公认的规则和程序体系，且这一体系被用来界定谁是行为体、

如何确定其他行为体行为的含义、哪些行为可行等问题，那么可称其为"制度化的"社会空间。制度化就是社会空间形成、演化的过程。②

有些学者认为，直到17世纪出现常驻使馆、民族国家体系、一系列外交思想和外交教科书时，外交才得以制度化。早期的政治实体间的交往是不连续的，缺少国际制度的基本要素。③根据这一观点，制度化具有高标准，包括"使节的豁免权、连续交往、合格但未必专业的外交人员、行政指导、提供斡旋、具有巩固协议的方法以及灵活的形式和程序"④。我们对此并不赞同。我们倾向于将制度化的不同层次和方面区分开来。因此，我们不会把外交区分为两个不同阶段，即成熟的制度时期和早期的所谓非制度时期。

根据前文中对国际制度本质的讨论，我们将制度化划分为三个层次：（1）共同符号与内涵；（2）共同预期、公认的规则、规章和程序；（3）正式组织。⑤

制度化的第一个层次即认知层次，需要形成通用语言、意义的主体间结构以及对文字、行为和符号的诠释。我们发现，在过去几个世纪存在着一种清晰的、拥有共同认知方式的外交亚文化。其源头可以追溯至15世纪后半叶的罗马。随着罗马成为情报和外交中心，意大利各城邦将最优秀的外交官派驻罗马。派驻使节加上教皇对使节的集体管理，"形成了第一个有组织的外交使团，发展出了早期的职业联合体，规范了社交礼节，确立了国家间关系准则，甚至出现了以使团名义采取的行动"⑥。在此后几个世纪里，在另一座伟大的城市——奥斯曼帝国的首都君士坦丁堡，外交生活进一步促进了外交使团的发展。奥斯曼帝国拥有比当时绝大多数国家更多的邻邦，因此接收了大批使节，这些使节认为有必要团结起来应对奥斯曼帝国官员，共享情报，共用信使。⑦

在17世纪、18世纪和19世纪的大部分时间里,外交一直都是一种贵族的活动。欧洲的贵族通过友谊、血缘和婚姻的纽带联系起来,因相似的世界观和教育背景联结起来,这使得外交官们形成了一种同属一个"世界性行会"或"贵族国际"的观念。⑧因此,一位奥地利驻法国大使身处凡尔赛宫会比与出身寒微的同胞在一起时更为自在。尽管国家间充满差异和冲突,但按一位19世纪的观察家的话说,外交官们形成了"他们自己的社会",拥有"平静而长久的和谐"。⑨尽管如今的外交使团不再是团结紧密的"某某国际",但当代外交官所保留的职业统一性仍足以让我们称外交官为有共同信仰、价值观和非关键性实践的跨国"知识共同体"⑩。哈罗德·尼科尔森发现,外交官具有"发展独立于国家身份的团体性身份"的趋势,他称之为"行业共济会"。⑪

制度化的第一个层次是共有符号与内涵,我们将在这一层次上进一步研究用于指导从外交语言的标准辞令到缔结条约的相关实践的外交礼仪(diplomatic protocol)的制度化。这就需要探寻在清晰的外交亚文化之前出现的通用准则。

制度化的第二个层次是指前文中的外交规范和规则得到更广泛的接受和改良。比如共存规范的制度化可能涵盖了古希腊世界的"野蛮人",跨越了文艺复兴时期欧洲的新教与天主教之分,甚至在近代超越了欧洲范围。就改良而言,互惠规则越来越制度化,因为它体现的是扩散性互惠而非具体性互惠。本章将追溯反映互惠规则的"家人比喻"[1]的制度化、使共存规范更复杂的优先程序的制度化,以及外交豁免程序规则的制度化。

制度化的第三个层次是指外交的组织化和职业化。众所周知,

---

[1] 关于家人比喻的介绍请参阅本章第四部分。

直到17世纪外交部才得以建立。外交的职业化是缓慢且断断续续的过程。直到19世纪后半叶，大多数欧洲国家才以工作效率而非社会地位为标准，进行外交官的招聘和晋升管理，引入了国籍、考核和培训计划等要求；直到第一次世界大战爆发，外交官才被公认为一种职业。[12]本章的重点之一就是从长历史视角研究外交官衔的制度化。

二、仪式化

在研究外交制度化的三个层次之前，我们想先讨论制度化与仪式化在外交实践中的联系。为此，我们需要对仪式研究做一个简要回顾。针对"仪式"的学术研究始于一场关于宗教起源及其永恒要素的争论，这场争论旷日持久且影响深远[13]，但此后对仪式的研究兴趣开始在社会科学家，特别是社会学家和人类学家中流行起来。一些学者竭力区分宗教和世俗的仪式，另一些学者则认为这种区分对理解仪式在社会和政治生活中的作用是有百害而无一利。[14]尽管仪式理论尚未在外交中得到系统应用，但是关于仪式的许多著述——无论是宗教研究还是社会科学研究——显然都与外交相关。

人们对仪式的定义因学术兴趣差异而不同。绝大多数定义都提到仪式的象征性和重复性特点。因此，研究仪式在政治中的作用的学者将仪式定义为"符合社会标准的、重复且具有象征意义的行为"或者"处于象征主义之网的行为"。[15]从社会学角度来看，仪式是一种"演绎、体现一系列象征物，并将其物质化、戏剧化"[16]的方法。一位学者从历史角度将仪式看作是"一种形式化、集体化、机制化的重复行为"，他认为仪式是形成团体凝聚力的必备条件。[17]因此，人们通常把仪式理解为将具有共同追求的团体成员团结起来的象征性行为。仪式反映团体的基本价值观，创建或巩固了团体成员共同的意义世界。[18]

正如制度可以分为静态的制度和动态的制度化一样，仪式也可分为静态的仪式和动态的仪式化。仪式化过程关注的是"某些社会行为在与其他行为的联系中凸显自身独特性的方式"[19]。

仪式化代表了一种远离指称物，接近精练后的象征物的过程；这些象征物包含了多层含义和多种并存的指示物。[20]精练（condensation）是指文字性或图像性象征物可能代表、集合了多种不同的含义表达。[21]凯瑟琳·贝尔（Catherine Bell）的解释很容易让人联想到外交，她说，仪式化的终极目标就是培养精通仪式的代理人：

> 代理人对仪式安排了如指掌，因为这些安排既内嵌于他们自身及其对现实世界的感知当中，又内嵌于他们对如何维系和改善复杂细微的权力关系的理解之中。这些实践知识并不是一套刻板的想法、信仰或体态，而是一种通过对行为的允许和约束来部署、运用以及管理基本安排的能力。掌握这些知识会带来更多权力，而不是相反。[22]

正式性（formality）、稳定性和重复性是仪式化的常见策略。[23]罗纳德·格莱姆斯（Ronald Grimes）认为，仪式化过程产生了礼节（decorum）和仪式（ceremony）。[24]当一个社会群体想借助姿势（gestures）、姿态（postures）来规范面对面互动时，以谦恭高雅的正式化和风格化为特点的仪式礼节（ritual decorum）就形成了。仪式涉及大规模群体性互动而非面对面的交流，它"象征着对职务（the offices）、历史以及姿势、目标和行动背后的原因的尊重"[25]。将这一点同外交联系起来并不难。外交官之间互动的特点是讲求礼节，而国事访问和国际会议也具有各自的通用仪式。

制度化通常包括仪式化元素。仪式是社会空间的一个部分，外交代表正是在这里得以实现社会化。一般来说，仪式"将职务作为社会或部分社会的创造物和所有物赋予个体，而个体通过执行职务被纳入社会"[26]。仪式化活动"不受其参与者的直接控制或干涉"[27]。如下文所述，这些仪式化活动的发展是外交制度化的一个重要方面。

仪式化可以和本书中的代表、交流、再造联系起来。绝大多数人认为仪式就是一种人类的交流模式[28]，仪式化是各种形态的外交交流中最早也最重要的应用。不过，仪式也可以理解为观念的代表。[29] 在宗教改革运动期间，对风度（presences）的传统看法遭到了代表理论的挑战，前者认为仪式就是创造风度和表现存在的行为，而后者认为仪式是交流表意的语言的一部分。[30] 同样，外交官的代表作用也在仪式化、象征性的表意中有所体现，例如过去代表掌权者的传令官或信使[31]，或是今天悬挂在大使公务座驾上的国旗。仪式化也同社会秩序的再造相关，它为"文化发展开启了一扇'窗户'，人们可以借此创造和再造世界"[32]。因此，在纽约联合国总部外悬挂一国国旗是外交承认的仪式化表达；同理，拒绝接受台湾地区的官员或对其进行旅行限制则象征着不予外交承认。

不过，仪式化首先与交流有关。仪式被描述为"人类交流的特殊形式"[33]。事实上，有交流学者认为，"仪式和交流如同近亲，逻辑上相关，形式上相似"，并主张把"交流"看作一个仪式化概念。[34]

值得一提的是，历史上确有动物行为学家和政治学家使用类似方法研究交流的仪式化。朱利安·赫胥黎爵士（Sir Julian Huxley）从动物行为学的角度出发，提出动物的仪式化——也可以延伸至人类——有助于形成更有效的交流和信号传递，减少种群内耗并促进团结。[35] 政治学家默里·埃德尔曼（Murray Edelman）[36] 在研究企业同工会的谈判之后，将仪式化描述为"既能在冲突关系中化解矛盾，又能加剧潜在的破坏性斗争"的过程。这两类方法的共同特征是，出现交流的礼仪形式往往是因为"理解不当"或"错误信号"会导

第三章 制度化和仪式化

致严重后果,这一点同样适用于外交。㊲无论是外交还是日常生活的仪式化都会涉及"维护颜面"——建立一套维护自身和他人面子的行为集合。㊳

接下来我们将从制度—仪式化过程的三个层次中选取一些方面进行检验,即前文提到过的:外交礼仪发展的第一层次,即符号与认知层次;互惠、优先权和外交豁免权为第二层次,即规则层次;外交官衔为第三层次,即组织层次。

三、共同的符号与内涵:外交礼仪

正如我们所见,外交交流以通用的语言和翻译准则为前提。相互理解的词语和表述的制度化,以及管理外在交往形式规则的制度化包含着重要的仪式化内容。从广义上来讲,礼仪大致可以追溯到政治实体间最初的交往。㊴"礼仪"(protocol)一词来源于两个希腊语单词,意为"第一页",原意是指贴在手稿扉页的纸板。㊵打个比方,礼仪就像是进行外交活动时基本的礼节或举行外交活动的"舞台设置"㊶。

在《阿玛那书简》中可以看到礼仪用语和具有强烈仪式感的例子。楔形文字泥板上的称谓和问候语包含了身份地位的象征性表达。只有当寄信人身份高于或等同于收信人身份时,前者才会将自己的名字写在前面。而违反这一礼仪会被视为危险信号,如下文中的信件所示:

> 您为何在信中将您的大名置于在下名字以前?究竟谁在破坏关系?此举是否符合您与在下共同之行为准则?吾兄是否于平和之中写下此信?若为吾兄,何以高抬您的大名……?㊷

其他一些仪式化表达也被用来暗示相对身份。在新君主登基时，就会有人发誓或请愿宣称"对新君主的爱戴将超过旧主十倍"。请愿者若想请求强大的埃及降低要价，通常会形容埃及"金钱多如沙土"。⁴³研究古代近东的学者将此类尊称统称为"归顺套语"（prostration formulae）。比如君主或诸侯说他们"触碰收信人的衣服褶边"⁴⁴，"拜倒在其脚下"，并把自己称为"收信人鞋底的尘土"⁴⁵。另一个常用的习语是"收回伸出之手"（to strike the hand），表示拒绝盟国提议，或终止友好关系。这一习语是指收回向一段友谊伸出的手或者是收回紧握对方的手，由此可推断二者曾通过握手订立了契约。⁴⁶

在拜占庭外交中也有此类考究的辞令。实际上，拜占庭的信函里随处可见这种写信人与收信人通过文字上的微妙差异来体现相对地位和关系差别的礼仪感。⁴⁷直到15世纪中叶，"欧洲所有重要的使馆都在他们的礼仪典籍中包括了如何称呼各邻国的国书模板，许多法律文献也制定了外交辞令须遵守的基本规则。"⁴⁸

现代外交语言里含有大量标准辞令和严谨的含蓄表述。例如，在口头或书面交流中，外交官所属政府对某一国际事件表示"不能置之不理"会被视为干涉信号；对某一事件"严重关切"意味着将会采取强硬措施。⁴⁹简而言之，每个时期都有不同的礼仪化表达，外交人员和统治者能准确了解其含义，并在面临不愉快之事时，运用机智圆滑和谦恭有礼的方式进行交涉。

书面和口头的外交交流形式一直严格遵循惯例。早在公元前16世纪，《赫梯条约》就遵循了一套固定的形式，包括前言、历史背景回顾、条约正文、宣誓证言、神证名单以及最后的诅咒词和祝祷词。⁵⁰《阿玛那书简》中也存在类似的标准化形式。首先是对阅读信件的书记员的称谓，然后是一番寒暄，包括报告寄信人健康无恙，并表达对收信人的美好祝愿。信件正文内容各有不同，有些是友好

第三章 制度化和仪式化　　049

宣言，有些是联姻提议以及和亲双方的礼品交换清单。㉛

从荷马在《伊利亚特》中描述的使者活动可以看出，在古希腊外交中就存在外交口头用语的一般规定。中世纪的雄辩术（ars arengandi）中出现了对口头和书面用语的详细规定。㉜文艺复兴时期，常驻意大利的使节们在发送常规的快报（dispatches）之外，还会为本国统治者准备另外两种信息：一份是定期"报告"，即一份关于接受国政治状况的详细陈述；另一份是"关系总论"，即在任期结束时提交的一份总结报告。㉝直至今日，大使们仍然会有类似的做法。现代官方交流包括：正式照会，即以第一人称书写、由大使签字、发给另一国外长的正式信函；普通照会，即以第三人称书写、无须签字、由使馆发给外交部的信函；外交备忘录或协议备忘录，即记录已知的事实或者已作出的陈述，不包含签字。㉞

外交交流的仪式化礼节起源于东方文化。"东方人很早以前就形成了礼仪礼节，西欧从东方的文雅举止中学到了风度翩翩的交往方式，成为此后骑士时代的标志。"㉟重视仪式的传统也可追溯至东方外交。

公元前8世纪，中国处于诸侯割据状态。当时的记载详细描述了接受使节过程中如何赠送和谢绝礼物。㊱一项关于中国春秋时期（前722—前481）外交的研究详细解释了"诸侯国关系中大量的仪式成分"，"各国力求在举办典礼上胜过别国，而能否举行一场豪华仪式常常决定了它们在诸侯国中的地位高低"。㊲繁复的仪式反映了一国的经济实力，而且由于仪式的严格性对纪律有着高要求，因而体现了政权执政效率之高。外交关系的高度正式性对使节人选提出了高要求。例如，他们不能参加与自己身份不符的仪式；在以使节名义举行的宴会上，他们要恰如其分地回应别人的祝酒词，这就要求他们能从较流行的诗句中选取应景诗句；统治家族生活中几乎所

有的重大事件都要求有外交代表参与。㊳重要的是，直到一千多年以后的公元 7 世纪，中国的对外关系仍由礼部官员处理。㊴

拜占庭皇帝也非常重视仪式和招待使节。君士坦丁七世（Constantine Porphyrogenitus）为其继承者撰写了一本详细的《典仪论》（Book of Ceremonies），作为后者的礼仪指南。㊵拜占庭王朝追求"好客外交"，其惯例是在皇宫举行慷慨奢华的招待会和宴会，并邀请大批外国客人参加。其目的显然是要使参会者相信拜占庭是一个伟大的世界强国。㊶夷务司（skrinion barbarôn）是专门负责安排外国使节的政府部门，其职责是接待且悉心照料外交使节。㊷典礼要经过精心的设计，目的是反映神权与君权的稳定和有序性，强调基督与君主的联合。㊸后来，夷务司发展成为实际上的外交部。

拜占庭与威尼斯之间的密切联系使前者重视仪式的习俗得到了发扬光大。在文艺复兴时期，威尼斯存有一部名为《典礼录》（Libro Ceremoniale）的典籍，其中详细记录了每一位权贵人士来访时举行的仪式。

> 每一次到访都涉及大量的仪式决策。例如，元老院代表应该沿潟湖走多远（以及应该由多少名代表参加）去迎接到访的权贵人士？总督——威尼斯政府的元首——问候大使时是否应该从座位上站起来，或是从议政厅的讲坛上走下来？作为惯例赠予外国代表的金项链应价值多少？招待会上威尼斯的官员应该如何着装？㊹

由于对参与者的行为和仪式做了详细规定，因此避免了外交官因准备疏漏导致他国统治者误会。㊺中世纪后期，外交使节肩负不同的礼仪职责，这一时期也被称为"繁文缛节"的时代：

> 和亲典礼要求与联姻结盟的友好国家派大使出席。如

果他国不愿意派大使或发言人去为婚礼捧场,则表明该国对联姻一方或双方不满。另外,友邦的君主或其王室成员去世时也会举行隆重典礼,使馆成员也须对此表示悲痛并前往凭吊。[66]

现代"葬礼外交"以首脑峰会变体的形式重现。时至今日,它的仪式性意义减轻,更多时候是作为掌权的继任者和他国政治家进行接触的重要机会。[67]

互赠礼品是外交礼仪的一部分,但这种礼仪往往演变为贿赂,两者界限比较模糊——就像搜集信息可能变为间谍行为一样。一些仪式在现代外交中还有所保留,但已经远没有以前那样繁复和重要了。例如,接待新任大使还是有一些仪式的。国事访问也保留了一些历史悠久的典礼形式,包括互赠礼品以及举办宴会。[68]

纵观历史,条约的缔结总是与仪式息息相关。在古代近东,条约结尾处无一例外地会召唤缔约双方的守护神作为条约条款的神证,同时还会详细记载缔约国家如果违背条约会遭到神的惩罚。作为条约神证的神灵数量众多,有时甚至近千。[69]双方的守护神要共同宣誓,这样一来如果缔约的任意一方未能遵守条约,它就将受到两方守护神的惩罚。

另外,缔结条约还伴随有献祭仪式及其他一些象征着违背条约所受惩罚的表态。一些书信中提到了动物祭祀,通常是小驴驹。[70]对游牧部落的人来说,在马匹尚未被人们使用之前,驴子是唯一的帮手。由于驴子昂贵的价值和优良品质,用驴子来献祭就强调了祭祀事件的重要性。[71]据说在宣誓时,每位缔约方的统治者还要"碰一下自己的喉咙"。他们可能是用刀或者手指划过自己的喉部,这一动作象征着违约者将遭到的厄运。至于动物祭祀和"触碰喉咙"的仪式是相互替代还是相互补充的关系,就无从知晓了。[72]

上述仪式同古代中国的缔约仪式如出一辙。中国人同样有动物祭品——通常是牛犊或公牛。条约文本与割掉左耳的动物祭品绑在一起。文本及缔约方的嘴唇会被涂上牛耳的血液。人们将条约副本与献祭动物埋葬在一起，缔约方另外各持一个副本，上面写着召唤神灵对任何破坏盟约的人施以惩罚的誓言。[73]罗马人缔结条约时，官员会在其他缔约方使节的面前大声地朗读条约内容，并且对每一个可能违背条约的人下咒，接着他们用一种名为青金石刀（lapis silex）的古老匕首割开母猪的喉咙。[74]简而言之，早期世界各地的外交实践似乎证实了人类学家共同持有的观点，即祭祀仪式取代了早期人们毁灭社会的暴力威胁。[75]

而在古希腊，伴随缔结条约的是祭奠酒神的仪式"祭酒"（spondai），并以"向赫科斯发毒誓"（horkoi）[1]来确认。[76]这两个词都被用来喻指条约。在此之后，祭祀仪式采用了更具象征性的形式，人们至今仍在沿用，例如现代人签订条约后开香槟庆祝的仪式。

在早期拜占庭外交中也发现了将宣读宗教誓言作为签约仪式的一部分的例子。拜占庭人也接受以非基督教的誓言来确认条约，这让人联想起古代近东人召唤多方神灵作为神证的做法。[77]在一个将神灵视为现实存在的时代里，宗教祈愿有其优势；"由于古代国际法的强制力来源于神灵的惩罚而不是国家共识，所以在某些方面它比现代国际法更受人敬畏也更具约束力"[78]。

总之，不同历史时期发展出了不同礼仪，它们使得外交人员可

---

[1] 在古希腊神话中，赫科斯是随同正义女神狄克（Dike）一起惩罚伪誓者的神灵。希腊诗人赫西俄德将赫科斯称为和平女神爱瑞斯（Eris）和伪誓复仇之神之子。订立契约时，"向赫科斯发毒誓"意味着向神灵宣誓恪守诺言，否则将遭受赫科斯的重罚。参见William Smith, ed., *Dictionary of Greek and Roman Biography and Mythology*, Boston: Little Brown and Company, 1867。

以专注于实质议题，避免因交往的外在形式导致分歧的同时，也为通过违背仪式形式和表达释放某些具体信号提供了空间。

四、互惠、优先权和外交豁免权

如果说礼仪提供了共同标准和对恰当行为的理解，那么制度化的另一个层面就涉及外交规范与规则的细化与改进。下文将详细分析互惠规则的象征性表述、优先原则的曲折发展以及外交豁免程序规则的演化。

（一）互惠

上文提到，共存和互惠是贯穿所有外交实践的核心规范性主题。另外，在主导政治实体不准备承认权利平等并在互惠基础上进行谈判的时代，外交很难发展。这一点特别适用于幅员辽阔的罗马帝国。"外交思想的灵魂是互惠，但在打完胜仗的罗马，那里的政治环境表现出的是盛气凌人，互惠根本不受待见。"[79]互惠在中世纪欧洲也未得到重视，因为皇帝与教皇继承了罗马对世界的统治。[80]同样，16世纪末，欧洲宗教矛盾激化险些使始于文艺复兴时期的意大利外交体系毁于一旦。[81]

在其他历史时期，当互惠原则得到广泛接受时，人们常用家人比喻（family metaphors）来象征平等权利和公平交易。在古代近东外交中，家人比喻更为普遍。国王们在互换外交信件时互称"兄弟"，将他们之间的联盟形容为"手足之情"，还使用"爱""愉悦""关爱"等字眼来形容彼此关系，他们分享资源，也努力满足彼此需求。有时，如果年龄相差较大，他们也会借用父子关系来比喻双边关系。[82]父子关系似乎意味着感恩和顺从，但是兄弟关系让人联想到联盟和友谊,即使关系未必平等。⑧从贿赂、礼物、礼金再到军事援助,各种交易都遵循严格的互惠准则。尽管人们常常使用家人比喻,但占主导地位的互惠规范似乎是具体性互惠(specific reciprocity)——交换的参与者坚持"投桃报李",而不是扩散性互惠(diffuse reciprocity)——不期待即时回报。尽管对双边关系的等价交换行为有多种表达方式,但"投桃报李"主要还是指具体性的而非扩散性的互惠。

这在礼品互换中得到了充分体现。巴比伦国王曾向埃及法老抱怨道:"我收到的礼物比不上我每年赠给你的礼物。"⑧米坦尼国王图什拉塔(Tushratta)也就自己收到的礼物表达过类似的不满:"它们跟我送出的比起来并不等价",而且"吾兄赠予我的不如赠予吾父的多"。⑧虽然这些抱怨反映出人们对特定互惠具有根深蒂固的期待,但人们可以这样反驳:"如果礼品互换在短期内没有达到等价,就会促使人们持续接触交往,而这比绝对平均的物物交换更有利于保持政治关系。"⑧

具体性互惠也适用于其他领域,例如如何对待信使。图什拉塔再三警告埃及法老,他将扣留法老的信使,"直到我的兄弟[1]释放我的信使并让他们回到我的身边"。⑧简而言之,在《阿玛那书简》中所谓兄弟般的友爱背后是冷酷的以牙还牙。互惠规则导致了一种"表面上比拼慷慨,实际上是没完没了的讨价还价"。⑧

家人比喻在近东外交中同样占有核心地位,在古希腊,延伸的亲缘关系概念形成了互惠的基础。这种亲缘关系常常可以追溯至遥远的神话时代。而且"希腊人将英雄时代当作和中世纪骑士一样的一种国际主义形式"。⑧对于建立外交关系,借助史前神灵或英雄的

---

[1] 指法老。

直系后裔所创造的亲缘关系极其重要。诉诸亲缘关系不仅适用于希腊城邦国家之间，也适用于希腊国家和非希腊国家之间，比如波斯帝国。由于共同祖先遍布希腊内外，所以某些最负盛名的神灵和英雄被缅怀为游侠。比如，唤起赫拉克勒斯（Heracles）后代创立马其顿王国的神话，就对腓力和亚历山大的泛希腊计划异常重要。⑩这些关于族群起源和亲缘关系的神话并未被当作杜撰的神话，而是被当作一种知识。"在古代，大多数人认为印度人、波斯人、伊特鲁里亚人及伊比鲁斯—莫罗西亚人等有同样的'希腊'英雄族谱，这是一件再自然不过的事，尽管被视为赫拉克勒斯后代的非希腊民族并不这样认为。"⑪

简而言之，古代的政治实体借助亲缘关系进行外交是很常见的。从其根源上来说，亲缘外交借助了"家人""家庭"以及"宗族"的概念，并将其应用到政治实体间关系中。历史上有两个事件弱化了家人比喻：一是罗马崛起为世界性帝国，二是基督教传播以及宗教基础上的亲缘关系。⑫

家人比喻在拜占庭外交中亦有所体现。拜占庭皇帝称波斯国王为"兄弟"。而除波斯外的其他政治实体则未被当作严格意义上的国家，拜占庭皇帝一般将其统治者称作"孩子"。即使在战争时期，拜占庭和波斯之间依然是兄弟关系，只不过在交战时波斯国王则被称为"孩子"。⑬

在中世纪外交中，友人比喻代替家人比喻成为互惠原则的象征。派遣使节是为了"赢得或维持与君主的友谊"。

这些表述是早期新外交的遗产，当时只有盟国之间才会互派常驻使节。即使两个宿敌国家濒临战争边缘也还是会继续使用这些外交辞令："保持、加深两国的历史传统友谊""我和家父永远对佛罗伦萨满怀热爱和忠诚""我们将视阁下为我们的朋友和兄弟"。⑭

时至今日，庆典场合的外交致辞还是保留了家人和友谊比喻，而贸易平衡、对外投资以及汇率等硬数据成为反映互惠的指数。前文曾提到，一国因本国外交官从事间谍活动遭到驱逐而报复性地驱逐相等数量的他国外交官是一种明显的具体互惠。在第四章中我们会看到，"有来有往"原则在外交社会的信息交换中仍然适用。简而言之，上述例子说明可以使用不同方法来象征性、仪式性地表达互惠规则。它们清晰地显示了具体性互惠与扩散性互惠之间的张力，这正是自古以来外交关系的特点。

(二) 优先权

尽管"共存"和"互惠"概念一直是外交的基础，但每个国家都将优先权或地位排序置于核心。在古代近东，人们一般将国王按"大国君主"和"小国诸侯"的标准加以区分。大国君主地位独立并且控制着次级的诸侯，后者是前者的"侍从"（servants）；小国诸侯则依附于某位君王，后者是前者的"主公"（lord）。大国君主和小国诸侯都承认各自的地位。小国诸侯受大国君主庇护，作为交换，他们对后者效忠。尽管这样的关系并不平等，却催生了国家间的互帮互助和相互依赖。尽管是正式化的，但等级并不是一成不变，而是随着战争结果和权力关系的变化而变化。⑮

由于同埃及的关系网越来越复杂，大国君主们常常因他们在法老眼中的地位高低而互相妒忌，争风吃醋。⑯据《阿玛那书简》记载，大国君主们常常陷入"关于外交关系的谈判中——他们争夺地位、位次和声望。这些谈判既涉及他们整体相对于埃及的地位，也涉及他们每个人相对于埃及的地位"⑰。古代中国也出现过优先权争夺⑱，统治者们希望在举办典礼上胜过对手，"举办隆重典礼的能力常常决定了他们在诸侯中的地位"⁹⁹。同样,拜占庭国王为到访的外交官举行极尽奢华的招待宴会,目的就是给其留下一种居高临下的印象。国王也会邀请其他国家的使节赴宴,以保证使节们能目睹外国贵客对拜占庭皇帝表达的所有尊重并将此类消息如实汇报给本国。¹⁰⁰

在中世纪欧洲,外交官参加典礼以及在城门觐见君王需要遵循详细规定。"双方会面的具体地点,即招待会距离城门的距离;以及按照 15 世纪、16 世纪形成的礼宾标准来确定礼品的价值。"¹⁰¹各方紧盯共同接受的程序,哪怕是最轻微的越轨也会被视为蓄意冒犯。有时,这还会导致严重后果。

> 勃艮第公爵"鲁莽查理"(Charles the Bold)因其刻板的脾气而著称。他固守礼节形式,不知变通,使得原本和睦的国际关系变得复杂。1473 年,弗雷德里克三世皇帝到特里尔(Trèves)城外迎接查理,这一惊人的举动引发了关于两人如何进城的漫长争论。皇帝希望给予查理并肩骑马进城的荣耀,但遭到公爵拒绝,他坚持按照礼节跟随在皇帝身后。正当二人争论之时,天降大雨,淋湿了在场的所有人。于是,皇帝穿上斗篷避雨,查理却拒绝穿斗篷,因为他不想让斗篷遮盖他佩戴的珠宝——这关系到他的尊严。由于公爵不穿斗篷避雨,所以勃艮第方面的其他随从人员也都没有换上斗篷。¹⁰²

教皇和君士坦丁堡的苏丹用另一种方式来展示优先权:他们接受常驻使节,但却从不对外派驻使节。¹⁰³事实上,教皇要求由他自己来决定各国君主的位次。在 1504 年的外交照会中,教皇把自己排在第一位,接下来是神圣罗马帝国皇帝及其法定继承人,然后才是法国、西班牙、阿拉贡和葡萄牙的国王。¹⁰⁴但教皇的排位并未得到广泛认同。早期的欧洲外交"危机四伏一方面是因为大使及其随员（常常是后者）有意或无意的疏忽，另一方面是因为大使试图从接受国统治者那里获得更高规格礼遇，甚至专门为他举行仪式"[105]。

法国和西班牙两国对此尤为热衷。1618年，西班牙驻英国大使是英王詹姆斯一世的好友。为提升西班牙的威望，他提出一系列的改动要求，包括要求在万灵节庆典上位次高于法国大使，否则他就拒绝参加庆典。而当怒气冲冲的法国大使发现自己的位次要求没能得到英国方面的保证时，便下达最后通牒，扬言为此开战。最后法国政府做出妥协，西班牙大使得以保留自己争得的优先权。[106]

1633年，在丹麦国王为其子举行的结婚典礼期间，法国和西班牙两国大使因典礼日接待席的位次问题发生了新的争执。法国外交官拒绝了丹麦大臣们提出的解决方案，他表示要先请西班牙大使挑选觉得最体面的座位，然后迫使后者放弃该位置并取而代之。西班牙大使得知此事后，机敏地以另有紧急公务为由缺席结婚典礼，这才避免了一次公开的冲突。[107]

1659年，法国和西班牙两国的争执有了更体面的解决方案。当时，法国大使与西班牙大使的马车在海牙的一条小巷子里狭路相逢，双方互不相让。经过三个小时的争论，大使们终于设计出了一个皆大欢喜的方案。他们拆除了道路一侧的篱墙，这样一来法国大使的马车就享有继续在正常道路上行驶的荣耀，而西班牙大使的马车也可以从象征优先权的右方穿过。[108]

最臭名昭著、最戏剧化的法西争执发生在1661年伦敦迎接新任瑞典驻英大使的庆典上。按照当时的习俗，各国使节都要乘节庆马车参加以壮大庆典场面。但是，正如哈罗德·尼科尔森所讲述的，这一喜庆时刻却演变成了一场激烈争吵：

> 瑞典公使到达后，登上来迎接他的皇室马车，坐车离

去。法国大使的车夫见状立即驱车侧身紧随在瑞典公使马车后。西班牙大使的车夫认为这一行为有辱西班牙国王。一场大规模的冲突由此爆发（每一驾马车周围有150名武装人员）。结果法方车夫被拉下座位，两匹马的脚筋被割断，还有两名马车夫被杀。因为这一缘故，路易十四断绝了法国与西班牙的外交关系，还威胁说如果西班牙不诚恳道歉并处罚西班牙驻英大使，就向西班牙开战。惴惴不安的西班牙国王为了避免战争同意作出必要的道歉和赔偿。[109]

法西两国关于位次的竞争直到1761年才通过协议最终解决。根据协议，法国大使在主权属于波旁家族的那不勒斯和帕尔马享有优先权，但在其他国家的宫廷，其相对位次则根据大使到任日期来决定。如果大使到任日期相同，则法国大使享有优先权。[110]

在18世纪、19世纪，由于中国坚持中华文明更高一筹，优先权问题在中国同欧洲列强的交锋中十分严峻。早期英国想与中国建立外交关系的尝试都以失败告终。"英国使节被当作藩属派来的贡使，直到两次鸦片战争之后，中国才于1860年接受外国使节驻京，并且不再要求欧洲外交官在觐见皇帝时必须叩首。"[111]

位次之争也常见于国际会议，人们为决定会场上代表们的座席次序进行了冗长却成效甚微的谈判。例如，关于身份地位和位次的争吵延长了战争，推迟了《威斯特伐利亚和约》的签订，这种争吵也反映出当时等级制原则和封建王朝国家之间的激烈对抗。[112]在威斯特伐利亚会议召开前，各国已经进行了长达八九年的讨价还价。这期间既有黎塞留防止中立国调停和斡旋破坏法国—瑞典联盟的努力，又有建立罗马天主教与新教势力交流渠道的问题，还有关于地位、外交人员合法性及安全通行权形式的争执。[113]

各国代表在协议、条约上的签字顺序可能引起新的争端。长期以来，条约的签名顺序都由位次决定，这就引起了争议。17世纪，英国驻奥斯曼帝国大使托马斯·罗爵士（Sir Thomas Roe）曾描述他签订条约时面临的尴尬情景。当时，英法两国为位次问题争吵不休。按照基督教国家传统，以文件左边签名为尊；而按照土耳其习俗，签名以右为尊。

> 在这种情况下，罗心想：如果他在任意一边签了字，法国大使就会签在另一边——然后根据罗的选择来决定条约是遵从基督教国家传统还是土耳其习俗，以占据优先位次。这样……英国大使"带了一个圆规，精确地把姓名签在了文件正中央并按惯例盖了章"[114]。

后来，一种被称为"轮换制"（alternat）的新原则逐渐成形，它是指各国代表在自己保存的条约副本上将自己的姓名签在前面。尽管对此最初也存在争议，但轮换制成功地转为一项制度并保留至今。轮换制并没有解决位次的所有问题，因为它并未规定除本国签名外的其他签名该如何排序。[115]

直到1806年神圣罗马帝国解体，法兰西共和制政府取代了君主制政府并且不再强调优先位次，位次问题才不那么尖锐了。[116] 1815年，维也纳会议草拟了一个协议：外交代表的优先权不再取决于其代表的国家，而是按照外交使节递交国书的日期先后决定。因此到任时间最长的大使被认定为外交使团团长（doyen 或 dean）。作为使团的发言人，外交使团团长有一定的权利和责任，也有一定的影响力。[117]

1818年的亚琛会议确立了参会代表按字母表顺序签署条约的原则。[118] 自此，绝大多数国际组织都按字母顺序安排代表座次，避免了位次问题。尽管可能引起语言政治问题，按字母排序也有一些创造性用法。如在联合国，参会代表按照国家的英文名字母顺序排座次；

在欧洲理事会（Council of Europe），则是按照国家的法文名排位。在欧盟部长理事会，各国按照国名在本国语言中的首字母排位。[119]

人们设计了各种方案来避免位次争夺大战，并将这些方案制度化。然而，即便是在维也纳会议之后，国家间位次问题依然存在。例如，人们曾普遍认为只有大国间才能互换大使。而小国——或者委婉地说"利益有限国"——只能派遣和接受公使。因此，维多利亚女王在其统治初期，只向三个国家的首都——巴黎、圣彼得堡和君士坦丁堡——派驻了英国大使。[120] 1945 年夏，英美苏三巨头在波茨坦会面时，会场仍要多开两个门，让丘吉尔、杜鲁门和斯大林同时入场，以避免造成任何一国享有优先权的印象。

尽管位次之争问题还可能出现，但它不像以前那么重要了，并且可以得到务实、有创意的解决。一个最近的例子是 1989 年日本裕仁天皇的葬礼，多国领导人出席。

> 美国总统乔治·布什声明将参加葬礼时，日本方面表示欢迎。但按照传统礼节，国家元首按上任日期安排位次，这就引发了一个问题。因为布什才刚刚上任，在安排座次时会被排到末尾。而日本又想极力宣传世界上最具权力的国家领导人出席日本天皇葬礼一事。日本人的解决方案是将葬礼办成一场纪念裕仁天皇生平的典礼而不是国殇。这样一来，日本就可以宣布国家元首将按照裕仁天皇生前出访的顺序排位。于是，美国总统被安排坐在第一排正中的位置。[121]

现如今，位次问题不再那么突出，也更易应对，然而人们依然要追求地位和位次。打个比方，在多边会议结束后的留念合影中，美国总统和英国首相从来都不会站在后排。[122]

综上，我们在古代近东及中世纪欧洲都发现了制度化的、定义较为科学的位次规则。近代中国与欧洲列强的碰撞产生了礼仪之争。而在 17 世纪之前,欧洲大陆上位次之争连绵不断,最终推动人们发展出一种"管理官方及其他场合的外交操作的规则体系"[123]。近两个世纪以来,我们看到这些规则不断演化,位次问题不断被化解。

(三)外交豁免权

我们可以像尼科尔森那样认为,外交豁免原则最早产生于史前时代。类人猿和野蛮人发展到一定程度后必定会意识到通过谈判来达成狩猎范围的谅解是有利的。有了这种必然性,他们就会意识到:如果使者被杀,就永远不会达成令人满意的谈判结果。[124]在原始人中,信使不可侵犯的原则也被广泛接受。[125]

在古代近东,信使不可侵犯原则虽然在原则上得到承认,但在外交实践中并非毫无争议。事实上,信使面临着两大危险。第一,他们可能被强盗和游牧民攻击、抢劫甚至杀害,尤其当他们必须单枪匹马前往遥远的目的地时。第二,接受国的统治者常常扣留信使来向信使的委托人施压。统治者常常频繁写信谴责这样的行为,要求对方出面干涉,惩罚违规者、赔偿损失或者释放被羁押的信使。尽管违反规范的情况时有发生,但这些信件表明了豁免规范的合法性。比如喀西特(Kassite)国王在敦促埃及法老进行干涉的一封信中就写道:

> 我派给您的使者萨姆(Salmu)一行遭到两次抢劫。第一次是伯亚瓦萨(Biryawaza),第二次是您附属国的统治者帕玛胡(Pamahu)。我的兄弟,您应该出面干预。希望我此次派出的使团到您面前时,萨姆也能去觐见您。这两个掠夺者,一个应该归还使节的财物,另一个应该赔偿他遭受的损失。[126]

事实上，由于长期不和，国王们在抗议己方信使被羁押的同时，也在扣留他们"兄弟"的信使作为报复：

> 我的兄弟，我本来打算立即释放您的信使，但如果您还羁押着我的信使，我就会将这些人继续监禁在这里。只要您让我的信使离开并将他们的报告呈递给我，我就放梅恩（Mane）离开并将科里亚（Keliya）送回到您身边。如果您拒绝，我就继续监禁他们。[127]

这类书信表明，即使在信使被扣留的期间，彼此交流仍在继续。也许是因为通过"职位较低的信使传达——即使他们被扣留也不会造成太大损失"[128]。简而言之，在古代近东，（信使）不可侵犯原则得到了承认，但没有严格的制度对其加以保护。

古印度的情况同古代近东一样，国王须为使节的安全负责。按照梵语经典的记载，使节享有死刑豁免权，处死使节的国王必定会和他的一班朝臣一起下地狱。更严重的是，处死使节与堕胎一样是重罪，会让国王的先祖都蒙上罪孽。[129]在古中国，杀死使节同样被视为对派遣国的严重侮辱，外交豁免权似乎从属于适用于所有贵族的、超越领土界限的更高准则。[130]

在古希腊，使节不可侵犯不是理所当然的，事实上，"使节很少受到侵犯仅仅是出于现实考虑"[131]。不过，有两类外交人员享有豁免权：一是"传令官"（heralds），他们受天神庇护；二是特命护侨官（proxenoi），即荣誉领事（在下一节中会有更多关于古希腊外交官衔的说明）。传令官不存在被侵犯的危险，而且他们可以优先于普通外交官向接受国要求安全通行。[132]

罗马人将外交豁免的古老传统编入《万民法》中，在罗马，豁免权的适用扩展到了外国使节带来的随从。但他们的外交信件需接受罗马邮政官员的检查。按照当时规定，如果到访使团的成员触犯法律，他就会被押解回国。另外，如果使节被宣布为间谍或投机者，他就会失去外交豁免权，罗马参议院可以拒绝接受其使团的访问，这是一种类似于驱逐出境的做法。[133]

到中世纪末期，人们建立起了连贯的外交豁免理论，不仅承认使节不可侵犯，还把豁免的范围从使节本人的所有民事和刑事行为扩展到了他携带的行李和个人财物。豁免并不能保护大使免受行为不端的惩罚，如从事谍报活动、杀人、偷盗或欠债不还等。如果出现上述情况，他们会被直接带往君主法庭（prince's court），而不必接受其他低等级法庭的审判。[134]即便有了口头上承诺的豁免原则，大使们还是很好地遵守了16世纪中期康洛德斯·布鲁努斯（Conradus Brunus）的告诫，"沉默是金"。[135]多疑的君主常常怀疑外交官在暗地里搞阴谋。而且也没有明确规定豁免权能否扩展到大使随员。唐·佩德罗·达亚拉（Don Pedro d'Ayala）在亨利七世统治时期担任西班牙驻英大使，在他任期内，使团成员伤亡惨重，当时共有十二名工作人员，其中两人在路上被杀，四人卷入了战争，还有三人遇袭重伤。[136]文艺复兴后期，外交使团同驻在地政府的冲突多不胜数。

> 使馆工作人员既包括机要秘书、贵族青年，也包括信使和听差，甚至还包括马夫和厨师。这些人并不都是经过精挑细选。当中也常常有驻在地的国民。如果这些人意识到，假如自己效忠的大使强烈要求，他们就可以免受当地法律制裁时，那么地方当局和民众暴力反抗（使馆特权）的做法也就在意料之中了。市民们在大街上袭击使馆工作人员，地方官员强制进入使馆区，大使官邸一连好几天被包围的事件也时有发生。但暴力事件绝不是单方面的。使馆工作人员也曾蜂拥而出，在街上拔剑出鞘解救自己的同僚，甚至因此刺伤、袭击治安人员。[137]

第三章 制度化和仪式化

最后，大多数乱局都得由国王出面解决。给予某一大使的特权很难不推及其他大使，因此国王通常都不愿意开特例。这就是俗话所说的"特殊照顾最终会变成惯例"[138]。

在中世纪，豁免权的"合法性在于：外交官享有本国君王的权利和特权，由于君主象征着整个国家，因此默认他们派出的代表也有同样的权利"[139]。到16世纪，随着常驻使节越来越重要以及领土主权国家出现，中世纪的理论与实践之间出现了矛盾。领土所属国对所有在其领土范围内的人员都享有主权。"大使不再被当作信使而是驻在国的常住居民，这一观点必然会引发争端"[140]。慢慢地，"虚构的治外法权概念"[141]开始为人们所接受，即假设大使和其使馆所在区域并不是驻在国的领土范围，而是其祖国领土的延伸。1625年，格劳秀斯在《战争与和平法》（*De iure belli ac pacis*）一书中详细阐述了治外法权的法律理论。

在宗教斗争激化时，使馆的礼拜问题使治外法权理念面临严峻考验，也引发了人们对这一理念的强烈兴趣。《奥格斯堡信纲》中"教随国定"的原则，即君王的信仰就是所有臣民的信仰，很可能会危及大使们的信仰自由。一个驻天主教国家的新教徒大使能不能有自己的教堂做礼拜呢？在16世纪、17世纪，驻在国政府逮捕或干涉大使的牧师，袭击大使做礼拜的教堂甚至企图阻止本国国民参加为大使提供的礼拜服务，由此引发了很多争端。[142]到17世纪后半叶，这些问题都得到了很好的解决。治外法权的原则得到了承认和巩固。"如果连王国里最神圣的法律都不能约束大使，那么把他们假想成在本国以外，这样事情就变得简单多了。"[143]

治外法权导致使馆被宣布为"特别许可区"（franchise du quartier），即使馆是某种程度上的避难所，它所享有的豁免权也意味着它有实施庇护的权利。这给地方当局造成了很大的困扰。如果地方当局无权在使馆内实施拘捕,甚至无法搜查使馆,大使可以保护的就不仅仅是他的随从,而是任意躲进使馆避难的人。法学专家和各国政府都认为治外法权存在有争议性的一面。历史上也发生过地方当局违反使馆豁免规定,搜捕罪犯或政敌的事件。但由于有使馆治外法权的支持,庇护权在实践中仍有所保留。[144]目前,在双方未就合法使用庇护权的要件达成共识的情况下,庇护权被视为一种人道主义行为而不是一项法定权利。[145]

尽管在1961年的《维也纳外交关系公约》中,外交使团和外交代表不可侵犯得到了确认,但冷战时期的"外交特权与豁免出现倒退"[146]。在一些国家里,对外交代表不可侵犯的破坏从窃听使馆通话发展到限制旅行和拘留、对间谍活动的相互指责,这给外交关系带来了严重的负面影响。在核危机背景下,对国家安全的重视使得豁免权面临前所未有的压力和干扰。同时,冷战对抗中主要国家的外交使团规模大、人员多,也引发了关于外交豁免范围的争议。

外交特权与豁免权可能被滥用,人们最容易联想到的是免税购买酒水和奢侈品、免交停车罚单以及免受犯罪处罚。在20世纪70年代,某国外交官走私,非法贩卖毒品、酒和香烟;1984年4月,有人在驻伦敦的利比亚大使馆内开枪打死了一名警察并射伤了另外十一个人。这些骇人听闻的案例加深了这一负面形象。然而,总的来说,即使外交官受外交特权与豁免权的保护,也不足以抵消不友好的驻在国团体的骚扰和迫害。[147]尽管有时被滥用或违背,外交豁免仍然是国际交往中的一块基石。

总之,我们可以在不同时期、不同地区找到一定程度制度化的外交豁免权规则与惯例。私人代表的概念——将使节当作神权或世俗主权的象征——有久远的历史根源。[148]而美国政府直到19世纪晚期才开始任命大使,原因之一就是人们普遍认为大使是君主的私人代表。[149]时至今日,可以说,"外交官们必须保留直接交往时代的某种遗韵","就好像他们的象征性要求在某种意义上是真实的一样"。[150]

将使馆视为派遣国领土的一部分的治外法权理念是近代才有的。在 15 世纪常驻使馆制度确立后,它得以发展,"在政治思想史的长河里,该理念才存在了四百多年"[151]。尽管今天我们已经不再将治外法权当作一种法律虚拟或者"形象的比喻",但我们仍可以从发生于大使馆的政治庇护事件中看到治外法权的影子。[152]

正如前文所言,外交豁免权的基石是职务必要说——使节们长久以来享有的外交特权与豁免是他们履行职务的必需条件。[153]职务必要说以互惠原则为基础,"一国政府期望他国政府基于互惠给予其外交和非外交人员相同程度的豁免权"[154]。尼科尔森认为,职务必要是豁免权史前起源的根本原因,是一直以来的核心要素,即使对已经制度化、法典化的现代外交特权与豁免规则而言,职务必要仍是其根本。

五、外交官衔

最先出现的外交官衔是信使。古代近东的信使有着不同的社会地位和背景,但他们都有一定的影响力或认知度。由于没有正式的外交官等级制度,"信使"一词就成了所有使节的代称。[155]外交官衔最早的区分似乎出现在古印度。考底利耶在《政事论》中将外交使节分为四等。一位学者[156]认为这种分类法与 1815 年维也纳会议及 1961 年《维也纳外交关系公约》中的分类法基本一致。

古希腊发展出了自己的外交官衔制度。地位最高的是传令官(kerykes),他们被视为赫尔墨斯(Hermes)的后代。传令官被认为是不可侵犯的,他们受到神的庇护,因此也享受一定形式的外交豁免权。其他外交代表人员包括公使（presbeis）和信使（angeloi），他们在外交使团中并没有传令官那样的特权。与传令官独自完成职务不同，公使和信使常常人数众多，他们是从一些活跃的政治圈子中被挑选出来的，代表着不同的团体和观点。㊀这些使节通常家财万贯，具有政治影响力；在雅典，使节由人民直接选举产生。㊀

在古希腊还有一种代表，即监护官（proxenia），与现代的领事制度（名誉领事）相类似。监护（proxenos）是指居住在一个城邦却代表着另一个城邦国家利益的臣民。监护人（proxenoi）享受的特权包括和平时期与战时的豁免权，在陆地和海上都具有效力。如果一个监护人因战争或联盟破裂而必须离开自己的城邦，他可以在其服务的异国城邦获得政治避难。㊀担任这一职务被认为是一项荣誉，许多优秀的人物都当过监护人。比如，著名的演说家狄摩西尼（Demosthenes）曾经参加过几个外交使团，也是底比斯在雅典的监护人㊀；雅典最著名的监护人是底比斯的诗人品达（Pindar）㊀。监护最主要的职责是接待和协助来自其效忠的城邦国家的国民。另一个职责是促进商贸关系。㊀

监护官效仿的是跨城邦的精英们建立起的一种仪式化友谊，即"辛尼亚"（xenia，有"待客"和"友谊"两重意思）。"辛尼亚"和亲缘关系都是永恒的，这种仪式化友谊在很多方面都是对亲缘关系的一种模仿。㊀事实上，各城邦精英间横向的"辛尼亚"式的联系有时比他们同本国的社会地位低于他们的人的纵向联系还要紧密。㊀值得注意的是，"监护人们的社交圈大致上同他们'辛尼亚'的交际圈相同"㊀。

在罗马帝国的官僚体制中并没有设专门的外交人员。但到4世纪初期，它也发展出了专门化的外交。当时，罗马不仅将同一个大使重复派往同一驻地，还将其同一家族的成员源源不断地派到该地

(subsequent embassies），以充分利用业已建立起来的亲善关系和家传的专业技能。[⑯]大多数拜占庭的使节都是由宫廷派出的非职业外交官，他们的一般官衔是执政官（archōn）或元老院代表。由于外交使节是根据拜占庭皇帝私人对他们的信任挑选的，他们来自不同的行政阶层，因此没有对外交使节设特定的职位或官衔。[⑰]

中世纪欧洲出现了多种外交信使的官衔，例如教皇特别大使（legatus）、教廷大使（nuncius）、宗座代表（missus）、大使（ambaxator）及演说家（orator）等；但这些并不是指不同官衔，而是指同一种传达口头或书面消息的使者。[⑱]后来逐渐出现了"代理人"这一称谓，指既可以传递消息又可以参与谈判和缔结条约的外交人员（详见第五章）。至少在17世纪之前，多数大使被称为"大使及代理人"，直到"全权代表"这一称谓最终取代了"代理人"的说法。[⑲]传令官则代表了另一类外交官。尽管其官衔低微，但是作为中世纪骑士精神的保护人，他们可庄重地出席公开的典礼，授予外国统治者荣誉，传达警告、最后通牒和抗议，安排休战和谈判。按照习惯，传令官的受训、经历以及社会地位都不如大使。[⑳]外交官员的等级就这样逐渐发展起来了。

在1815年的维也纳会议与1961年的《维也纳外交关系公约》中采取了相似的外交官衔分级制度，即将外交代表团团长的级别分为大使、公使和代办。[㉑]现在外交官衔已经全部机制化、国际化了。但是，由于许多不同领域的专家开始进入外交领域，如今的使馆工作人员越来越多。新型国际合作使政府驻外工作人员数量增加，他们甚至不属于传统的处理外交事务的机构。比如在美国，大使或其他外交使团领导手下超过60%的工作人员都不是来自国务院。[㉒]同样的现象在欧洲联盟中也很普遍。因此，外交官衔很可能会面临新的挑战。

六、结语

我们在不同历史时期和不同地域都可以发现制度化和仪式化过程。在早期外交中,这一过程是基于宗教、亲缘或友谊。因此,古代近东所有的外交词汇都来源于其宗教典礼和仪式。例如,在古代近东,阿卡德语为外交语言(参见第四章),表示礼节的"partsu"一词原意是"祭拜众神",其引申义是"国王的祭祀"。[123] 古希腊外交中的许多常用语都类似于描述家族族长间关系的词汇[124],而外交实践则效仿朋友或亲人这样的人际关系。现代外交中保留的古代仪式印迹说明这些象征性领域十分重要。

仪式和典礼在古代外交中显然比现在更重要,但仪式化似乎是外交的一个永恒特性。因此,我们有理由说"无仪式不成外交"[125]。随着时代进步,仪式从宗教渐入世俗,但礼仪官——"一个高雅职业中最具风度的执行者"[126]——继续在外交中发挥重要作用。

本章还解释了外交规范、规则及组织方面的长期问题。除了从参照宗教向参照世俗演进的例子外,我们尚未发现其他贯穿始终的发展模式。关于礼节、互惠、优先权、外交豁免权和外交官衔的问题总是不断涌现。在不同的时期,遇到的问题可能不同,解决方案可能不同,制度化程度也可能不尽相同,然而人们对保持、强化和发展外交制度的需求始终如一。

第四章 外交交流

> 交流之于外交犹如血液之于人体。交流沟通一旦停滞,国际政治主体和外交进程就会消亡,暴力或冲突就会出现。
> ——〔越〕陈文庭:《变化世界中的沟通与外交》①

> 交流是外交的本质。成功的外交官绝不会是失败的沟通者。
> ——〔美〕蒙蒂格尔·斯狄恩斯:《与陌生人交谈》②

观察人士和实践者都认为,交流对外交具有重要意义。事实上,我们常常从交流的角度出发,将外交视为"一种规范的交流过程"③或者"国际社会的交流系统"④。赫德利·布尔认为:"外交的初始形态是信息从一个独立的政治群体传递到另一个群体。"⑤从词源上讲,"外交"(diplomacy)来源于希腊语中表示"翻倍"(double)的动词"diploun"和形容书写在两片折叠页上的官方文件"diploma"。⑥它具有双重含义,既表示内含秘密信息,又指赋予携带者一定权力的官方文件。外交的象征性表达也会凸显交流沟通方面的作用。例如,拜占庭手抄本中一位使节一边鞠躬一边将一幅卷轴递交给一个坐着的人的插图"很显然是在描述大使的职责"⑦。

外交与交流的渊源由来已久。16世纪的理论家们认为,最早的外交官是天使,即人和神之间的信使。⑧即使当代学者不再提"神话外交"⑨的概念，有一点也仍然值得注意——"在古希伯来语和古希腊语中，'信使'一词（在希伯来语中是'mal'ach'，在希腊语中是'angelos'）不仅具有圣灵旨意的含义，还可以指世俗使命"⑩。古希腊的赫尔墨斯是众神的使者，也是掌管语言和外交的神灵。外交信使中地位最高的传令官被认为是赫尔墨斯的后代。

简而言之，外交官是信使，外交是国家间的交流沟通。令人感到矛盾的是，今天国家间最需要交流沟通的时候恰好是外交关系破裂之时，当事国必须不断寻找其他沟通渠道。⑪在本章中，我们将梳理并说明外交交流的相关维度。为此，我们将分析交流的构成要素（constructive elements）。

所有的社会交流都涉及传递信息。传统交流研究侧重发送者和接收者对信件加密、解密的过程，但在此期间，信息的含义是预先给定的。这一交流观与人们在日常生活中对语言的理解相似。人们通常会把语言比喻为一个复杂的"管道"，即语言是思想的载体，而听者或读者要做的就是"拆包""打开"信息，"拿出"其中的"内容"。⑫与传统研究相反，建构主义研究交流时将含义的创造和协定作为中心议题。含义并不存在于信息本身，而是在互动过程中形成。与传统研究将含义表达视为绝对的、静态的概念不同，建构主义将"表意"（signification）视为一个动态的过程。事件的背景和人们的认知都在含义表达的创造过程中发挥作用。因此，从建构主义视角看，交流绝不是毫不费力之事，成功的交流也不会自动进行。

回顾了语言对外交的重要性之后，本章还将概述外交交流的几个基本问题。首先是信息的收集与传播，即外交作为政府"眼耳喉舌"的作用。接着是谈判，即一种反复交流的过程，它也是以事件参与国都能接受的方式解决问题的关键工具。然后，我们将会分析传统外交的两个重要选项或选择：口头交流 vs. 书面交流，私下沟通

vs. 公开交涉。最后，我们将讨论外交交流中的技术发展，比如信息传播媒介的变化。

一、语言

英语中的"交流"（communication）一词源于拉丁语动词"communicare"，意为"共享或找出共同点"。一直以来，如何形成共同意义都是外交交流的核心问题。外交通常涉及使用不同语言的国家间的交流。因此，一种通用的外交语言能促进共同意义的形成。通用语言有两层含义：纯语言学意义上的语言和社会科学意义上广义的语言。

外交语言看上去十分琐碎，但我们仍须认真对待。因为自早期国家交往起，在国际交流中使用不同语言就是造成误解和分歧的根源之一。我们来看一个早期的例子：

> 波斯阿契美尼德王朝（Achaemenid Persia）国王阿塔薛西斯（Artaxerxes）曾派遣一位名叫阿塔费尼斯（Artaphernes）的特使前往斯巴达，向他们抱怨波斯国王听不懂斯巴达使节的语言，要求斯巴达另选口齿清晰、能让国王听得懂的使节前来波斯。有趣的是，这一信息的传递经过了极其复杂的程序：它先用阿拉姆文准备，再用亚述文书写，然后为了让斯巴达人看懂又翻译成了希腊文。[13]

因此，外交中一直就有发展通用语言（lingua franca）的趋势。在两河流域使用的苏美尔语是文化和文明中已知的最早的语言媒介，也被认为是"最早的外交语言与表述"[14]。自公元前3000年起，闪族语系中比较生僻的一种语言——古阿卡德语成了公认的外交语言。令人费解的是，一些彼时势力强大且使用不同语言的国王，比如埃及法老，巴比伦、胡里安（Hurrian）、赫梯及埃兰（Elamite）等国国王都将古阿德卡语作为外交语言。⑮即使在埃及人、希伯来人和腓尼基人中，古阿卡德语也并非主流语言，所以它一定有一些（不为我们所知的）优势，使它能在亚历山大大帝之前一直充当外交通用语言。

古阿卡德语同闪族语系的其他语言一样，用楔形文字书写，这有利于母语非古阿卡德语的人使用；而埃及文字则是专为埃及语设计的。⑯而且，古阿卡德语作为一门外交通用语言还有其技术优势。

> 不可否认，用刻针在软泥板上刻下的楔形文字能在太阳下迅速晒干，所以，比起刻在石块或木头上的象形文字，楔形文字更适合用来做记录，其用途也更广泛。而且，晒干或烤干的泥板也比石板或乌木板更易运输和储藏。⑰

事实上，在泥板上刻字的做法传播到了当时国际社会最偏远的地方，成为古希腊克里特—米诺安文明的支柱。

在古阿卡德语后，阿拉姆语取而代之，成为主要的外交语言。阿拉姆语是居住在叙利亚的阿拉姆人的语言，它传播到了多语种的波斯社会，并成为沙漠商路上的通用语言。阿拉姆语最大的优势在于它采用了20世纪以前人们所知的最先进的书写技术——字母表。⑱

希腊语和后来的拉丁语都随着帝国扩张做过外交通用语言。同古阿卡德语一样，汉语易于被其他语种的人学习，因此成为亚洲帝国建构过程中的外交语言。

拜占庭外交曾面临选择希腊语还是拉丁语作为外交语言的问题。到6世纪末期，君士坦丁堡决定弃用拉丁语，仅以希腊语作为外交通用语言，而当时拉丁语是罗马帝国的通用语言。如果没有高水平的翻译，产生误会就实属难免。⑲拉丁语作为罗马帝国及其继任者——神圣罗马帝国以及罗马天主教教廷的书面语言，自然而然成为欧洲的外交语言。绝大多数和约以拉丁文书写，外交官之间也用拉丁语进行交谈。[20]法兰克、伦巴第和其他王国的统治者们也用拉丁文通信。而且，这些书信还继续使用"罗马帝国晚期国书的修辞"[21]。总体而言，正是这种语言修辞维护了原罗马帝国的团结，将"罗马世界的东西疆域贯穿起来"[22]。

到1600年，欧洲外交官中已经很少有人会用拉丁语交谈，通过翻译来进行谈判成为普遍现象。[23]自此之后，就再没有出现过其他的外交通用语言。直到18世纪，法语成为欧洲上流社会用语，也就自然地成了外交的日常用语（par préférence）。尼科尔森认为法语"比其他任何语言都更能融合礼仪性和精确性"[24]。

19世纪，英国人试图让英语成为法语的竞争对手。例如，1800年，格伦维尔勋爵用英语而不是法语同派驻圣詹姆斯宫（当时的英国皇宫）的各国外交官打交道。1826年，英国外交大臣乔治·坎宁（George Canning）要求其下属的外交官在处理官方关系时使用英语。1851年，帕默斯顿勋爵坚称各国都有在官方场合使用本国语言的权利。[25]但是直到20世纪，多边会议才"第一次真正给予英语对抗法语语言霸权的机会"[26]。第一次世界大战后，英语发展成为两大外交通用语言之一。

> 法语作为官方外交语言的优势地位在一战后的巴黎和会上受到重创。和会"四巨头"中的两位——威尔逊和劳合·乔治——都不说法语，克里孟梭既能说法语也能说英语。因此很多讨论都用英语进行。和会结束后，随着国际联盟的建立，英语被提升到和法语一样的地位，成为外交的通用语言。[27]

尽管英语已经逐渐在外交及其他专业交流领域成为通用语言，但是语言的种类之多仍然是外交官的挑战和译员的机遇。

多边外交带来了新的语言问题："外交语言的单边主义过时了。"[28]

不过，这也催生了创造性的解决方案。例如，在 1945 年旧金山会议上就引入了"工作语言"和"官方语言"这一建设性的概念区分。英语、俄语、汉语、法语与西班牙语被赋予官方语言的地位，而只有英语和法语是工作语言。㉙

有时，语言多样利大于弊。2002 年 11 月，在布拉格召开的北约峰会上乌克兰总统列昂尼德·库奇马（Leonid Kuchma）不请自来，带来了不小的外交麻烦。如果按照参会国国名的英文拼写排序，这个被怀疑向伊拉克提供雷达设备的争议人物，将被安排在美国总统乔治·W. 布什和英国首相托尼·布莱尔旁边。这一尴尬情形的问题用法语就迎刃而解了。在法语中，美国（USA）变成"Etats Unis"，英国（United Kingdom）变成"Royaume Uni"，这样库奇马就坐在了土耳其总统和欧盟高级专员哈维尔·索拉纳（Javier Solana）中间。㉚

总之，语言问题或许会给外交交流带来一些困难，但绝不是唯一的问题来源。成功的交流需要的不仅仅是语言互通。符号学家认为成功的交流要以共同准则（common code）作为先决条件，即某种理解信息含义所必需的前知识（通常是无意识的）。共同准则，即德国诠释学派哲人所谓的"解释共同体"（Interpretationsgemeinschaft）构成了关于解释的最初共性。㉛最近，尤尔根·哈贝马斯的追随者用"生活世界"（lifeworld）指代"通过语言获得、组织的理解模式"。㉜不管是什么称谓，外交交流都依赖这样的主体间意义结构（intersubjective structures of meaning）和集体理解（collective understanding）。这可以回溯到我们在第三章中提出的制度化的认知层次。这也符合之前提到的以建构主义视角看交流——将信息的意义表达作为互动过程的结果。

事实上，我们既可以把外交官当作"依靠直觉的符号学家"，又可以把他们当作自觉的信息制造者和破译者。尽管外交官所受的正规教育中极少涉及符号解释，但凭借职业训练和经验，外交官能够就语言或姿势对潜在受众起到的作用做出专业评估。㉝还要注意的是，诠释学（解释的科学）一词的拼法（hermeneutics）明显让人联想到古希腊的外交之神赫尔墨斯。㉞

在第三章曾提到，外交制度化涉及带有礼仪辞令的通用语言发展，最大限度地减少了跨文化交流中不必要的误解。因此，外交对话是基于国际社会成员都认同的一套规则。谦恭、简洁且建设性模糊（constructive ambiguity）是外交语言的首要特征。由于言辞彬彬有礼、恰到好处，美国作家卡斯基·史汀奈特（Caskie Stinnett）形容外交官"即便叫你下地狱，也会让你充满期待"。简洁原则是指："外交交流既不能太多也不能太少，因为听者会认真揣摩每一个词、每一处省略，研究它们背后的深意。"㉟有人讽刺外交官"说任何话之前都要想两遍"㊱。建设性模糊往往留有余地。迂回的说法，比如重事轻说或者含沙射影的省略，使得一些有争议的事既能被国际社会听懂又能避免不必要的刺激。㊲

二、信息收集

国家对外政策的形成与实施都涉及外交。一项政策的形成需要收集外部环境信息并做出评估。因此，常驻使节的出现——文艺复兴时期外交最重要一大创新——不仅源于不断增长的信息传递需求，还因为脆弱而又野心勃勃的意大利城邦需要收集邻邦信息。㊳"1620年的欧洲同1490年的意大利一样，（大使们的）最固定的任务仍是收集并处理信息，再传递给本国政府。"㊴此后，信息收集被认为是现代外交的基本功能，并且被明确列入了1961年的《维也纳外交关系公约》。有一本教科书中这样写道：

长期以来，驻外使馆的一项重要职责就是收集当地信息并报回国内。驻外人员关注的内容包括：驻在国的经济状况、外交政策、军队士气、与军事相关的科学研究、领导人的健康状况、政府内部权力制衡关系、新近选举的可能结果、反对党的力量强弱等。[40]

　　信息收集尽管总是同常驻使节的出现联系起来，但其实由来已久。《阿玛那书简》数次提到埃及为控制其亚洲帝国需要收集情报。法老写给一位希腊国王的三封信中有两封都涉及情报事务。[41]有理由相信，那些穿梭于各个宫廷传递书面和口头信息的信使会用自己的情报源为他们接收的官方信息做补充。[42]

　　情报在古印度作用突出，这在考底利耶的经典著作《政事论》中有明显体现。该书提到，外交官只有收集到他力所能及的所有信息才算完成了主要任务，才可以要求回国。[43]在罗马，"侦察兵和间谍建立了一套既可用于军事又可用于外交目的的情报搜集系统"[44]。

　　历史上，情报居于外交中心地位的最典型例子就是拜占庭外交。由于缺乏战争准备，拜占庭帝国竭力避免战争。拜占庭人非常重视情报收集并将其视为外交的首要任务。他们坚信，每位到访者的目的都是攫取情报，因此外国人在君士坦丁堡受到监视、限制和警戒。[45]阿巴·埃班认为："拜占庭毫不掩饰地将信息收集列为使馆职能的行为造就了大使即间谍的恶名。此后，他们再也没能摆脱这种质疑。"[46]许多涉及大使的间谍案都发生在15世纪的意大利，反映出随着常驻使节制度的逐步发展，收集信息作为大使的职能之一的重要性也在提高。[47]培养消息灵通者逐渐演变为从事间谍活动，到17世纪初，大多数使馆都雇用了秘密卧底（undercover agents）。[48]

　　如今情报机构已经成为"国际上心照不宣"[49]的独立机构。外交和情报既互补又竞争。英美等一些国家的情报预算甚至超过了外交预算。㊾特别是在冷战时期，使馆常常为情报人员提供掩护。在今天，外交仍"为情报人员提供掩护和帮助，同时也是情报工作的目标，因此需要防御性的情报保护"㊼。情报工作和外交信息收集的主要区别在于，外交的信息源和信息获取的方式可能是秘密的，但并不是暗箱操作所得。㊽

尽管在历史上大部分时期，外交基本垄断了国外信息的提供，但它现在却面临着来自情报部门和媒体的竞争。不仅媒体向政府提供世界局势发展的信息，而且大部分的外交调研报告都包含根据新闻报道做出的分析。㊾

> 据说在纽约报业罢工期间，外交调研报告的数量和质量都明显下降：一旦《纽约时报》不再向外交官提供消息，外交官们就陷入集体缄默。㊿

现在的问题是：外交官在信息收集中的作用是否已经下降到了快被废弃的地步。如今覆盖全球的电子媒体提供二十四小时的新闻报道，外交报告似乎显得多余。对此，人们通常会反驳道，通过媒体（包括互联网）得到的信息是对外交渠道所得信息的有力补充，但绝不能取而代之。除了官方信息源，外交官一直在培养私人信息来源。这一点从古代近东外交㊾到中世纪意大利外交㊾，再到当代外交，都始终如一。

外交官的私人信息来源之一就是其他外交官。互惠原则同样适用于信息的交换，"外交官间的交流如同双向车道：如果你不能或不愿意分享消息，就别指望能打听到消息"㊾。中世纪时期的意大利常驻使节会花钱购买或交换信息。㊾"信息成为一种流通货币，可以支付、兑换、收取和传递。"㊾1505 年，威尼斯驻法国大使被其委托人批评为汇报消息不及时，前者就回信辩称这是因为威尼斯从不给他提供可以用来交换消息的谈资。㊾当今，互通信息已经成为人们广泛接受的外交实践。

虽然通过外交途径收集信息的重要性大不如前，外交渠道提供的信息数量却在增加。在中世纪的意大利，勤勉的常驻使节已经可以做到每日一报。一位威尼斯驻罗马的大使甚至在 12 个月的任期里完成了 472 篇调研报告。[61]现在，批评人士指出外交报告具有“多语癖”[62]，而且过度泛滥的报告会阻塞外交体系。“太多人从太多的角度写了太多充斥着无用信息的文章。”[63]

三、信息传递：外交信号

如果说外交信息的收集是为国家领导提供必要的背景信息以形成正确的对外政策，那么国家间的外交交流则是执行这些政策的重要组成部分。这种交流既有语言的也有非语言的成分，并且常常被称为外交信号。我们将外交官称作“依靠直觉的符号学家”，即自觉的信号制造者和破译者。信号可以理解为“用来引发某种回应的符
号”。[64]信号对于外交与其对于繁忙的机场一样重要。二者的重要区 76
别之一在于外交信号有更多的模糊空间。飞行员和地勤指挥员的信号模糊可能导致灾难，但在外交交流当中，模糊的信号被视为具有建设性和创新性意义。[65]

为什么说建设性模糊是或总是外交信号的特征？原因是多方面的。尽管国家间有相互交流的需要，但它们仍想对彼此隐瞒重要信息。模糊的信号可能是一国有意为之，以保持灵活性或者否认信号。在必要情况下，模糊信号的发出者可以宣称“我从未说过”“那不是我想表达的意思”等来否认。

外交信号的模糊性包括表里不一和欺骗。1604 年，亨利·沃顿爵士（Sir Henry Wotton）将外交官描绘成“被派到国外、为了本国

利益而说谎的老实人",这一说法使"外交官"声名狼藉。实际上,早在古希腊,外交就与欺骗联系在一起。希腊人认为赫尔墨斯是一个迷人、奸诈、狡猾和诡计多端的人,并且是他将这些伎俩教给使节。⑥拜占庭外交因搜集情报、散播虚假消息而恶名远扬。⑥此后,外交在不同程度上都与不诚实联系在一起。由于无法辨别信息真假,外交官们倾向于怀疑所得消息,总是"试图读出言外之意"。但是外交交流中的谎言是有限度的,最重要的一个限制条件就是谎言一旦被拆穿,说谎者就会名誉扫地。"国家重视释放和接收信息,这表明政治家更倾向于释放真实的而非虚假的信息。"⑧

另外,语言模糊也可能是由于考虑到受众的多元化。虽然明确、清晰的信号有益于同某一类接收者的交流,但这对其他的信号接收者来说可能会造成灾难性影响。外交信号的潜在受众包括国际、国内两个层面。在古代,对不同的受众发出不同的信息并不算困难。例如,在古代近东,刻在纪念碑上、针对国内受众的王室铭文与写给外国的信件文就明显不同。在纪念碑文中,米塔那国王被称为法老的"附庸";而在外交信件当中,他被描述成法老的"兄弟"。⑥信号释放因人而异,这种做法由来已久,并且在19世纪的秘密外交中达到了巅峰。随着现代大众媒体的发展,这一做法已变得越来越难。

另一个导致外交信号模糊的因素是在国家间交往中随处可见的非文本信息以及"身体语言"。我们将在下文对此进行详细解释。像语言一样,动作姿势也需要解读,但语言交流导致的曲解空间更为有限。

总之,对信息的清晰化需求和模糊化动机之间是相互矛盾的,这就使外交官不得不花费大量时间、精力来构思和解读信号。值得注意的是,信号释放未必都是有意为之。在外交中,即使是无意识的作为或不作为也可以传递信息。因此,不论何时,只要行为体表现出的行为被另一方感知到或做了解读,不论该行为是否被提及,也不论是有意为之还是仅在行为体的意识之中,都可以当作信号的释放。外交官和政客们倾向于在作为和不作为中寻找有价值的信息,这主要是基于他们的意图性假设(assumption of intentionality)。"因为所有的参与者都知道(或者会很快认识到),除去那些明显的意外或者无心之举,大部分公开行为都是有着一定含义的,这样的假设往往成为自我实现的预言。"[20]

虽然外交人员拥有一套通用准则,但他们来自不同的文化背景,有各自的规范。现在,我们能想到的主要是民族文化,但在其他历史时期,部族文化或者宗教文化则更为重要。外交文化的准则和习俗未必优先于民族文化的。不同文化背景的个体以不同的准则解读信号,可能得出不同的结论。相反,文化制约并不是"认知的束身衣"[21]。总之,共同的外交文化与来自世界各地的外交官所处的不同文化之间再次出现了普遍性和一般性的对立。我们很难快速而准确地回答究竟哪种准则更为重要。有人可能会假定:外交准则在语言交流的解析中使用得比非语言交流更为广泛。然而,作为一种规则,两种类型的准则和习俗是以不同组合的形式来发挥作用的。

因此,外交官不是表达得过少,就是表达得过多。过少是因为他们的语言和非语言信号不会立即传递其本意;过多是因为他们发出的信号总是会传达某种信息,产生的后果要比他们预想的复杂。换句话说,信号的破译既包括"选择性"因素,又包括"建设性"因素。

尽管迄今为止的分析主要是基于当代外交,但有理由相信对外交信号的这些观察在任何时期都是适用的。下文将列举模糊外交信号在不同时期、不同地域的应用。我们从最近的例子即促成尼克松总统访华的1971—1972年中美会谈开始。

亨利·基辛格在某次访问北京期间，在数百人的见证下，高调地公开现身颐和园。人群中有一位来自北越的记者将此景拍了下来，作为东道主的周恩来为此向基辛格致歉。周恩来借此向北越发出信号——中国不容许北越问题阻碍中美和解——同时确保华盛顿方面也知情。[72]

这个例子很好地捕捉到了外交信号"建设性模糊"特点的几个维度。中国不仅通过非语言行为向多方发出了想释放的信息，还保留了否认的权利。

第二个例子是三千多年前的《阿玛那书简》。这些信件反映出人们执着于追求地位和互惠。在一封信中，巴比伦国王提起了一件让他颜面受损的事。他初次请求法老将女儿许配给他，便遭到了拒绝，理由是一项婚姻禁忌，即"自古以来就没有埃及国王将女儿许配给他国人的先例"。之后，巴比伦国王又要求以一个平民的女儿来代替公主，他说："其他人的女儿，只要相貌端正，也是可以的。请阁下将她视为您的女儿赐给我。"法老再次拒绝了。为什么巴比伦国王要在信中提到这样一件令他蒙羞之事呢？

答案的关键在信的后半部分。巴比伦国王准备把他的女儿许配给法老做妻子。"既然法老拒绝许配给我一个女子做妻子，那么我是不是也应该拒绝法老，不把女儿许配给法老呢？但是我有女儿可以嫁给法老，所以我不会拒绝。"他进而要求以大量的黄金作为聘礼，还规定了交付黄金的最后期限。如果说巴比伦国王写信的主要目的是提高要价，以获得尽可能多的聘礼，信中提到法老对他的怠慢就是有意义的。他可能早就知道求娶法老女儿的要求会被拒绝。接下来他通过另一个虚假要求（求娶一个平民女子）揭露了法老的伪善面目——第二次拒绝是无法以宗教禁忌当借口的，同时也使自己在道德上占了上风。总之，巴比伦国王灵活利用了大国国王间应当互惠平等这一惯例。通过提醒法老没有遵守互惠惯例,巴比伦国王由此希望抬高他嫁女儿获得的聘礼。[73]

尽管阿玛那时代的外交信号创造者们并不需要担心信息受众多元化的问题,但我们仍能从中发现两个例子的相似之处——巧妙利用共用准则,以此传达言外之意。对流行习俗的了解使"内行"可以感知和理解信号。

第三个例子凸显了对非语言信号的巧妙应用。这个案例主要分析了公元前4世纪腓力二世(Philip II)最初是如何利用货币政策使马其顿成为泛希腊联盟核心的。[74]可以说,腓力最初就是以选择货币标准的方式向多方受众发出强烈的外交信号。当时,有三个标准可供选择:雅典货币、罗得斯货币和腓尼基货币。腓力选择了腓尼基人的货币标准。他拒绝使用雅典标准反映了他拒绝承认雅典的商业霸权。在公元前4世纪,罗得斯货币被广泛使用,其主导地位犹如5世纪雅典实力顶峰时期的雅典货币。腓力拒绝使用罗得斯的货币标准不仅反映出马其顿与使用罗得斯货币的城邦之间缺乏直接联系,还传递出一个信号:他对色雷斯和小亚细亚有商业、结盟或军事占领的企图。

雅典的商业竞争对手和宿敌——卡尔西狄克联盟(Chalcidic League)也使用腓尼基的货币标准。通过选择这一标准,腓力向多疑的卡尔西狄克释放了明确的信号:"我们的利益是相同的,卡尔西狄克半岛和马其顿可以组成一个经济同盟,卡尔西狄克的商人可以在其中获得特权,双方可以一同垄断该同盟内的贸易及商业。"[75]因此,腓力的选择"并不是随意而为,而是为建立与卡尔西狄克平等合作的联盟迈出的第一步"[76]。

另一个较明显的案例是8世纪的"货币外交"(numismatic diplomacy),它反映出罗马对君士坦丁堡的疏远政策。罗马一直有权铸造拜占庭官方货币以纪念在位皇帝。公元7世纪后期，教皇将自己姓名的首字母加印到帝国的银币上。哈德良教皇是第一位只以自己的名字来铸造银币的教皇。"背离臣服东方[1]的百年传统，标志着漫长的分离进程走到了终点。"⑦

最后一个例子是在外交信号中使用宗教象征。公元9世纪，威尼斯城受到东方的拜占庭和来自西、北两方的加洛林王朝的挤压。保持独立的方法之一是拥有一个本地的宗教寄托以建立政治认同。圣徒的遗骨可以提供统一的宗教寄托，而人们常常将这些遗骨作为外交礼物相互赠予。在上述例子中，拜占庭向威尼斯施压，要求后者接受圣迪奥多尔（St. Theodore）的遗骨并将其作为威尼斯的保护神（他的确是威尼斯的第一个保护神）；加洛林则要求威尼斯接受圣马丁（St. Martin）作为它的保护神。然而在829年，一些威尼斯人成功地用送猪肉的货船将圣马可（St. Mark）的遗骨从亚历山大港偷运出来，他立即成为威尼斯的保护神。尽管圣马可是基督十二门徒之一和福音传道者，地位也高于圣迪奥多尔和圣马丁，但他的到来并没有导致政治后果。虽然亚历山大港已经被穆斯林占领了两个多世纪，但是威尼斯以自己的行动巧妙地周旋于拜占庭和法兰西之间，而不用背负任何宗教包袱。⑱

外交史提供了很多创造性地巧用外交信号的案例，同时也不乏失败、效果欠佳的例子。在此只列举两个发生于20世纪的失败案例。在1956年苏伊士运河战争爆发之前，由于各方期望不同，过于模糊的信号导致误解时有发生。英国首相安东尼·艾登（Anthony Eden）坚信，英国对纳赛尔（Nasser）统治的埃及采取军事行动会得到美国的支持，或至少是默认。这使艾登误读了美国含糊不清的

---

[1] 此处的东方指拜占庭。

外交信号——"如果其他方法都失败了,不排除使用军事手段",他认为这一信息表明美国已经同意,但是事实恰恰相反。同时,由于艾登过于看重"慕尼黑妥协"的教训,因此,他只关注了纳赛尔与20世纪30年代的独裁者希特勒相似的部分特质,忽略了纳赛尔的其他特质。然而,美国国务卿杜勒斯对苏联的关注使他倾向于将纳赛尔治下的埃及看作美苏争霸大棋局中的一枚棋子。[79]

另一个释放错误信号的案例是瑞典对1945年1月16日苏联副外长弗拉基米尔·杰卡诺佐夫(Vladimir Dekanozov)传递信息的回应,或者不回应。这则消息由杰卡诺佐夫送达瑞典驻莫斯科大使馆,内容是苏联军队在布达佩斯找到了拉乌尔·瓦伦堡(Raoul Wallenberg),并且已经将他监禁。在随后同苏联的外交交涉中,瑞典并未就这一照会做出明确回应,莫斯科由此认为瑞典政府对瓦伦堡案不感兴趣。在论及瓦伦堡事件时,苏联外交官曾数次要求引渡几个在瑞典的苏联人,这可能是暗示苏联有意安排人员交换。瑞典未对这一暗示做出反应,而且瑞典驻莫斯科大使反复强调他"个人"猜测瓦伦堡已经死于一场意外。很可能是因为这样,克里姆林宫认为瑞典政府想将整件事掩盖下去并且给苏联提供一个回避责任的借口。[80]

与有效的外交信号一样,无效沟通也是常有之事。例如,在古代近东,埃及法老与亚洲小国国王间的交流时,双方对"保护"一词有明显的误解迹象。小国习惯于向霸主表示忠诚以换取它的保护,而法老不需要保护也不认为自己有保护小国的义务。标准的埃及信件中包含固定的劝导辞,表示寄信人将竭力照顾到他国所托付之事。

> 当这些劝导辞被翻译后传播到叙利亚—巴勒斯坦地区的小国时,译者特意选择动词"nasaru"(意思为保护)来涵盖埃及语中所有有关保护的动词的含义。这么做的目的是引起收信的小国国王对(埃及)政治保护范围的兴趣,

并且激怒那些对埃及的保护不感兴趣的国家……埃及官员常常套用的、有效的劝导辞就这样被误解为要帮小国抵御外辱的承诺。[81]

总体而言,上述案例对范围广泛的语言信号和非语言信号工具、建设性模糊的多种来源和用途,以及破坏性模糊等做了说明。这些案例也意味着外交信号及其实践具有永恒性。

四、谈判

谈判通常被视为外交的核心,是"外交交流的终极形式"[82]。实际上,有些学者用"谈判"一词来定义外交。例如,亚当·沃特森把外交看作"尊重彼此独立的政治实体间的谈判"[83]。G. R. 贝里奇(G. R. Berridge)的定义则更为详细,认为外交是"通过谈判(而非武力)、宣传或诉诸法律来处理国际关系的产物,以及通过其他和平方式(例如收集信息或做出善意的表示)直接或者间接地推动谈判"[84]。

与外交学不同,国际谈判学是国际关系学科下属的界定清晰的学科分支。它有着丰富而多元化的研究论述,以及数量可观的中层理论。[85]这里不再就谈判学赘述,而是对有助于理解外交的几个方面进行说明。

首先,真实的谈判以讨价还价为基础,其主要特点是冲突和合作两种要素相辅相成。"没有共同利益无法谈判,没有冲突无须谈判。"[86]在冲突的情况下找到共同利益通常是外交官的工作,因为纯粹的冲突难有谈判成果。在此,我们重申外交的普遍性—特殊性维度:外交官在为各自的国家利益谈判时,通常会将和平解决冲突和避免战争作为共同利益。

纵观历史，外交谈判中占主导的是双边谈判。各个时代都有第三方以调停者或者仲裁者的形式⑰介入谈判的例子。在古代近东，大国的国王有权裁决所属诸侯间的争议。⑱古代中国也有调停的惯例，作为调停人的君主或大臣既可以应他人的请求参与调停，也可以自发调停。作为一项实践，国家间调停深植于中国人的生活，它使得纷繁复杂的中国社会得以和平地共存和延续下去。⑲在古希腊，第三方仲裁的制度也很完备，城邦国家间倾向于用这种方法来处理冲突，以促进城邦内外的和谐共存。那里流行"程序正义"的概念，即通过公众道德辩论的形式来决定孰是孰非，以这一方式赋予城邦内部陪审法庭和公民大会合法性，并使国家间仲裁结果被认可。条约中常常有相互保证通过仲裁解决争端的条款。尽管缺乏一部成文的国际法法典，也没有对拒绝接受第三方参与的有力制裁，但是在过去的五个多世纪里，仲裁仍是一个重要的外交实践。⑳

调停和斡旋在中世纪的欧洲也很流行，尤其是 12 世纪之后。教皇是信奉基督教的君主间的主要调停者；但有影响力的个体，包括国王和皇帝在内的很多人物，都可以做仲裁者或调停者（参见第七章）。在现代，调停者的角色不仅可以由外交官或其他的政府代表担任，也可以由政府间国际组织和非政府组织（NGO）的代表甚至私人担任。例如，美国商人阿尔蒙德·哈默（Armand Hammer）在冷战期间的美苏关系中、美国前总统吉米·卡特在冷战后第三世界的一些冲突中都成功担当了调停者的角色。

多边谈判则是近期才出现的现象。最早的多边会议是为了达成和平协议而召开的高级别代表大会，例如，1648 年的奥斯纳布吕克会议和明斯特会议达成了《威斯特伐利亚和约》。外交会议，即和平时期外交官举行的会议，在 1830 年前并不为人所知㉑，但此后却变得频繁、重要且日趋复杂。在 19 世纪中叶，国际会议一年大约只有三次,如今却有三千多次。[92]

会议外交与之前的外交形式在多个方面都不同,如联盟和集团的组成方式、会议主席的潜在领导作用,以及担任重要职务的国际秘书处。[93]在会议外交中,"单一谈判文本"(SNT)已经被认为是有用的手段。[94]充当会议调停者或者领导者(通常是会议主席国)的与会国在听取各个国家的立场文件后,会起草一份草案。围绕这一草案,与会国进行讨论、修订和改进,经过连续数轮的重新起草和意见反馈最终形成决议文件,1978年的埃以戴维营会谈和联合国海洋法公约谈判就是如此。

在军控、贸易和环境保护等多个领域,我们会谈及多边谈判的连续化和制度化。从这个意义上讲,黎塞留的至理名言——"外交谈判必须连续进行,而非临时举行"[95]——似乎得以实现。正如在第三章所讨论的,制度化使得发展以公认规则和正规组织为基础的共享符号成为必需。

应该牢记的是,不管在双边还是多边会议中,外交官总是在替别人谈判,因为他代表的是拥有至高权威的委托人,该委托人可以是君主个人,也可以是集体的政府。我被授予多大的权力来做出承诺和让步?如果因我方元首不理智而非对方原因导致无法达成协议,我该如何应对?我究竟该做多少努力去说服元首接受一项协议?这些问题困扰着各个时代的外交官。[96]对此,我们将在第五章讨论代表时进行分析。

总之,国际谈判应该是"双向的"[97],不仅对外,而且对内。外交官在履行代表职责时,这两方面都要考虑到。

外交战略和战术同时受到其他行为体是否接受和本国选民是否批准的制约。外交是一个战略性互动过程,参与者要同时考虑到国内、国外两方面的反应预期,并且在有条件时尽力左右它们。⑱

代表民主国家的现代外交谈判者常常强调内部讨价还价的问题，他们宣称，为了在国内达成共识，他们花费的时间与对外谈判相同，甚至更长。⑲用一个广为人知、在国际谈判中广为运用的词来说，外交官在做谈判者时参与的是"双层博弈"。⑳

五、语言交流和非语言交流

正如我们所看到的，外交交流可以是语言层面的，也可以是非语言层面的。在普通的人与人对话中，语言所传递的信息只有三分之一㉑，因此，非语言信息或者说"身体语言"是外交交流的重要组成部分。从个体姿态到军事手段的运用，外交"肢体语言"可谓无所不包。

例如，握手经常被视作国家间关系友好的象征，就是将人际关系语言移植到了国际关系中。握手象征可能源于一种表示手中没有携带武器的预警手段。㉒在古希腊，表示"誓言"意义的"dexia"一词也是由象征性的握手抽象而来，古代艺术家将其作为互不侵犯的视觉象征——"两手相握，敌意尽消"。㉓

会议的会场和形式、谈判桌的形状（象征着威望和权力）、参会代表的级别（标志着各方的利益和意图）等方面也可作为"肢体语言"使用。在20世纪30年代，贝尼托·墨索里尼坚持英意会谈必须在罗马举行，内维尔·张伯伦做出让步，但安东尼·艾登和英国外交事务办公室对此不满，认为这"象征着再次向独裁者投降"。㉔

在为结束越南战争而举行的巴黎谈判期间，关于谈判桌形状的争议其实是关于越南南方民族解放阵线的地位问题：如果将北越代表和南越代表与美方代表安排在同一个四边形谈判桌前，就意味着承认了南北双方的平等地位。类似的例子还有六方会谈，由于朝鲜在 2002 年承认研发核武器，同时退出了《核不扩散条约》，谈判各方被安排在一个六边形的谈判桌前，这就避免了任何优先或不平等地位的暗示。

派遣级别较低的代表通常被认为是表达冷淡或不赞成的态度，而派遣高级代表则一般被认为是尊重的象征。[105]例如，在 1981 年 10 月安瓦尔·萨达特（Anwar Sadat）的葬礼上，阿拉伯国家派出的代表级别较低，但出席的西方国家政要则显赫得多，这反映了双方对于萨达特的以色列政策的不同评价。[106]出于同样的原因，瑞典派低级别的政府部长参加 2004 年 3 月马德里恐怖袭击受害者的纪念仪式的做法遭到国内反对派批评，因为欧洲其他国家政府派出的都是高级别代表；而在 2004 年 11 月亚西尔·阿拉法特（Yasser Arafat）的葬礼上，瑞典总理亲自参加，欧盟其他成员国则只派外交部长出席。为此，瑞典国内反对派批评政府释放了错误的外交信号。

非语言交流相比于语言交流有一定的优势。它更能吸引各类受众的注意和兴趣。雷蒙德·科恩认为："即便非语言交流开始并不存在，公共关系官员也一定会将其创造出来。"[107]对于外交官来说，非语言信号的另外一个优势在于其内在的模糊性和可否认性，这也使其拥有更大的灵活性。[108]

在外交交流中"所言即所为""所为即所言"。外交官"迷恋语义"是基于"语言深刻反映行动"的现实。[109]另一方面，外交官的每一个姿势或行动都会释放信息。实际上，作为和不作为都有其含义。对人际劝说（interpersonal persuasion）的观察所得同样适用于外交交流："无论有为还是无为、发言还是缄默，所有动作都有信息价值：它们对他人产生影响，而被影响者反过来必须对此做出回应，因此被影响者本身就处于交流之中。"[110]

今天，我们往往将外交同语言技巧联系起来，精心筛选过的语言已经使跨文化交流中的误解降到了最少。同样，历史上各类型外交实际上都是对交流中的语言和非语言的管理。

在早期外交中，互换礼品是外交"肢体语言"最突出的表现形式。予和取的原则深植于人类的本性当中，因而交换礼品可以产生好感、建立友谊。[111]因此，在古代近东，信使们不仅在皇室之间传递口头和书面信息，还在统治者间分发礼物。礼物是统治者地位及彼此关系的象征。在《阿玛那书简》中提到，亚述国王提醒埃及法老，他的前任国王曾送给法老的父亲大量黄金，他抱怨法老现在赠予他的黄金太少，"还不够偿付信使的往返费用"，以此暗示亚述国王没有得到应有的承认。在另一封信中，米塔那国王（the king of Mittani）明确指出，由于埃及法老赠送的雕像不是纯金铸造，所以他将其视为两国关系恶化的标志。[112]

在罗马，"接受礼物就是接受了一种外交途径，为未来的接触打通道路"。[113]在拜占庭外交当中，互换礼品起着极为重要的作用。外交礼品从奢侈品如大象、镀金的床、风琴，到普通消费品，都是为了换取友好关系。[114]一般认为，用艺术品作礼物具有一定的优势，它不会被视为贿赂，同时巧妙地绕开了价值多少的争论，因此就不会出现确切的价值互惠问题。[115]另外，在外交中艺术自身就具有"交际能力"，表明"不同文化背景的高端人士使用一种共通的象征性语言"。[116]拜占庭丝绸是上等的外交礼物："珍贵、轻盈和易于运输的丝绸象征帝国的威名和权力。"[117]即使是在拜占庭帝国严重衰退之时，使节给外国统治者携带礼物的古老传统依旧受到推崇。[118]如今，交换礼物已经不再像以前那样重要，但它仍是国事访问中一项重要的礼节性内容。[119]

另一种发出非语言信号的传统方式是使节的选择。《阿玛那书简》中提到了几个这样的例子。米塔那国王图什拉塔在与埃及法老阿蒙霍特普三世（Amenhotep Ⅲ）的通信中明确提到，使节的选择极为重要。当图什拉塔第一次公开提出恢复结盟的提议时，他派出自己的首席大臣克里亚（Keliya）作为信使，并且明确表示十分在意埃及方面的信使人选。在另一封信中，埃及法老抱怨巴比伦国王没有派遣"高官"，而是派来了一支由"无名小卒"组成的代表团，其中一个还是"弼马温"。⑳

研究人员指出古希腊外交对使节的任命非常用心。在雅典，使节是经由选举而不是盛行的民主抽签程序选出的。㉑古希腊城邦国家建立了一套外交官衔的专门称谓，并用其传递非语言信息。因此，派出国书上写有"全权代理"（autocrator）或"全权大使"，以示对接收国的尊重㉒，而城邦国家间互派传令官（kerykes 或 heralds）则意味着承认双方处于战争状态，即使并未公开宣战。㉓

有一次，罗马将一名体育教练作为使节派遣到罗德斯，这被认为同《阿玛那书简》中巴比伦派遣"弼马温"一样，是对罗德斯的侮辱。之后，由于罗德人的强烈反对，罗马不得不重新派遣使节。㉔视线转到现代，当代外交史中有一个例子能表明使节选择重要性的影响多么持久。1963 年夏，埃弗里尔·哈里曼（Averell Harriman）率领美国谈判代表团前往莫斯科同苏联就禁止核武器试爆进行谈判，这是美苏双方关系逐渐缓和的标志之一。在苏联，哈里曼广为人知，赫鲁晓夫 1959 年访美时与哈里曼熟识。引用一句苏联驻华盛顿大使馆官员的话来说："我一听到哈里曼要去就知道美国这次是认真的。"㉕

如果说古代近东外交预示了此后非语言信号的发展和改进，那么在与现代外交紧密相关的语言技巧与辩论口才方面，古希腊外交可谓是先驱。希腊城邦国家间的外交交流依赖于代表间直接的、口头的交流和面对面的交往。另外，这些交流是公开的，因此需具备演讲技巧。"希腊城邦国家间关系中很少有会议外交，即秘密谈判；在希腊，使节向公民大会作报告，还要进行公开辩论。"[127]在迈锡尼希腊语里发现了"keryx"（使节，即 herald）这一印欧语词汇，意思是指演讲者声音清晰，这具有重要意义。[128]像伯利克里（Pericles）和狄摩西尼这样著名的演说家，经常被委以外交任务。

同样，在古印度，雄辩的口才也被作为使节选择中一项重要的标准。[129]一位伊斯兰外交的研究学者认为，相比于古希腊的辞藻外交，阿拉伯人为外交增添了诗意的元素。[129]拜占庭时期的外交信件经常有"文学修饰"[130]。到18世纪，法式外交培训将其发展成为"高雅到极致的文学作品"[131]。简而言之，现代外交官的前辈们的确"迷恋语义"。

六、秘密交流和公开交流

所谓外交，基本就是单个或多个统治者或政府间的交流沟通。外交交流应该局限于这些统治者，还是应该超越这一范围？这个问题一直困扰着思想家和外交实践者。保持交流的隐蔽性和公开性各有利弊。

在古代近东，信使通常必须发誓不会把机密泄露到宫廷之外。[132]严格控制信息受众可以在许多方面使交流变得更容易，但也给许诺和兑现诺言带来很多问题。在公元前14世纪，米塔那国王图什拉塔就曾有过这种经历。埃及法老阿蒙霍特普三世直到去世，仍没有兑现送图什拉塔一座黄金塑像的诺言。图什拉塔于是写信给阿蒙霍特普的遗孀提耶——她"比其他任何人都更加清楚我们间的诺言"，要求提耶提醒新法老阿肯那顿（Akhenaten）关于承诺的事。

另外，图什拉塔还多次亲自写信给阿肯那顿，要他听从他母亲提耶的话。尽管他提到他的信使就是证人，他们"亲眼看到你的父亲在我的信使们在场的情况下亲自承诺要重塑塑像"，但是他的努力仍旧是徒劳。图什拉塔的困境主要是除了提耶王后，没有其他人知晓这一承诺。[133]

为了避免这类问题，一些条约在签订时须由多人见证。例如，公元前14世纪，赫梯国王哈图西里二世（Hattusili Ⅱ）与塔亨塔萨的乌尔米-特什普（Ulmi-Teshshup of Tarhuntassa）签订了条约，其中有一段是关于见证者的，它列出了二十多个高官以及军队的全部统帅、数千名权贵和整个王室成员在条约签署时到场见证。[134]

相反，古希腊的外交交流更多时候是公开的。外交使节必须向公民大会作报告，并且参加公开辩论。[135]他们的任务是进行政治宣传而非真正的谈判；他们出现在公众面前，而且必须参与公开辩论。[136]

在拜占庭和文艺复兴时期的外交中，秘密的、私人的交流再次成为主流。文艺复兴时期的外交官对保密工作极为执着，他们经常利用向首脑汇报的正式渠道给统治集团内部人员发送密信。[137]到15世纪后期，驻外大使通过密码发送含有敏感内容的信件开始成为一道标准程序。谨慎的大使会仔细斟酌信件内容，以防止信件在落入敌手或被解密时造成重大损失。[138]注重安全性和保密性的外交交流仍在持续，但是伴随技术进步，它也采取了新的形式。

> 只要信息以文本的形式进行传送，就有可能在传送过程中被截获。随着电报和电话的发明，无线电可以直接截取电波而无须任何接触，信息被窃取的可能性增大。随着全球范围内的即时通信传播，隐藏信息比发现信息更为重要。信息交流技术的发展要求有新方法对信息进行加密。[139]

尽管伍德罗·威尔逊"公开的条约，公开达成"的呼声反映出了第一次世界大战后人们反对"旧外交"的过于隐蔽,但是政府间的不公开交往依旧是现代外交的支柱。而且现在"设计新系统给信息加密的编码者与破译信息的译码者之间的智力较量仍然在上演"[140]。

不过,近年来"公共外交"在外交理论家和实践者中成为新的流行词。在民主广泛传播和大众媒体政治地位上升的时代,与"公众"交流有着前所未有的重要性。[141]如今,倡导公共外交的人士认为,外交官需要"从被动反应的汇报者、游说者到全球性的公开辩论的塑造者"[142]的转型。简而言之,公共外交是一国政府试图影响另一国公众或者精英的看法,从而使他国公众赞成本国的政策、理念和观点。[143]

今天,外交官们面临的挑战是如何"由提供信息转向引人遐想"[144]。公共外交在三个维度上进行操作。首先是日常事务交流,将外交和新闻界联合起来。其次是战略性交流,管理国家的整体形象。最后是建立同关键人物的持久联系,这一点可以通过学术研究、学术交流以及研讨会等形式来实现。[145]在这一过程中,外交部门发现互联网拥有强大的媒介潜力,能够在全球范围内将信息传达给受到过高等教育的国外人士,从而影响国外社会。[146]

当代的研究者谨慎地将公众外交和宣传区分开来。虽然宣传在20世纪广受批评,但两者都依靠公共意见来间接交流,而不是在政府间直接交流。

七、技术进步

作为国家间的交流系统,外交受交流、交通方式发展的影响。最重要的是,外交交流速度正在加快。在古代近东,完成一项外交工作可能耗时数年。《阿玛那书简》曾提及一位信使遭到扣押,结果两国的交流中断了六年。[147]16世纪，哈布斯堡王朝的外交官需要四个月才能到达莫斯科，而在17世纪，一名信使从巴黎到马德里需要花费十一天。[148]"拿破仑走得并不比恺撒快"这句俗语并不单指速度，而是反映了这样一个现实：直到18世纪，古罗马道路依旧是最好的陆路线路，交通依旧得靠动物和人力。

到中世纪，外交交流速度已经有所提高——例如在1496年，威尼斯参议院写信给其演说家，要求严密监视那不勒斯国王，每小时而不是每天汇报一次[149]——但直到19世纪远距离通信依旧发展缓慢。18世纪末，美国总统在写给国务卿的一份备忘录中，失望地提到已经两年没有听到美国驻西班牙大使的任何消息了。他补充道："如果今年仍收不到他的回信，我们就给他写封信吧。"[150]直到1838年，美国还规定领事"每三个月至少要给外交部写一次信，即便无事汇报也要告知使节们还在各自的岗位上"[151]。

直到19世纪、20世纪，技术革新才改变了外交交流的条件。19世纪，轮船和铁路的出现大大提高了外交官的机动性，同时电报的发明使得各国政府之间、外交部门和使馆之间能够快速而直接地沟通。20世纪，航空业和通信技术的发展使得旅行和沟通更快、更自由。今天，我们应该记住："直到20世纪30年代，外交邮件才第一次通过飞机来运输；同时，迟至第二次世界大战结束，大多数的外交邮件还是通过海路运输。"[152]

技术创新在促进外交交流的同时，也挑战着根深蒂固的外交程序。据说，1840年当第一封电报放到英国外交国务大臣帕默斯顿勋爵桌上时，他惊叫道："天呐，这是外交的终结！"[153]还有一个类似的例子，1861年，皇家委员会在调查英国外交部时，详细叙述了电报对外交的影响，并且怀疑它削弱了大使的重要性。[154]如今媒体和通信技术的迅猛发展也引发了相似的忧虑。

信息技术革命所带来的一项影响是，外交不再是跨国联系和交流的唯一渠道了。指示变得更容易传达，这制约了外交官的行动。另外，政治领导人之间的直接联系变得更为频繁，正如阿巴·埃班提到的："由于沟通变得更容易，人们的移动本能在更大范围内得到发挥。"㊿美国高级外交官乔治·鲍尔（George Ball）曾在20世纪80年代初失望地表示："现在喷气式飞机、电话以及总统、国家安全助理、国务卿的坏习惯大大限制了大使在礼仪和公共关系上的作用。"㊿一位前英国大使甚至质疑政治首脑是否还需要下面的外交办事人员。㊿

峰会（summitry），即政治首脑间直接交流的政府间最高级别会议，在二战后成为国家间关系的一个重要部分。盟军领导人之间密切磋商，战争成为现代峰会的摇篮。温斯顿·丘吉尔在20世纪50年代最早开始使用"峰会"（summit）一词来形容这种类型的会议。㊿

在古代，国王们偶尔召开会议讨论国家间事务。在中国，两三个诸侯间正式的、预先安排的、面对面的交谈被称为"会盟"，其最早的记录出现在公元前8世纪。这些"会盟"通常在较为神圣的地点公开举行，既有现实内容，又有礼节意义。㊿在中世纪早期，最后一轮谈判通常遵循在中立地举行的原则，比如桥梁中央或者停泊在河流中间的船舶上，为了防止出现背叛，还有一套详尽的保护措施。921年，"捕鸟者"亨利（Henry the Fowler，东法兰克国王）和查理三世（Charles of France，西法兰克国王）的会谈被安排在一艘停在莱茵河中线的渡船上；1807年，拿破仑和沙皇亚历山大一世的会晤在米美尔河中的游艇上进行。㊿直到最近几十年，峰会才变得频繁，并成为惯例。如今，几乎每周都有国家间的峰会召开。

外交官向来反感峰会，他们更青睐外交官之间的专业对话，而不是政客们的业余交流。在15世纪，菲利普·德·科米纳（Philippe de

Comines）这样建议道:"两位伟大的君主如果想建立起良好的私人关系,就不应该见面,而是应该通过称职而睿智的大使来沟通交流。"⁽¹⁶⁰⁾五个世纪后,美国时任国务卿迪安·腊斯克警告说:"对峰会外交,必须特别谨慎——就像一位审慎的医生对易上瘾药物保持警惕一样。应尽量不要使用峰会外交这一形式,除非是在极其特殊的情况下,并且要特别警惕它成为一种削弱正常外交的危险习惯。"⁽¹⁶²⁾然而在今天,用一位观察家的话来说:"首脑峰会已经使许多政府首脑产生了依赖。"⁽¹⁶³⁾反常的是,随着首脑峰会的增加,其危险性却降低了。"现在,峰会失败,只要不是太过频繁或严重,差不多都能被人们平静接受,不会引起大惊小怪。"⁽¹⁶⁴⁾尽管首脑峰会已经成为国际政治的主要形式之一,但近年也有迹象表明,人们对峰会又有新的看法。

在 20 世纪 90 年代后半期,许多有争议的首脑峰会让人们对其有了清醒的认识,最高层之间的会议也可能对首脑不利。峰会意义被宣传报道恶意贬低,这让政府和国际组织领导人非常头疼,因为很多国际问题未能得到彻底解决被解读为领导力缺乏或多边主义破产。⁽¹⁶⁵⁾

国家领导人的日程中排满了出访,他们常常因缺席国内事务而受到批评,从而引发政治风险。另外,频繁的峰会也给原本稀少的外交资源造成负担。峰会的筹备及跟进的外交事宜耗费了外交部很多的精力。更令人尴尬的是,举办峰会的花销直线上升,这主要是因为如今最高层会议的安保措施非常昂贵。例如,2001 年热那亚八国集团峰会耗资 1900 万美元,这还不算在改善城市环境上花费的 9000 万美元。⁽¹⁶⁶⁾

除了剥夺外交官跨国联系的特权角色外,通信速度的提高也从其他方面对外交产生了影响,加强了政治领导人间的直接联系。它经常迫使决策者对国际事件做出即时反应，从而忽略了传统的外交渠道。在信息爆炸与媒体无孔不入的时代，传统外交交流的那种不温不火、深思熟虑的信号战略和解读已经一去不复返了。引用一名资深外交官的话来说："信息革命压缩了时间和空间，而正是它们曾将地球上的国家分隔开来。"[167]

例如，在1961年肯尼迪总统做出针对修筑柏林墙的公开政策声明前，有八天的准备时间。相比之下，1989年10月，布什总统被迫在柏林墙倒塌数小时内就对此做出声明。[168]前美国副国务卿斯特博·塔尔博特（Strobe Talbott）回忆了他和俄罗斯副外长乔治·马梅多夫（Georgi Mamedov）是如何在1993年10月4日叶利钦与隐藏在议会大楼的反对者摊牌时进行电话联系的。塔尔博特和马梅多夫都将各自的电视调到了美国有线电视新闻网（CNN）频道，电视报道了发生在整栋大楼的冲突情况，并且随着冲突的进行不时交换看法。[169]几年前还是宿敌，而现在他们双方的代表能够实时关注同一件事情的发展，并且通过公开的电话对此事件的影响进行讨论。

正如后面的例子所示，电视和其他新媒体对外交产生了重大影响。在电视时代，非语言信号和身体语言的重要性提高了。通过电视屏幕传递信号不需要遵守传统的外交礼仪惯例。当代外交可用戏剧比喻进行分析理解。[170]正如在一场戏剧中那样，外交信号是在为实现传播信号而设置的环境中发出的；在表演过程中，演员利用姿态、动作和台词为观众虚构出一种理想的印象；政治家和外交官担任制片人或舞台监督的角色，掌控整个演出。电视将外交戏剧的可视性放大了。作为传递非语言信息的理想媒体，电视强化了外交信号的象征性特点。

电视在多个方面影响了外交信号。例如，通过电视发出信息常常意味着丧失灵活性。信号被简化了，且容易导致"承诺"。不管政治家和外交官是否愿意，电视屏幕上出现过的任何内容都会变成承诺。传统外交信号中的"建设性模糊"变得更难掌握。例如，1993年9月，在美国白宫南草坪上参加和平仪式的巴以双方仅仅因为允许电视转播而不得不作出强烈而毫不含糊的承诺。当阿拉法特面对全球直播的电视镜头向伊扎克·拉宾（Yitzhak Rabin）伸出手时，拉宾知道他再也无法回避作出承诺了。如果他不和阿拉法特握手，就会传递一种强烈的敌视信号。如果他接受和阿拉法特握手，就会传递出一种同样强烈的友好信号。与之相反的是，1995年5月，比尔·克林顿用不允许媒体拍摄他与新芬党[1]领导人盖瑞·亚当斯（Gerry Adams）握手的场面，巧妙地避免了无用承诺。

不仅如此，电视使得区分信息受众更为艰难。经典外交依靠的是向"明确特定的、排他的受众"传达信息，具有高度的可控性，能够根据受众的不同调整信息。然而，电视往往考虑到公众意见，不会允许出现区别化的信息。这对外交谈判造成了影响。

> 面对你的谈判对手时，要将你的妥协描述成几乎是超出底线的。与此同时，你还要对持怀疑立场的选民说明自己的让步是微不足道的，值得关注的只有你的精湛演技以及对手的易受欺骗。问题在于，在媒体紧盯、通信即时的现代世界，声音的传递是双向的，你的对手和你的民众都能够了解到你们彼此之间的对话。⑬

尽管电视对外交交流产生了一些不可控的影响，但是政治家和

---

[1] 新芬党（Sinn Féin Party），全称为爱尔兰资产阶级民族主义政党。该党由亚瑟·格里菲斯（Arthur Griffith）于1905年创建。新芬党主张依靠自身力量谋求独立，反对与英国妥协；鼓吹通过抵制英国商品，断绝与英国的往来，发展民族经济，即可实现独立。1983—1998年，盖瑞·亚当斯担任该党最高领袖。

外交官也能在对外沟通中让新媒体为己所用。外交官越来越多地参与"媒体外交"[122]。不仅如此，对政府的"新闻管理"最敏感的部门就是报道对外事务的媒体。在这一领域，可以危害国家安全的名义令媒体听命于政府，记者们必须依靠政府提供的"基本定义"（primary definers）来传播新闻，就连国内的强势选区也鲜少就这一领域的官方消息质询政府。[123]

八、结语

从强调构成要素的交流概念出发，我们将外交官视为"依靠直觉的符号学家"，并且指出人们对通用外交语言——一种字面的、语言学的、社会学的共同代码和习惯表达——的持久需求。另外，我们试图说明收集和传达信息面临的多个问题以及谈判中的信息交换都具有跨时性；在外交史上，语言交流与非语言交流、公开交流与秘密交流的结合随处可见；技术进步也对外交实践产生了影响。

具体而言，我们总结出，随着专业情报机构向政府提供秘密信息、现代媒体持续地提供新闻报道，外交官在情报收集方面的重要性已有所下降。我们还证明了外交信号不可避免的模糊既有建设性的一面，也有破坏性的一面。作为谈判者，外交官知晓他们在谈判这个"双层博弈"中充当着内外部连接点的角色，总在寻找或扩大与谈判对手的共同利益，尽力减少与后者的摩擦。现代外交官的"语义迷恋"因电视时代非语言信号和肢体语言的重要性提升而有所缓解，同其他时期的外交官一样，现代外交官也必须参与语言和非语言两种交流。尽管公共外交还在上升期，私下的秘密交流沟通仍是外交的支柱。交流技术革命有削弱外交官作用的趋势，这是因为它使得政治领袖间的直接交流更为容易，领导人常常绕过外交部门对国际事件做出即时反应。另外，外交官是准备峰会和后续跟进的关键人员，同时他们也正在适应新的传媒模式、学习从事"媒体外交"。

现在看来，新的通信技术带来的变化似乎掩盖了外交交流的延续性。然而，这些变化不能被简单理解为线性过程的累积。正如本书所示，基本维度内的变化并没有遵循单一演化的模式。它们反映了历史的偶然性，而非不可避免的目的论轨迹。而且现在，外交交流变化的程度被夸大了。信息增多和传播速度的提高既加强了外交传统的信息收集职能，又使其变得复杂化。外交仍然建立在语言和非语言交流的创造性结合之上。

尽管外交信号在传统意义上只针对明确的部分受众，具有高度的可控性，能根据受众不同变换信号，但新媒体的出现使得区分受众越来越困难。与此同时，传递信号的工具在增多。尽管如此，通信技术革命带来的变化不应让我们忽视外交交流的永恒特征。

第五章　外交代表

　　教科书中往往将代表（representation）作为外交的核心职能。在国际政治概论①和外交学专论②中，情况确实如此。早期欧洲外交著作侧重描写代表功能。例如，威克福将大使视为一国主权的首要代表，将"使馆的权利"视为主权最重要的标志。③当代外交学者指出了"代表"的漏洞："在一个讲求民主的经验主义时代，'国家化身'的观点不仅是夸大其词，而且是误入歧途的危险行径。从把民族当作实物到把国家当作目的而非手段，人们对这种做法导致的不良后果记忆犹新。"④职业外交官都经历过拥有两种以上角色所造成的身份困境。"如果双重身份彼此契合，可谓幸运之极。"⑤

　　"代表"是一个复杂且含糊的概念。在哲学、神学、艺术史、文学、心理学、人类学、符号学以及政治科学等诸多学科中，它的含义摇摆不定，说明代表是一个重要的、具有多层含义的模糊概念。有人认为代表是人类文化的必要条件，它体现了人类使用符号创造新意的能力，也是区分人和动物的关键标志。⑥代表涵盖了从艺术、戏剧化表现以及神话、魔法、习俗和礼仪象征到政治、经济和法律代表的所有行为。⑦毫无疑问，"代表"这一概念可谓"神秘莫测"⑧。一位外交学者这样说道："代表这一概念的确诡谲，却又必不可少。"⑨

　　"代表"概念的广泛性和模糊性同其词源有关。该词源于拉丁文，本义是指显露、显示或再次呈现。古罗马人最早用"代表"一词来指代先前没有的事物或某一事物的内在深意（例如，某些雕塑作品内在寓意的表现）。这一词汇只限于静态物体，并不用于人类活动。事实上，古罗马和古希腊有很多在今天被视为"代表"的政治机构和实践，但它们并没有对应的术语或概念。[10]

直到13世纪、14世纪，拉丁语中的"代表"一词才开始被用来指代人类代表他人进行活动。[11]基督教会——现代议会的前身——最早使用了"代表"一词。[12]现在，代表已成为政治科学中的核心词汇。代表可以宽泛地、概括地指两个人，即代表者和被代表者或选民之间的关系，"代表经授权开展各种体现与被代表者之间契约的活动"[13]。如果以代表为关键词进行文献搜索，会出现许多研究代议制民主与代议制政府的文章。尽管"民主并不内含代表之意，代表也不等同于民主"[14]，但这已成为该词汇在当代学界的主要内涵。有关"代表"的文章经常提及外交代表，却很少做详细阐述。但在我们看来，外交学者可以从其他语境中的代表讨论中获取有用知识。

除有关代议制民主的研究以外，委托—代理理论（Principal-Agent Theory，简称P-A理论）是社会科学中另一个专注于代表和被代表人关系，并且可以被运用到外交当中的研究分支。当一方（委托人）将某项事务委托给另一方（代理人）时，委托—代理关系随即形成。外交官显然是代理人，他们代理了委托人（统治者、政府）交予的某项任务。由于偏好不同和信息不对称，代理人追求的利益可能不同于委托人（用P-A理论的话来说，就是"推卸责任"）。委托—代理理论最初源于所谓的新制度经济学传统，人们用它来研究企业股东与高管、雇主与雇员、供货商与零售商的关系。政治科学家使用P-A理论来研究选民与议员、政治家与官僚的关系，这二者是政治代表与操控的典型案例。[15]尽管主要集中在讨论避免"卸责"的方法，例如监管、正向或负向的制裁以及行政程序等[16]，但P-A研究也关注其他的代表与操控问题，如下文所示，这些问题同外交有关。

本章将详细论述三个问题：在运用于外交时，外交代表到底是"行为"（代理他人），还是"地位"（象征他人）？外交代表具有的究竟是"指令委托"（imperative mandate）还是"自由委托"（free mandate）？为了达成使命，外交代表需要在何种程度上受到指令或者指示的限制，又在何种程度上可以为了实现委托人的目的而见机行事？在此，象征他人表态意味着委托人的化身或象征性代表。

一、行为：代理他人

外交官常常被拿来同其他代表别人的职业来做比较，例如律师。代表政治实体统治者的外交官似乎代表前者的利益，正如其他专业人士代表他们的委托人一样。[17]律师和外交官"都要站在委托人的角度上寻求其利益，并担负着辩护的任务"[18]。同律师一样，外交官会站在专业角度，尽其所能说服委托人，并在遭受失败时以及委托人的目标违背律师/外交官职业道德时考虑如何抽身。[19]

人们需要"代表"是因为他们本人无法到场或者缺乏必要的技能。找代表替他人行动意味着后者"通过"代理人行动。委托代理的需求正如同寻求建议的需求一样。"没有人事事精通，也没有人能随时出现在任何地方。"[20]这对政权统治者来说更是如此。人们使用某些标签来形容外交官。例如，源于拉丁语动词"ambactiare"（奉命前往）的"大使"（ambassador），或源于拉丁语"legare"（派遣委任，表示奉命前往，由上级委任或者具有官方身份）的"代表"（delegate）。这说明外交代表由来已久。随着外交官职衔的降低，代表的功能自然也逐级减弱。因而，"使节"（法语为"envoyer"）、"使者"（拉丁语为"emittere"）仅仅是指带着使命或身负重任的人。[21]

然而，不论是外交术语还是外交代表方面的研究都没有就代表之为代表的标准、限制或是行为给出明确说明。"学者们认识到，代表和委托人间一定存在着某种联系，但难点是如何在描述中说出具体的联系。"[22]

关于代表的恰当行为引起了广泛讨论，在代议制民主研究文献中，争论尤为激烈。争论的焦点是代表所具有的是"指令委托"还是"自由委托"。[23]委托—代理（P-A）理论将其视为对代表的限制程度问题。外交中也有这种"授权—独立"的争议[24]，即代表到底应该完全按照选民或委托人的意愿行事，严格遵循授权或后者指令，还是应该为委托人的利益和福祉灵活应对？

（一）指令委托：问责制

主张指令委托的理论家认为，代表只有完全遵从委托方的指挥才可称为真正的代表，任何自行处理、未加请示的行为都是越权。他们认为代表是"纯粹的"代理方，是委托方的替代者。这种外交代表的观点由来已久。但是，也有学者认为："现代外交官不仅仅是电话另一端机械地记录长官命令的书记员。"[25]在中世纪的欧洲，情报科是指令委托的典范。有人曾这样评价："情报员就是信使、传话筒、上级命令的代言人，他必须一字不差地传达上级指示。"[26]使节们有丝毫违背其君主指令之处就会置自身于危险之中。

在古代近东的外交文献中仍留有此类狭隘授权的证据。在公元前16世纪的《赫梯条约》[1]中，赫梯王国的图达里亚二世（Tudhaliya Ⅱ）曾写信给基祖瓦特那（Kizzuwatna）国王苏纳斯苏拉（Sunashshura）：

---

[1]《赫梯条约》是公元前约1500—前约1200年间小亚细亚半岛强国赫梯国王与古代近东地区其他诸如埃及法老等大小国家统治者和赫梯国王的封侯们之间签订的条约。参见李政：《赫梯条约研究》，昆仑出版社2006年版。

陛下，我的意见都写在使者携带的那张纸笺上。如果使者向您转述的话与纸笺上的内容有丝毫不符，苏纳斯苏拉国王，请千万不要相信该使者和他的恶意转述。"[27]

责任是有限授权代表的一个重要特点。根据这一观点，一名代表必须最终向其委托人负责，外交代表也是如此。最近，一名资深外交官在介绍治国才能和外交时指出，作为代理人的外交官不仅需要将其个人利益置于所代表的委托人之后，还意味着任何外交成果都要归功于代理人的委托人，但外交失败应该归咎于代理人。[28]

将外交代表视为负责任的代理人在历史上也有据可查。例如，古希腊使节在完成任务后都要接受账目审计。事实上，雅典审查使节的严苛到了无人愿意从事使节工作的程度。[29]审计具有经济学的一面，用一位美国观察家的话来说，希腊的公民大会"就像当今的国会小组委员会或国务审计署一样，详细盘查归来使节的一切账目开支"。[30]伟大的演说家狄摩西尼曾多次出使外邦，然而照他所言，外交使节还要承担更多的责任，他们要经历五项审查，包括："使节的汇报内容、根据汇报内容提出的建议、上级指示在多大程度上得以执行或被逾越、使节的建议或行动是否给两国关系造成影响，以及使节是否在外国收受贿赂。"[31]如果外交任务执行不当，使节甚至要上法庭接受审判，但所幸这种情况并不常见。[32]在古罗马，外交使节如果超越权限就会遭到弹劾。[33]

中世纪欧洲也存在外交官因越权而遭谴责的例子。例如，15世纪的威尼斯就有许多因外交使节刚愎自用而造成的纠纷。威尼斯议会对外交事务采取了严格的控制，如果外交使节自行做出外交让步的决定，那么议会将督令其撤销该决定，或撤换这名外交使节而改派他人。[34]

我们能很容易找到外交官因越权被追责的现代案例。由美国总统卡特委任的前美国驻联合国大使安德鲁·杨（Andrew Young）就是一例。这位直率的大使经常公开谴责英国制度化，甚至"发明了"种族主义；他赞扬古巴军队为安哥拉"带来稳定"；将苏联的政治异见分子和美国的"政治犯"做比较。在未经授权便与未被承认的巴勒斯坦解放组织（PLO）会面后，他在1979年被迫辞职。㉟另一个例子是在2004年被解雇的英国驻乌兹别克斯坦大使克雷格·默里（Craig Murray）。默里可谓是"世界上最不具外交素质的外交官了"，他在一封遭泄露的电报中曾批评英国军情六处（MI6）和美国中央情报局（CIA）在反恐战争期间使用的乌方情报是刑讯逼供所得。㊱

另外一个不那么耸人听闻但更典型的追责案例是1982年的"林中漫步"事件。1982年夏，美苏的军控代表保尔·尼采（Paul Nitze）与尤力·科维辛斯基（Yuli Kvitsinsky）在瑞士侏罗山脉举行谈判，达成了一项"一揽子"协议。两位经验丰富的外交官私下约定，将这项协议称作"为两国政府利益考虑的试探性一揽子协议"。他们二人同意一旦该协议在国内遭遇阻碍，就将责任推到对方头上。科维辛斯基说："如果你回国后这项协议遭遇否决，你就告诉国会这是我的主意；我也会向上级报告这是你的意见。"然而，华盛顿方面认为该协议严重背离美国的官方立场，尼采违背了原则。最终，里根总统否决了该协议。后来，科维辛斯基告诉尼采，苏联领导人曾严厉斥责他串通美方代表，并暗示苏联会签署该协议。两位外交官不得不在更严苛的指令下继续谈判，谈判最后无果而终。㊲纵观历史，我们还可以找到其他鲜为人知的、因谈判代表越权向对方让步而被追究责任的案例。

P-A理论告诉我们，委托人的责任就是监督和制裁问题。为了确保代理人不违背委托人的命令，委托人需要对他们进行监督，并做好准备惩罚越权行为。委托人应该提前向代理人表明惩罚的依据和特点。

指令委托意味着，当外交官不赞成其政府的政策时，他有权抗议并说明反对理由，但最终必须坚定地捍卫政府立场。另一种选择是调离或请辞 1945—1947年担任过美国驻波兰大使的亚瑟·B.雷恩（Arthur B. Lane）不仅辞了职，还在1948年出书对美国政府未在苏联控制波兰问题上采取强硬立场提出尖锐批评。[38]1958年，美国驻印尼大使因强烈反对政府委任其执行的一项任务要求调离，后来转任美国驻捷克大使。[39]2003年，为抗议布什政府准备向伊拉克开战，包括约翰·布朗（John Brown）、约翰·布莱德利·基斯林（John Bradley Kiesling）在内的一批美国高级外交官集体辞职。[40]

实际上，外交官不仅对委托人负责，而且还要对驻在国政府负责，后者可以宣布其为"不受欢迎的人"（persona non grata）。从外交官严重违反外交礼仪的界定到解除大使职务，不同国家在不同历史时期对此的敏感程度不尽相同。

> 1584年，西班牙驻伦敦大使密谋废除伊丽莎白女王，扶植苏格兰的玛丽女王。计划败露之后，他被告知即刻上交护照，出境，不得延误。三年之后，法国驻伦敦大使被指控试图刺杀英女王。然而，这一次，英女王没有下驱逐令，而只是向他就大使职能问题宣读了一份措辞严厉的讲话稿，警告其不可再犯。[41]

1606年，神圣罗马帝国驻威尼斯大使身陷丑闻——他在住所开妓院、造假钞、杀死自家的管家还企图弑妻——威尼斯议会要求撤销其大使职务。[42]美国历史上常有要求召回大使的案例。遭到美国驱逐的外交官包括1792年因武装私掠船只袭击英国的法国公使、1809年因冒犯国务卿遭驱逐的英国公使、1891年因公务和私人行为不端遭驱逐的俄国公使、1898年因在私人信件中用轻蔑语言描述美国总统遭驱逐的西班牙公使、1915 年因被曝煽动美国工人罢工遭驱逐的奥地利公使等。⑬

其他国家驱逐外交官的例子包括：1976 年，因被发现散发反对萨达特总统的传单，利比亚驻埃及大使遭驱逐；同年，朝鲜驻斯堪的纳维亚的多名外交官因大量走私、贩卖毒品、香烟和酒也被驱逐出境。⑭

从上述例子中我们可以看出，很少有外交官因个人冒犯而被列为"不受欢迎的人"。1952 年，美国驻苏联大使乔治·F. 凯南在柏林度假时会见记者，用罕见的生动语言将苏联政府比作德国纳粹政府。此言一出，苏联政府立即宣布其为"不受欢迎的人"，美国政府随即以"政策咨询"⑮为由将其召回。

（二）自由委托：授权制

主张指令委托的理论家将一般代表，特别是外交代表视为行为受限的代理人。与此相反，也有理论家将代表视为行动自由的代理人、受托方或最好不受干扰地处理事务的专家。⑯这里，界定代表和委托人之间关系的关键词是授权，而非责任。代表是指被授权采取行动的人。

> 这就表示，代理人是接受委托人的授权而行动，因而被赋予了行动的权利，而委托人要为其代理的行动后果负责。这种观点站在代理人的利益一方，加强了其权利，减轻了其责任。相反，委托人的责任则大大增加，权利则相对减少。⑰

指令委托理论认为，外交代表应该严格遵循问责制。然而，自由委托理论认为，外交代表应是自由的、可信任的人，委托人应该任其自由行事。因此，委托人和代理人之间的关系不应是问责制，而应是授权制。

问责制理论强调代理人的责任与义务，而授权制理论则认为委托人应该为代理人的行为负责。"授权制理论则认为委托人权利受限，代理人相对自由；问责制恰恰相反。"[48]例如，马克斯·韦伯就认为，代理的行为是有约束力的、为他人接受的合法行为。[49]

毫无疑问，统治者授权使节代其行动是外交的核心要义。古代近东史中的外交使节就已经有自由行动权（discretion）了。两族联姻的谈判极其重要但又细节繁杂，两国君主间的手信仅仅是外交的开始。赫梯使节前往亚述时甚至会携带两封君主的手信——一封求和，一封宣战，在经过几轮谈判之后，由国王授权的使节会根据自己对形势的判断来选择递交哪一封信。[50]

在古希腊，全权使节（autocrator）是被赋予"全部权力"的使节。向一个城邦国家派遣全权使节代表向其致以最高敬意。[51]在中世纪，由于时间和地缘的限制，使节需要经常往返于派遣国和驻在国之间。代理人（procurator）的出现解决了这一难题，他可以代表本国政府进行谈判、达成条约共识，这也是全权大使的前身。[52]13世纪的代理人不再受繁文缛节所限，由君王签发的任务授权书给了他们大量灵活应对的空间，使其可以自由施展外交才华。[53]为了彰显外交官的自由授权，有时也会出现冗长的职务名称。1701年，英国就派遣过一位"特命全权合法代理使节"。[54]

举例证明野心勃勃的外交代表能使委托人陷入困境一点也不难。1470年，威尼斯议会谴责了斐迪南（King Ferdinand）国王的大使菲利普·科拉里奥（Filippo Corrario）越过权限擅自签订条约。由于斐迪南国王拒绝更改协定，威尼斯在外交上陷入了窘境。[55]在中世纪外交中，尽管使节们时常超越使命、自由行事，但是君主们只在极少情况下愿意为其负责。[56]

最近的一个案例是瑞典外交部关于 1945 年 1 月失踪的瑞典外交官拉乌尔·瓦伦堡一事的处理。苏联方面称发现了瓦伦堡并将其收押在驻布达佩斯军营中，而瑞典则称苏联并未透露瓦伦堡的具体下落，要求苏联外交部给出确切情报。在未收到本国外交指令的情况下，瑞典外交官斯达芬·瑟德布罗姆（Staffan Söderblom）在 1945—1946 年多次宣称瓦伦堡已在战争末期的一场事故中丧生。这一"说法"甚至传到了斯大林那里，无疑给瑞典外交部营救瓦伦堡带来不便，也难以让苏联为其失踪负责。[57]

从外交代表的授权制理论来看，委托人与代理人之间的分歧更难处理，处理方式也不如问责制理论那样清晰明确。1620 年，著名西班牙学者、朝臣和外交官唐·璜·安东尼奥·德·维拉撰写了题为《大使》的著作，该书被翻译成法文和意大利文，成为此后一百年里怀揣外交抱负的外交官们争相传颂之作。他在书中提出了一个历时已久的问题：

> 大使应该对君王和本国公众履行何种职责？他又该对派遣委托人履行何种职责？大使应该如何处理两种职责相悖的情况？大使认为本国政府的外交命令与国家真实利益相冲突时，如何应对？如果外交指示与他个人的荣誉、派遣国法律乃至和平要义相悖，大使又该如何选择？[58]

中世纪初期的作者宣扬的是外交使节无条件忠于、服从上级命令，但是德·维拉发现了一种困境："外交使节独自远在异国，因此，他既无法忽略命令自行其是，也无法在本国利益不受损失的前提下辞职了事。这引发了外交上的道德难题。"[59] 德·维拉对此的部分回答是，大使必须始终牢记其终极目标是维护和平；其他作者认为，如果委托人的指令违背道德律令，则外交官不必遵循。[60] 一个世纪后，弗朗索瓦·德·卡利埃提出，只有当外交指令"违背上帝的戒律或正义之法"[61]时，外交官才有权拒绝服从。

在实践中，过去的常驻使节经常会收到前后矛盾或不确定的命令。有些外交官对此无动于衷，但有些就勇于运用自己的外交智慧来解决问题，这也给上级和他们自己带来了极大的风险。[62]类似情况在今天也存在。有些大使在允许的范围内运用自己的外交智慧处理问题，有些大使担心越权、行事被动，从而错过了解决问题的机会。[63]

因此，外交中的命令——独立之辩还在继续，对一名现任外交官而言，这一点确实令人沮丧：

> 公众认为外交官只是上级指示的简单执行者；而外交官有时发现自己成了本国外交失败的主要负责人。可以说，外交官身后常常毁誉参半。[64]

但是，正如多数分析人士所言，其他领域的代表也存在这一困境。在现实生活中，受限、负责任代表的"指令委托"和完全授权的"自由委托"这两种极端情况都不常见。外交官既不想成为传声筒，也不想享受完全的行动自由并承担所有责任。最理想的情况是介乎二者之间。行动自由有助于外交官以非正式方式提出自己的观点，而制约则有助于谈判。"要说一位外交官受制于指令，或无权作出承诺，这或许是真实的，或许不是，但如果能在不作任何承诺的前提下试探到对方的立场，这也不失为一种行而有效的方法。"[65]

就代替他人行动而言，代表最好被理解为一种过程而非静态的关系——这与本书的总体路径相一致。代表是一种委托人和代理人之间的互动过程。[66]有学者指出，卡尔·波普（Karl Popper）提出的两个互动、相互影响的"弹性控制论"可以帮助我们理解这一互动关系，同时这也表明用更具体的语言去定义代表是何其困难。[67]

（三）委托—代理关系的动力

在外交领域，实行自由委托还是指令委托归根结底是由接收到的指令的性质和功能决定的。如上文中案例所示，外交官的自由或权限尺度在历史上不尽相同。这种差异部分是交通与通信技术发展导致的。我们有理由认为，早期外交官的权限与自由受束缚是由于交通不便导致信息传递缓慢。但是，也有人提出，过去的信息传递缓慢反而给了外交官充足的时间发挥自己的外交智慧，但现代外交官没有这样的便利。⑱无论外交官与其委托人之间的空间距离有多远，新的通信技术都可能使指令变得更具体、更频繁。⑲一位大使就抱怨道：

> 即时通信已经将所有外交机构转变为总部的分支，将机构领导人转变为分支部门的经理。机构运作的一切细节都难以逃出总部的指令，即使关键因素是驻在地实况，而对其了解最深的是大使。⑳

不过，也有资深外交官认为："由于通信更加便利，大使可以更多地参与决策过程。"㉑"如果说现在大使可以在一日之内收到多个指令，在离开外长办公室后几分钟之内就收到指令，那么他也可以用同样的方式和速度发表观点，从而影响外长的决策。"㉒简而言之，技术发展对委托—代理关系的影响似乎并不清晰。

影响较为明显的另一因素是外交代表是受单一的个人委托还是集体委托。委托—代理理论谈到了这一问题，特别是多个相互竞争的委托偏好可能为代理人带来更多的自主性。当委托人们对代理人应如何处理事务、是否需要制裁等问题意见相左时，代理人就有了更多的行动自由。㉓以此类推，单一主权行为体留给外交官的回旋余地就比现代民主国家中不同行为体、不同机构发出的模糊指令要少得多。现代外交官常常发现自己"被夹在不同选民的不同意见之间"[74]。保罗·夏普写道:"民主价值的觉醒令更多代表意见得以出现,但同时也令任何一项意见都难以实现。"[75]这可谓是对现代外交的讽刺。

在委托—代理理论的描述中,民主国家将外交代表置于多个委托—代理政治链的末端。举例来说,在议会民主制国家,选民是终极委托人,将权力授予选举产生的议员。议会是政府的委托人,首相(或执政党)是政府的委托人,将专属权限授予内阁大臣。外交部长则是所有外交代表的委托人。所以,从外交官的角度看就会出现一个问题:谁才是他真正的委托人?他到底该向谁负责?当选民、议会、政府或某位内阁大臣意见不合时,外交代表应忠于哪一方?美国驻伦敦大使约翰·莫特利(John L. Motley)就是一个典型的例子。在其1869—1870年任职期间,他不听从其上级国务卿的指示,只遵循参议院对外关系委员会主席的指令,结果遭格兰特总统解雇。[76]

委托人和代理人之间有多个链条不仅可能给外交代表自身招来麻烦,也会令谈判对手陷入两难,后者不知道和他谈判的代表是否能够完全代表其委托人。哈罗德·尼科尔森指出,威尔逊总统在1919—1920年的巴黎和会上同时扮演了委托人和代理人的双重身份,这是"痛苦而又尴尬的不完全代表"的典型案例:

> 一方面,威尔逊是美国最高行政长官,他的资格毋庸置疑;但另一方面,威尔逊不能完全代表美国最高权威——该国选民。这给必须同威尔逊谈判的人们带来了极大的困境。他们不能说威尔逊代表不了美国,因为理论上他确实有这个权利;但他们又感觉威尔逊不能代表美国的最高权威,因为他的确代表不了。[77]

这并非新问题。如果不能确定外交代表签署的条约能够被其委托人兑现，谈判一般就会失败。在古希腊的外交中就经常碰到像今天美国使节遇到的麻烦。事实上，有人曾说，古希腊外交的一大败笔就是不确定性[78]，以及未能通过有效执行外交政策来缓和公众的民主监督[79]。比如，看看狄摩西尼是如何抱怨古希腊外交的委托集体的：

> 首先必须通知议会（council），通过一项临时决议，这时还需等待传令官和大使递交书面照会（note）。议会通知召开公民大会（assembly），而且只能是在法定日期。演说家必须在傲慢、腐败的对手面前证明自己的立场。即使完成了这些冗长的程序，也做出了决议，还要浪费更多时间制定财政支出决议。在这种情况下，大使行事拖沓，错失了很多良机，更严重的是，这剥夺了我们对外交事务的控制权。[80]

无论如何，今天的外交官需要自己判断评估应该如何执行民主体制下集体委托的指令。一位资深的美国大使这样说道：

> 大使必须判断一项指令是否存在自由行动空间以及自由行动的程度；他还需要判断这些指令代表了政府高层深思熟虑过后的意见（体现了真正的共识），还是某一机构基于自身需要所作的仓促决定；一旦外交官确定了指令的重要程度，他就必须制定最佳的执行方案。[81]

由此可见，在实现委托人利益的过程中，外交代表有着较大的自由空间。经验丰富的大使们阅读指令时十分审慎，而且须常常发挥自己的外交才能与本国外交部周旋。一位资深的瑞典大使曾说："最明智的指令由你自己所做。"方法就是，在写给本国政府的行动计划的最后写上："如不立即回复反对意见，将按上述方案执行。"[82]

我们应该认识到，委托人和代理人的关系依靠的是双向交流和相互影响。代理人所代表的委托人的利益很少固定不变。相反，"利益是在代理人与委托人互动中建构而成，并且受代理人对外界事物的超常知识（superior knowledge）影响"。因此，外交官向外交部提交的报告以及政策建议能够对政府的外交政策发挥决定性作用。1946年，乔治·F.凯南的"长电报"就是典型案例。他奠定了对苏遏制政策的基础。在危机处理过程中，外交官能够为政策制定者提供重要建议。古巴导弹危机期间，曾担任总统顾问的美国驻苏联大使卢埃林·汤普森（Llewelyn Thompson）发挥了关键作用。罗伯特·肯尼迪（Robert Kennedy）回忆道："汤普森关于俄国人的建议和对其行为的预测与实际情况分毫不差"，汤普森对美苏关系的见解更是"无出其右"。

外交官代表特定的委托人与其他人交往。这一点和其他类型的代表完全一致。"正如肖像画是连接被画者与看画者之间的媒介一样，代表就是委托人和被委托事务相关方之间的媒介。"在这一点上，借用组织理论的术语来说，外交代表在其中发挥"边缘角色"（boundary roles）。作为内在系统与外在环境的中间媒介，扮演边缘角色的第三方不仅要代表内在系统与外在环境进行沟通，还要代表外在环境向国内反馈情况。作为边缘角色，大使特别容易陷入角色冲突，因为多种角色预期之间的分歧而身陷囹圄。

这个问题换一种表述方式其实就是，外交官应该代表哪一种委托人的形象。"委托人至少有两种形象：一种是自我认知的形象，另一种是他人眼中的形象。这两种形象都可以被代表。"当然，外交官的一项重要任务就是向本国政府汇报驻在国政府眼中的本国形象。与此同时，随着外交官对驻在国了解的加深，他的立场可能会偏向驻在国一方，这被称为"亲驻在国"（localitis）或者"驻地化"。为了避免出现上述情况，各国外交部定期轮换外交代表，并对驻外期限做了严格规定。这一点恰好证实了委托—代理理论的观点——"委托人利用行政手段防止代理人怠工"。

最后，外交代表的特殊性与委托人的性质密切相关。现在，我们默认外交官代表的是一国政府。但是从历史的角度看，我们已放宽了这种主流观点的范围，将统治者也包含在内。例如，我们知道在中世纪的委托人和接收人的种类五花八门，有政治、商业层面的，也有宗教层面的。[90]到13世纪、14世纪，上至国家君主、自由城邦、封建贵族，"下至城镇、大学乃至手工业行会都可以指派正式的准外交代表，却很少有人质疑其权利或者认为将其称为代表显得诡异"[91]。尽管那时常驻使节制度还未发展成熟，但亚历山大、耶路撒冷和安提俄克的主教都在君士坦丁堡的宫廷里拥有永久代表。[92]可以说，它是文艺复兴时期的常驻使节制度的前身。[93]

在当今世界，委托人的性质变化以及数目激增导致了代表扩展问题（broadened representation）。今天，除政府之外的其他委托人也参与到国际关系中，因此也需要外交代理人。打个比方，如果缺少合法的全球货币交易代表或者全球非政府组织共同体，国家与重要的国际行为体互动的能力就会削弱。

> 这等于是代表的危机，现有机制对此完全无计可施。在新的活动领域成为有组织的权力核心，并像后者那样派遣代表与外界接触之前，这一问题只会不断恶化。[94]

二、地位：象征他人

经典符号学曾做出定义："代表就是这样一种象征关系——他人把代表当作其委托人接洽，以实现特定的目标。"[95]中世纪与古代一样，人们都普遍接受一对一交往（one-for-one correspondence）的代表观念。"中世纪时期，大使代表其国家指的就是，大使在驻在国等同于君主或者是君主的化身（在有些典籍中就是字面意思）。"⑯尽管这种观点在今天十分罕见，但现代外交豁免原则正是源于私人代表观念。古代外交代表之所以神圣不可侵犯，是因为"驻在国政府将其视为如同君主亲临"⑰。彼得·巴伯（Peter Barber）认为："在正式场合，大使理论上已经转变成掌权者。"⑱豁免权的依据是外交官享受主权者的权利和优先权，主权者体现国家，主权者的代表亦如此。⑲

直接交往的说法并未完全消失。美国迟至19世纪末才开始任命大使，原因之一就是美国民众将大使视为君主的私人代表。⑳可以说，甚至在现代社会，外交官也必须保留某种一对一交往时期的遗韵，来捍卫其代表国家。㉑

如果不是私人代表，那么外交官和议员一样都具有双重代表方式。从字面意义或描述的角度而言，外交官反映或体现的是其祖国，而议会议员精准体现的是社区、公众舆论或不同的社会利益团体。㉒这种代表观点在外交当中并不普遍。在有历史记载的多数时期，外交使节代表的是统治者个人而非整个社会团体，并且也未必来自统治者所属国家。在晚期的拜占庭外交中，地中海东部的多数外交官是希腊人，却在为土耳其、梵蒂冈或十字军效忠。㉓到了19世纪，外交官由贵族担任，他们效忠的对象常常从一国君主变为另一国君主。因此，1815年俄国沙皇亚历山大一世率领前往梵蒂冈教廷的大臣与顾问中就包括日耳曼人、希腊人各两人，克罗地亚人、瑞士人、波兰人和俄国人各一人。㉔一些声望显赫的外交官，比如波兰的瓦斯基（Laski）、西班牙的林康（Rincon）、匈牙利的弗兰基潘尼（Frangipani）等都在其职业生涯中为多个国家的政府工作过。㉕直到19世纪晚期，一些欧洲国家才抛弃门第之见,将外交才能与国籍要求作为招募外交官的主要标准。

直到近些年,这样一种观点在一些民主国家才开始流传,即外交官应该准确体现他们代表的社会,或体现该社会的特点。例如,《1980年美国外交人员法》(US Foreign Service Act of 1980)开篇就写道:外交工作必须"代表美利坚人民"[109]。像瑞典这样的移民国家,其政府近来试图通过影响外交官招募,使外交团队更好地体现本国多元族群社会的特点。

然而,迄今为止,对代表象征他人最普遍的理解是象征性代表(symbolic representation)。就像国旗一样,外交官也是国家的象征。15世纪的卢多维科·斯福扎公爵(Duke Ludovico Sforza)曾提出一个有趣的弓箭理论。他说:"君主是弓,外交官是箭。箭的质量好坏是区分良弓、劣弓的主要标准。因而,外交官的水平高低是决定君主外交成败的重要标准。"[107]外交官是"向驻在国政府与人民展现本国传统和文化的集中表现"[108]。从这层意义上来说,代表是指"外交官通过其人格、风貌、热忱和学识努力展现本国的优秀品质,并同该国维持良好关系"[109]。

象征性代表还须得到关键受众的认可。[110]从这个角度看,对大使而言,代表的成功与否不取决于他个人的言行或他是否与政府声明保持一致,而取决于他人,即接收国政府对他的评价。例如,以色列政府在2001年提名迦米·吉伦(Carmi Gillon)为该国驻丹麦大使,遭到丹麦方面以及国际人权组织的强烈抵制。吉伦曾担任以色列国内情报机构辛贝特(Shin Bet)的负责人,也曾承认虐待阿拉伯嫌犯。因而,在许多丹麦人的眼里,吉伦在阿以冲突中代表的是粗暴立场。不过,丹麦外交部后来还是接受了他的任命。

历史上还有一些接收国拒绝特定使节(用外交术语来说就是

"拒绝接受")的例子。1891年，中国政府拒绝接受美国参议员亨利·W. 布莱尔作为驻华公使，因为他早前反对中国移民进入美国。1913年，墨西哥拒绝接受詹姆士·W. 杰勒德为使节，因为杰勒德的矿场被控虐待墨西哥劳工。1922年，美国拒绝接受安德里亚斯·赫尔梅斯（Andreas Hermes）担任德国驻美外交使节，因为赫尔梅斯在德国任职期间被控诈骗。为了避免此类纠纷，派遣国和接收国开始就派驻的外交代表进行事先沟通。[⑪]

代表的有效性取决于他人评价还意味着外交官不仅是本国政府的象征，还承载着其他象征意义。20世纪70年代，前英国驻乌拉圭大使杰弗里·杰克逊（Geoffrey Jackson）遭当地游击队绑架，绑架者称杰克逊"象征着新殖民主义体制"[⑫]，因而他要替这种制度接受惩罚。占领使馆、绑架人质、暗杀外交官等一系列行为充分体现了象征代表的脆弱性。1968年，世界范围内共发生了11起恐吓外交官的事件；1982年，这一数字增长到了189起。1968年，两位外交官遭暗杀；1982年，被暗杀的外交官人数增至21名。[⑬]1968年，美国驻危地马拉大使在被绑架后遇害，此后，美国、英国、日本、比利时、瑞士和德国在内的多国外交官遭绑架。[⑭]袭击使馆而非外交官个人的案例可以追溯至1958年。阿卜杜·卡西姆（Abdul Qasim）将军武装夺权后，英国驻伊拉克首都巴格达的大使馆被一伙民众烧毁。中国"文化大革命"期间，西方国家的驻华使馆也曾遭袭击。1979年，美国驻德黑兰大使馆被占领长达一年之久；1998年8月，美国驻肯尼亚大使馆、驻坦桑尼亚大使馆同时遭到炸弹袭击，这些骇人听闻的事件反映了外交代表一直以来的脆弱性。一位外交官悲观地感叹道："使馆不再是国家地位的象征，而成了绑架袭击的目标。如果将外交官描述成其祖国的在海外忍气吞声的老实人，显然他的作用就消失殆尽了。"[⑮]

这使我们想起了古代中东信使的危险处境，他们常常途经人烟稀少之地，路上危险重重，在携带有价值连城的随信礼品时更是如此。[116]而且信使回国要征得驻在国的同意，他们的食宿由驻在国提供，还常常被扣留。[117]在拜占庭外交中，大使就是为其政府行为负责的人质。在同土耳其人开战后，驻君士坦丁堡的敌国大使立即被投入耶迪库勒的七塔监狱。[118]在中世纪欧洲，由于境外旅行和常驻风险甚高，统治者往往难以招募到驻外使馆人员。例如，1271年，梵蒂冈颁布了一项法令，对逃避外交服务的人员课以重罚。1421年，佛罗伦萨也出台了类似的法令。[119]

不过现在的外交官和使馆的脆弱性同过去大不相同。因为对不同群体而言，外交官及其馆舍（premises）代表着它们敌视的国家或"主义"，这种"象征他人"的性质不再成为豁免的理由，反而成了政治暴力的借口。外交代表不再象征神圣不可侵犯，而成了屡遭袭击的目标。

不过，外交代表的象征作用也有积极的一面。外交代表的一个重要属性就是其所代表的不只是一个或多个代理人，还代表了某种观念。例如，外交官兼学者亚当·沃特森认为，一直以来，外交官的指导思想不只是"国家利益至上"，还包括"体系利益至上"。[120]外交官往往被描述为和平或国际秩序的代表。一位作家将外交称为"天使游戏"，意思是说，外交官"不论国籍，都肩负着对外交行业和彼此朝着最艰难的人类目标——公正、全面与稳定和平——迈进的使命"[121]。人们或许有这样的疑问："外交官是否应该先为世界和平服务，再为本国君主服务呢？"[122]有人说"外交官眼里的世界利益高于本国利益"[123]，外交官甚至感到他们的职业道德促使其应"确保国家构成的国际体系得以延续和发展进步"[124]。虽然促进外交行业这种言辞听上去可能有些过时，但是人们期望这种观念可以延续下去。

世俗主义（secularism）与国家主义大大推进了外交职业发展，但并未颠覆外交对和平的追求。的确，促进和平与服务各自国家的共同义务已成为外交行业的重要标志，强化行业意识、同政治领导保持一定距离是外交官们的共同之处。[128]

外交代表的这一特点意味着，外交人员不仅需要应对集体代理人，以边缘角色身份来平衡多元的角色预期，还必须平衡"强化、促进'我们'的外交和发展潜在的人类共同体的外交"[129]。简而言之，这是外交的普遍主义与特殊主义相协调的一方面。

三、结语

本章我们分析了代表在各种语境中的不同含义，以加深我们对外交代表的理解。具体而言，我们发现关于代表"完全不现代化或仅限于民主国家"[132]的著述十分有用。相反，许多外交学者指的是外交代表功能的不同方面，一般的教科书为外交代表列出了一个概念框架，帮助我们进一步分类、整理相关理念。

最重要的经验是，"代表"不是一个静态的概念，而是动态的概念。正如前文所言，对代表的最佳理解是委托人和代理人之间的互动过程，而不是一种隐约静态的关系。外交代表产生了指令委托和自由委托、问责制和授权制的多种组合。外交官代表委托人行事，同时也是他们的统治者、国家以及某些观念的象征。

外交史中的委托人—代理人关系变化并不遵循单一模式。委托人的属性，特别是统治者个体或统治集体的差异，具有明显不同的作用。故而，较之于古代近东地区和中世纪的外交官，古希腊以及当今民主政体下的外交官享有更多的自由。通信技术的迅猛发展也对委托人—代理人关系产生了影响,尽管这种影响更多时候并不清晰。人们还在争论,迅捷的通信手段到底给外交官带来了更多的自由还是限制。外交代表不同于其他领域代表的一个重要方面就是外交代表的双向负责制。外交代表不仅要向本国政府负责,还要向驻在国政府负责,发挥纽带作用。于是,他们需要赢得两国领导人的信任,也容易因此招来怀疑。

第六章　国际社会的再造

在第二章中，我们提出认同变化论（flux）。我们认为，稳定与变化同属自然现象，都需要阐释。国际社会及其合法化原则可以根据它们在普遍性与特殊性之间的定位来界定。本章的重点是外交在解释国际社会相对稳定性方面的重要性。也就是说，我们认为外交是国际社会再造的关键因素。外交既实现了普遍性与特殊性之间的平衡，也反映了这种平衡关系。换言之，外交的制度化意味着普遍主义与特殊主义之间任意给定平衡的制度化。

在第二章中，我们详述了国际社会的概念。本章通过"国际社会再造"来理解政治实体作为政治和社会实体的过程。"再造"一词源于考古学①，却被用于国际关系②。回顾对国际社会的分析，我们需要明确，哪些机制促使各政治实体就"制度性上层建筑"达成共识。本章将重点讨论外交承认与社会化两种机制。

在外交、国际关系和国际法中，"承认"一词由来已久。由于这一概念出现于近代，本章将在下文中回顾这一概念在法律和技术层面上的细微差别。必须指出的是，即使在日常用语中，"承认"一词也具有双重含义。两种含义虽然难以泾渭分明地区分，但都具有重要意义。承认的第一层含义是接受。承认某一国家或个人，就要视其为同类，以平等地位对待。但承认的另一层含义先于第一层含义：最根本的问题不是"我是否接受他者"而是"他者是谁"。这是一个存在性或认识论的问题。或许，"X 国是否该承认 Y 国"和"我们是否承认某一国家"这两个问题可以反映出这两层隐含意义之间的差异。

承认的双重含义对人际交往以及国际关系都异常重要,但二者还存在差异。

> 在人际交往中,人们遇见后就相互承认,而后才考虑双方的互惠关系。在国际关系中,国家间相互承认之后才能建立"正式"关系。③

也就是说,在国际关系中,承认是国家间互惠往来的首要条件。历史上,外交承认的原则历经变迁,直接决定着外交成果与国际社会再造,并且在排他性和包容性之间徘徊。例如,如果人类享有道德伦理权是因为只有人类拥有灵魂,那么这种观点就具有排他性;如果这种说法改为所有能够感受痛苦的高等生物都享有道德伦理权,那么这种说法就具有包容性。在本章中,外交承认的主体既包括"享有一定权威或物质、道德资源的个人",也包括"遵循西方文明规则的主权国家"。

"社会化"也是国际关系理论的一个重要概念。例如,现实主义大师肯尼思·沃尔兹认为,国际体系结构发生因果效应的两种机制就包括竞争与社会化。④尽管建构主义理论家亚历山大·温特(Alexander Wendt)不赞成沃尔兹的观点,但他对"社会化"这一概念给予了极大的关注。⑤

当社会化强有力时,国际社会倾向于同质性;当社会化微弱时,国际社会则倾向于异质性。本书并没有将外交视为社会化的唯一机制,也不认为社会化是导致同质性的唯一过程。研究表明,经济竞争以及备战等其他过程也必须被考虑在内。⑥然而,在塑造特定的国际社会方面,外交的作用举足轻重。正如《威斯特伐利亚和约》后形成的汉萨同盟面临的问题所示,由于缺乏履行国际条约的能力,这个经济实力雄厚但地理上分布稀疏的松散邦联同那些由领土界定的国家越来越不相容，最终被视为"不具合法性的团体"。⑦

尽管我们很容易将包容性与排他性、异质性与同质性之间的关系看成一种异质性与包容性、同质性与排他性之间的强关联甚至是因果关系（如图2所示），但需要指出的是，这四种形态都曾在历史上出现。正因如此，基督教统治下的中世纪欧洲鼎盛时期——十字军东征年代——是一个排他的异质的国际社会（不包括非基督教国家）。亚历山大大帝则试图以希腊众神的血缘关系为基础构建一个包容的国际社会，并要求那些被其承认的国家模仿希腊城邦，强迫同化它们。由此可见，外交推进了一系列国际社会的再造。下文将举例说明外交如何作用于前现代和现代国际社会的再造。

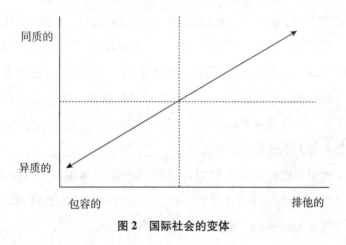

图2　国际社会的变体

一、前现代时期国际社会的再造

历史为我们呈现了两种类型的外交承认。在古代近东，"所有的国家都渴望得到外交承认"⑧，于是，"大国的君主们"就建立了一个排他的、同质的俱乐部。相较之下，古希腊"并没有常规程序规定获得外交承认必须符合哪些正式条件"⑨,希腊采取的"亲缘外交"(kinship diplomacy) 使其可以承认任何宣称属于神族后裔或史前英雄后裔的异质实体。

中世纪早期的欧洲社会(前300—1000)是一个包容的、异质的国际社会。这一"松散的政治实体联合"⑩是奉行特殊主义原则的东哥特人、汪达尔人、法兰克人、伦巴第人与奉行普适主义原则、宣扬基督世界大一统的东罗马帝国残余势力或拜占庭之间平衡的产物。尽管在8世纪前后"东西方交流路线中断",但外交仍然对国际社会的再造过程发挥了关键作用。⑪

以前,人们一直误以为中世纪早期的使馆数量很少,但最新研究发现:"这一时期使馆数量众多,地位稳固且举足轻重。"⑫有人曾评论道:"在变革时代,通过正式条约进行的国家间政治交流比战争时期还要频繁,这正是国际社会发展的主要动力。"⑬641年,拜占庭的王位继承危机充分体现了外交的重要性。当时,拜占庭皇帝希拉克略(Heraclius)去世,由于两位皇子年纪尚小,希拉克略将皇位传给了皇后玛蒂娜(Martina)。但此举遭到了拜占庭人的强烈反对,理由是"女人不能接见外国使节"⑭。

中世纪早期的使馆主要有四类。⑮第一类为本国新君登基设立。第二类为承认登基后的外国君主设立。这两类使馆的社会再造意义体现在两方面——除了明确表示"是否接受另一方为一国统治者"之外,一国还需要考虑到一旦该国君主去世,本国与其签署的协议和条约能否继续生效,这也是使馆面临的一大难题。因此新君上任而建立或承认一国使馆也是为了强调两国以往签订条约继续有效。⑯

第三、四类使馆则为纪念一些重大事件(如庆祝战争胜利、两国联姻与皇室成员出生等)和更为具体的事件(如履行条约、宣战、干涉政权与和平磋商等)设立。尽管这两类使馆并不直接影响国际社会再造，但它们促进了国际社会的形成。

中世纪早期的欧洲社会是一个包容性国际社会。除了国家元首，"主教、将军、政府高官"，甚至是城市都可以派遣或接受使节。实际上，那时在词汇上"并不存在'对内'使馆（比如省市派往中央政府的代表处）与国家间的联络使馆的区分"[17]。例如，早在5世纪，赫德修斯（Hydatius）主教记载到，苏维汇（Suevi）王国和罗马的加利西亚（Gallaecia）省间共建立了41个使馆——这些使馆主要是为了维持罗马的阿提纽斯（Aetius）将军和哥特人之间的利益关系。[18] 584年，墨洛温王朝的两位皇帝贡特拉姆（Guntram）和希尔德贝二世（Childebert II）曾试图征服图尔斯（Tours）和普瓦捷（Potiers），这两个城市最终接受了两位皇帝派遣来的使节和将领，也向他们派出了自己的使节和将领，两个城市还多次互遣使节。许多外交原则得以延续。但这里想指出的是，目前可查的记录清晰地表明，外交承认中使用过的唯一标准是对方是否对部分民众具有某种形式的权威，即使未必是唯一权威。

罗马帝国以及拜占庭帝国末期采取了另外一种独特的外交承认方式，即为外国统治者授予荣誉称号。例如，尽管阿提拉（Attila）将军从未受雇于罗马，却被后者封为"大元帅"（magister militium）。拜占庭赠送他国君主丰厚礼物体现的不单是奉承或纳贡，还是"承认他国的重要程序——不仅要考虑到后者的实际军事水平和政治潜力，而且还要考虑到其宪法和政治发展程度"[19]。

中世纪早期欧洲的外交具有社会化效应，但还不足以建立一个同质性国际社会。此外，社会化过程中的行为体——东罗马帝国——也难以模仿。然而，社会化将日耳曼人占领的土地转变成了正式的国家或政治实体。尚未开化的后起国家从君士坦丁堡学到了两个经验：一是行政管理，二是仪式礼节。[20] 罗马在查理曼大帝自封为王之后出现了分歧。他与君士坦丁堡方面都声称自己才是罗马帝国的真正继承者。"罗马这座城市未必重要,但包含着流动的神秘主义与神话理念的罗马精神可以提升它们的政治身份。"㉑尽管不再是"社会化者",但是衰落中的国际社会仍然按照罗马以及统一的基督教帝国的理念对处于其中的政治实体进行社会化。

正如在第七章谈到的那样,在开放而多样化的国际社会中,这种密集、频繁的外交从中世纪盛期持续至现代社会之初。在外交承认方面,开放性和包容性的特点也逐渐被封闭性和排他性所取代。在这一时期,两国一旦产生外交联系,就会与对方国家互设使馆,互换使节。例如,君士坦丁堡就与波斯帝国建立了稳定的外交关系。然而,大约从11世纪开始,拉丁基督教世界却建立了排他性的承认原则,只有信奉天主教及基督教的国家才能与其建交。成功收复伊比利亚半岛以后,基于宗教认同的建交行为得到了更大的发展。在8世纪、9世纪,伊斯兰国家和基督教国家还时常在半岛发生的战争中结成同盟军,共同抗敌。但是到了中世纪中期,伊斯兰国家和基督教国家的矛盾日益凸显。"十字军东征"并非为了征服或荣誉而战,而是为了回答"谁是他者"的问题。欧洲人认为,穆斯林是基督教末世论的反对者,基督徒肩负着必须使异教徒皈依的使命,穆斯林不得不反抗。任何一方都不属于另一方认可的国际社会。

就外交承认的第二维度认识论或存在维度而言,这种排他性在现代社会早期和今天变得更为重要。一个显著的事例就是人们将欧洲人发现美洲新大陆称为一场"文化冲击"㉒。在欧洲,人们的"主流观点"认为人性和历史源于具有单一本源——上帝造物(genesis)。㉓欧洲的基督教国家有一套与穆斯林和其他异教徒处理关系的方法,但是基督教哲学没有谈及如何同美洲印第安人打交道:他们不是基督徒,但也很难被当作反基督教群体——他们从未听说过上帝和耶稣。那么，如何将"联合—打倒—救赎—拯救"的基督教义套用到印第安人身上呢？换言之，现世及以往的认识"只能部分解释美洲印第安人的存在"[24]。用本书的语言来说，接下来发生之事可谓是失败的承认。[25]用当时印第安人权益卫士、著名神学家和法学家弗朗西斯·德·比托里亚（Francisco de Vitoria）的话来说："那时的印第安人和野兽没什么两样，他们都不能管好自己。"[26]于是，欧洲人一方面拒绝承认美洲印第安人为平等的他者，另一方面在承认的存在性维度上意见分裂。所以，当时的外交交流并没有超出欧洲范围，国际社会的元素尚未形成。以基督教神学及其分支上的自然法为基础的排他性立场取代了中世纪早期包容的世界观。

二、现代国际社会的再造

《威斯特伐利亚和约》为领土主权国家的出现奠定了基础。然而，几个世纪以来，国家主权观念一直备受争议。各方势力激烈争夺国家主权。"直到拿破仑时代，欧洲王室后裔和封建统治的残余势力仍然活跃于欧洲政治舞台。国王与教皇手中依然把持着不小的权力。"[27]外交继续以承认、社会化两种机制制造和再造国际社会。外交承认对确立国家地位而言至关重要；同时，它也使其他政治组织丧失了合法性。

（一）外交承认

虽然外交承认被纳入了现代国际法，但是关于"承认"的定义仍模糊不清。1943年，温斯顿·丘吉尔写信给美国总统富兰克林时提道："到底什么是外交承认？我们可以承认一个人是皇帝或是杂货店伙计。如果没有明确定义，承认就毫无意义。"[28]就连国际法律师也认为:"外交承认是国际法中最棘手的难题之一。"主要是因为:"外交承认受到法律和政治两种因素的影响,二者相互交织,难以区分。一国给予或拒绝承认时,更多是受到政治因素而不是法律因素的影响。但是这种行为总是具有法律后果。"㉙

国际法律师、外交官和政治家一致认为:一个独立的主权国家需要具备能够对特定领土和常住人口实施有效管理,并且同他国建立外交关系的中央政府。但是,有些符合上述条件的国家未被承认,而有些不符合条件的国家却得到了承认。而且,外交承认的实际条件也历经变化。因而,外交承认从根本上还是属于政治行为,下文将对此进行阐述。

法学家就外交承认的"构成论"和"宣示论"的相对优势展开了激烈争论。"构成论"认为,只有被他国承认的国家才实际存在。也就是说,承认具有构成效应。然而,"宣示论"认为:承认并不具有法律意义。它仅仅代表对某种事实的认可。㉚当今的国际法律师普遍认为,承认只是一种宣示行为,并不能构成国家。我们提出的国际社会再造理论更多强调承认的政治意义,而非法律意义。因此,我们的理论更加接近构成论。我们认为,在国际社会中,一国存在的首要条件就是得到其他国家的广泛承认。㉛

尽管国际法律师可能认为,"承认行为对实体的国际属性并无法律意义"㉜,但是承认显然会带来巨大的政治优势:"声望、国内专属管辖权、签订国际条约、参加国际组织的权利以及寻求国际援助和投资的权利。"㉝简而言之,"承认意味着愿意接纳一国成为国际社会的一员"㉞。因此,"给予或拒绝外交承认仍然是一国有效的政治武器和磋商斡旋中的重要砝码"㉟。

承认一个国家和承认一国政府有所不同。承认一国政府意味着已经承认该国的独立主权国家地位;而承认一个国家并不代表承认该国的当权政府。对一国予以承认要基于本国认定独立主权国家的标准以及本国对该国的政治评价。因此，给予或拒绝外交承认需要本国对该国是否处于有效政权统治作出判断，这也体现了本国对该国的政治认同或反对。[36]

如果一个新政府能够有效地管理国家事务，那么它就无须得到他国对其政治方向的认同。但是这也引发了"事实上的承认"和"法律上的承认"之争。[37]这些术语在技术层面并不准确，因为"事实上的"和"法律上的"意指政府，而不是承认行为；这种说法似乎暗示，"事实上的"政府不具备"法律上的"政府所拥有的法律基础。这种区别很难持续，也早已过时。[38]

由于给予或拒绝外交承认体现了本国对外国政府的政治认同或反对，许多国家干脆采取从未承认政策。当一国发生政变、政权更迭时，另一国不承认该国新政府则意味着与其断绝外交关系。20世纪30年代，墨西哥的埃斯特拉达主义就是一个典型的例子。20世纪70年代、80年代，包括美国、英国、法国、西班牙在内的一些国家也采取了同样的方法。它们并不直接表明是否承认一国政府，而是通过这种方法来暗示自己的立场。[39]

尽管外交承认在法律意义上得到了阐明和简化，但是外交承认的构成和政治用途非常多元。例如，在殖民主义时期，西方国家就拒绝承认"非文明开化"的国家；拿破仑战争时期，欧洲各国拒绝承认共和制国家；在20世纪，西方资本主义国家拒绝承认社会主义国家。[40]1776年，美国独立战争胜利之后，英国政府宣称：凡通过革命或战争而实现独立的殖民地，只有受到前殖民政府的承认才是合法的主权国家；而法国认为美国符合主权国家的标准，因此对美国给予外交承认。[41]在19世纪，外交具有欧洲"俱乐部"的特点，其他国家要想被接纳入其中就需要得到其他"成员"的选票，即承认。

1815年的维也纳会议认定：一国只有在得到其他国家，特别是大国承认之后，才具有主权国家地位。《维也纳和会最终决议》只列出了39个合法主权国家，远远少于当时实际的国家数量。[42]在1815年后的欧洲协调时期，神圣同盟将进行革命、建立共和制的政府均列为非法政府，并把它们赶出"俱乐部"。[43]而且，欧洲国家也不接纳欧洲以外的国家加入"俱乐部"。尽管同亚洲国家有商业往来，对待亚洲国家统治者的方式与对待主权国家君主类似，但是欧洲一概不承认这些国家为合法主权国家。帝国主义的目标是促进亚洲国家"文明开化"，而不是承认其地位。[44]

19世纪，西方与中国和日本的关系就体现了这种不断增强的排他性。可以说，这种关系的特点是双重失败的承认。西方国家没有平等对待中国和日本，而中国和日本也拒不承认西方国家的真实状态：实力强大、立场顽固且将在东亚持续存在。

> 欧洲与东亚的对抗并不仅是政治、经济和军事意义上的，也是文化意义上的。二者的"文明"标准水火不容。[45]

鸦片战争（1840—1842）之前，中国文化的优越地位使其不愿与西方建立平等关系。[46]鸦片战争之后，西方向中国强加了一系列不平等条约，并同中国建立了一种所谓的"通商口岸"关系，成为"自由贸易帝国主义"[47]这一普遍现象的一部分。因而，双方都没有给予对方充分的外交承认。

日本也"秉持以自身为核心的'民族中心体系'"[48]。而且，日本还实行闭关锁国，严格控制对外往来。美国对此难以容忍，因此利用强大的军事力量打开了日本的大门，迫使其开港通商，与其进行"合作"。日本被迫签订了一系列不平等条约。比如，日本不能自行制定关税标准；欧洲人在日本不必遵循当地法律，他们只受欧洲本国法律的制约。简而言之，"西方国家并未把日本视为享受平等地位的国际社会中的一员"⁴⁹。但是，日本竭力模仿西方国家的发展模式，很快就摸索出了西方的文明标准。"取得中日甲午战争的胜利、干预义和团运动以及日俄战争获胜很快为日本赢得了西方的普遍认可。西方大国开始接纳日本，并将其视为国际社会领导层的成员之一。"⁵⁰

第一次世界大战以后，各战胜国又把民主制度和保障少数群体权利加入外交承认的标准中。⁵¹其象征性事件就是美国总统威尔逊提出"让民主制度在世界范围内得到安全保障"。不承认的典型案例之一就是美国在1934年以前拒绝承认苏联。

第二次世界大战以后，由于三方面的重大发展，承认和不承认再次成为关键的政治手段。首当其冲的就是超级大国之间的意识形态以及战略竞争，不过与之相伴的去殖民进程和国际组织的蓬勃发展也有助于提升外交承认的重要性。⁵²例如，第二次世界大战结束后的头十年，联合国在吸纳新成员时面临阻碍。一方面，美苏两国希望各自支持的第三世界国家得到外交承认，成为联合国的新成员；另一方面，它们也互相排斥对方阵营的第三世界国家，拒绝承认它们的合法地位。直到1955年，僵局才被打破，有十六个国家一起成为联合国的新成员。尽管其中有十个是欧洲国家，但这也为第三世界的发展带来了突破性的进展。从那以后，联合国的成员国数量成倍递增。

在冷战时期，中国和民主德国的案例更加体现了外交承认的政治用途。1949年到1979年间，美国政府拒绝承认中国共产党领导的中华人民共和国是中国的合法政府，只承认台湾地区的国民党当局。因此，在1971年以前，美国一直阻挠中华人民共和国恢复其在联合国的合法席位。另一个例子是联邦德国政府提出的"哈尔斯坦主义"，即拒绝承认任何承认民主德国政府的国家，因为它认为民主德

第六章　国际社会的再造

国是苏联违反第二次世界大战后盟国间达成的德国管理条约建立的。直到威利·勃兰特的"新东方政策"出台,1972年民主德国和联邦德国互相承认之后,西方国家才宣布承认民主德国。[53]较不明显的例子还有冷战时期西方国家拒绝正式承认由苏联接管的巴尔干地区国家。拒绝给予"法律上的"承认可以被视为温和的政治制裁,旨在"公开"表明反对立场。

冷战结束以后,外交承认的政治用途仍未消失,不过其特点有所变化。柏林墙倒塌和苏联的解体导致了复杂的国家继承问题。苏联瓦解成了多个加盟共和国;南斯拉夫分裂为多个独立的敌对国家;德国重新统一;捷克斯洛伐克发生分裂。政权更迭并不会改变国家的生存和身份,但领土变更可以。[54]1991年6月,在斯洛文尼亚和克罗地亚宣布脱离南斯拉夫联邦共和国过程中,就出现了外交承认的时机问题以及过早承认带来的风险。迫于德国的压力,1992年1月,欧洲共同体成员国承认了克罗地亚的合法地位,而这时的克罗地亚其实只拥有三分之一的领土主权。[55]为了防止过早的外交承认,1995年欧盟宣布,原属南斯拉夫的各国只有在互相承认的基础上才能得到欧盟各国的承认。[56]

德国重新统一后得到了普遍承认,经历"天鹅绒革命"的捷克共和国和斯洛伐克共和国也得到了承认,苏联解体后也未遭遇承认问题。但是,以武装革命的方式脱离苏联的车臣等国就面临了外交承认的困境。总之,凡是以暴力方式脱离一国的分裂势力一般不会得到广泛的国际承认。例如,1967年到1970年间的比夫拉[1]和1975年的北塞浦路斯就面临上述问题。1970年,孟加拉国在印度的

---

[1] "比夫拉"(Biafra)是尼日利亚东南部一个由分离主义者建立的短暂政权。它于1967年5月30日成立,至1970年1月15日灭亡。

武装支持下从巴基斯坦分裂出来是一个例外,因为尽管其合法性还存在争议[57],但是孟加拉国还是得到了广泛的外交承认。

最近的事态发展令许多国家提高了外交承认的政治条件。例如,为应对冷战结束的重大事态,欧洲共同体成员国在1991年12月采取了统一的外交承认准则。具体要求包括:法治、民主和人权,保护少数群体的利益、国家边界不遭受侵犯、接受关于裁军和核不扩散的协定、承诺以协议解决涉及国家继承和地区争端的问题。以侵略方式夺权的政权一概不被承认。[58]当今国际社会的另一条承认标准是,不依赖外国的军事保护以及尊重他国权利。[59]

由于外交承认的基本标准和补充标准并未得到连贯执行,所以在今天,一些实体虽具备主权国家的某些特征,却没有得到广泛承认(典型例子是朝鲜);一些实体不符合国家属性却得到了外交承认。尽管没有领土控制权,但是巴勒斯坦解放组织于1974年获得了联合国观察员席位,1988年升级为正式代表团。尽管法国和西班牙控制着安道尔的国防事务,并在其制宪委员会中占有一半席位,但是安道尔仍然于1993年加入了联合国。[60]还有其他复杂情况:两个政权都宣称自己是本国唯一合法,政府对事实上脱离该国的部分领土宣称拥有主权,以及"流亡政府"宣称对"被占领土拥有主权"。[61]

然而,这些例外和复杂情况并不能取消或削弱外交承认作为"被国际社会接纳的通行证的作用"[62],这一普遍规则也不能否认"承认是一种政治行为"。尽管标准可能相异,执行也可能不一致,但外交承认仍然只能针对国家或类似的实体,而不包括跨国公司或金融集团等其他有影响力的国际实体。需要指出的是,不承认一个事实上的国家[63]并不意味着将其彻底排除在外交关系之外。虽然美国不承认朝鲜,但并不妨碍双方在1953年签订停战协定,或是就"普韦布洛"号事件(在1968年一艘美国海军侦察舰被朝鲜扣押)以及近年来的朝核问题会谈。总之，正如贝里奇所言，尽管国家拒不承认彼此，但它们依然有办法发生外交联系。㉔因而，外交承认与不承认都对国际社会的再造发挥着重要作用。

（二）社会化

一旦被国际社会认可和接纳，国家就要遵循外交制度。在社会化过程中，普遍的外交规范、准则与实践得以国际化，如本书第三章所述，由17—19世纪具有共同背景和教育、出身"贵族国际"的外交官们发扬光大。贵族成员是最早的社会化主体。

到了近代，社会化进程在"外交新秀"中体现得尤为明显。直到20世纪，美国对发端于欧洲的外交体系仍心存芥蒂，谴责欧洲的权力政治和秘密外交，竭力远离外交圈。在1906年，美国只有九个驻外大使馆，其余都是公使馆，第二次世界大战结束时，一半以上的使馆馆长由非职业外交官担任。㉕因此，有人认为："'门罗主义'不仅标志着美国与欧洲政治的分裂，也标志着美国外交从世界主义到区域主义的转变"，用本书的语言来说，就是从普遍主义走向了特殊主义。㉖那时的美国国务院和美国外交官将外交的主要精力放在领事业务、经济和贸易事务上。而且，美国也并不热衷于国事访问。按照惯例，美国总统在任职期间不会离开美国本土。第一个打破这一惯例的是西奥多·罗斯福，他于1906年11月出访巴拿马。访问美国的外国元首和政府首脑也十分稀少。到第一次世界大战结束时，只有三十个国家的元首或政府首脑访问过美国。㉗

直到第二次世界大战结束后，美国才开始转变外交理念。外交从惹人嫌的苦差事变成了一种光荣的职业。但是阿巴·埃班发现：

> 美国全面进入国际社会以后，很快适应了欧洲建立的外交传统与体制。美国的政界人士和外交官甚至不做任何

改进就接受了从维也纳会议延续下来的外交形式与排场。他们全盘照搬。⑱

同样，1917年俄国"十月革命"之后，苏联政府也曾宣布脱离资本主义的外交。

> 列夫·托洛茨基（Leon Trotsky）被任命为外交人民委员后十分不情愿，他只把这一职务当作是清算沙俄对外事务的临时工作和过渡性任命。他说："我打算发布几项革命宣言，然后就关门大吉。"托洛茨基抵达外交部，将所有的工作人员召集到中央大厅并询问他们对新政权的看法：支持新政权的人站到左侧，不支持的就在右侧。结果，没有一人选择站在左侧，于是，托洛茨基命令他们交出钥匙，并下令解雇所有人员……1917年11月26日，托洛茨基宣布解散沙俄的所有外交机构，遣散沙俄的所有驻外使节，只有支持布尔什维克政权的人才能获准继任。⑲

1918年，苏联颁布法令废除了所有外交职衔，采用"全权代表"（polpred）的统一称谓。⑳他们预期世界革命很快会使外交多余无用，但这一预期始终未能实现。托洛茨基的继任者格奥尔基·契切林（Georgi Chicherin）不得不在1918年上任时从零开始组建一支新的外交队伍，很快苏联决定继续采用几个世纪以前欧洲贵族建立的外交职衔和实践准则。

去殖民化运动推动了一大批新兴国家的出现。这些国家迅速适应了原有的外交惯例，并热忱地表示希望遵守外交传统。由于外交代表是彰显新兴国家独立与主权的重要方式。这些国家不惜花费重金派使团常驻海外。"即便那些拥有前殖民时期外交传统的社会（其中既有亚洲的古老政治实体，也有西非的部落社会和王国）似乎也在欣然学习欧洲国家的言谈举止、方法和实践。"⑪

对于现代外交社会化过程的重要性，埃班精辟地概括道："国际社会的新成员沿袭了欧洲式外交的古老传统。"⑫

（三）国际组织的角色

国际组织的成员身份越来越成为外交承认与对外交往中的重要影响因素。联合国成员资格表明一国的国家地位得到了广泛的国际认同，以及该国加入了永久多边外交论坛，因此支持一国加入联合国也就等同于给予该国外交承认。常驻纽约和日内瓦的代表机构维系着持续的"社会互动"，使得外交官之间能够维持非正式的往来，建立友谊，了解彼此立场，并筹备非正式会晤或国家间正式会谈。⑬

如上文所示，近些年来，在严峻的政治条件影响下，一些国际组织加强了排他性和同质性功能。欧洲理事会是这方面的一个先驱。自1949年成立以来，它就要求成员国设立民主宪法。不仅如此，放弃民主施政的成员——例如军人政府控制下的希腊——还面临着被驱逐的风险。

欧盟的成员标准更具排他性。通过制约性（conditionality）和社会化的双重过程，成员国之间实现了同质化。要加入欧盟就必须参照其内部制定的政策模式。在近期的欧盟东扩进程中，制约性被证明十分有用，潜在的成员国必须满足所谓的"哥本哈根标准"，即各国要建立稳定的民主制度，尊重人权，保护少数族裔的权益，建立法治，建立稳定的市场经济体制，遵守并实施欧盟现行法律。⑭

通过社会化过程，成员国——以及准备加入的其他国家——学会了如何内化欧盟规范、规则，建立相同的组织结构与实践。这是一种建立在互动基础上的过程，而且欧盟密集的制度环境十分适合从内部推动行为体的社会化。⑦其他国际组织，例如北约、世界贸易组织以及美洲国家组织，也在成员加入谈判中依靠制约性，并且通过社会化的方式将成员国代表融入各自的"俱乐部"。⑦

三、结语

本章我们探讨了国际社会的不同形态——同质性与异质性、包容性与排他性，以及外交如何塑造和再造具体的国家。尽管古希腊拥有"神族亲缘外交"，中世纪欧洲几乎对所有类型的国家秉持着高度开放性准则，但是过去几个世纪以来形成的现代外交使得国际社会越来越呈现出排他性特点。国际关系中仅仅承认主权国家是唯一合法的参与者。此外，主权国家地位的判断标准也变得更为苛刻。简而言之，外交促进了主权国家间同质化社会的再造，同时也要求国家必须符合更多的标准。

在当今时代，外交承认更多是建立在国际法而非宗教或神学的基础上。但正如我们所见，外交承认在很大程度上成为一种政治武器，用来表达本国的政治认可或反对。国际法关于主权国家的认定标准并没有在实践中得到贯彻执行，这些标准在更政治化的条件下存在明显的问题。在这种排他的同质国家构成的社会中，联合国与其他政府间组织起到了重要的社会化作用。

与此同时，受全球化世界理念影响，国际社会中主权国家的作用如果说还未过时，至少也是有所下降。与之相对的是跨国公司、非政府组织以及跨国网络等其他行为体的崛起。矛盾的是，"普遍承认领土主权国家成为国际社会的组织原则的同时"，"领土观念一贯坚持的排他性却在明显减弱"。⑦这引出了一个问题：外交在今天是否延缓了国际社会解体的过程？外交是否必须适应正在形成的新型

135　国际社会？有趣的是，欧盟一方面表现出排斥性（如本章所言），为其成员国设定了严格的准入条件；另一方面（如下文所示）又表现出强烈的开放包容性，以一个被承认的行为主体身份去参与建设更开放的国际社会。在下一章中，我们将以欧盟为例，分析国家组织变动对外交产生的影响。

第七章　外交和变化中的政治实体

本书第二章指出，不同政治实体在维持其身份的同时还需要相互往来，导致了外交的产生。在上一章中，我们也提到，外交促进了政治实体间承认，使相似的政治实体形成国际社会，并使其他政治组织丧失了合法性。同样地，外交协调体现了某种普遍主义与特殊主义的融合。

另外，我们支持过程路径，主张政治实体作为权威与身份的所有者处于不断的发展变化之中的观点。这就引出了一个问题：在变化过程中，当新兴的政治实体挑战外交规范、规则和实践得以建立的现有政治实体时，当新的普遍主义与特殊主义成为可能时，外交会受到哪些影响？政治实体拥有国家权力与国家身份，并不断地演化发展。那么，当国际时局发生变革时，新兴的政治实体是否会挑战旧的外交制度？外交是否会通过改变来适应新的政治实体？本章将对政治实体性质成功转变的三个时代进行分析：马其顿帝国时期的腓力二世和亚历山大大帝将希腊城邦转变为泛希腊化（panhellenist）联盟、中世纪宗教和世俗权威所有者之间的争夺以及近年来欧盟作为国际行为体的崛起。这三种转变是否引发了外交、交流、代表这些基本维度的变化以及国际社会的再造？

一、腓力、亚历山大和古希腊社会

古希腊的城邦制极为特殊，特殊到各个城邦都享有政治独立。

但同时，用希罗多德（Herodotus）的话来说："古希腊的希伦人认为他们血脉相连、语言相通，拥有同样的宗教信仰和相近的生活方式。"①自公元前8世纪古希腊文化复兴以来，古希腊人认为他们是"希伦人"（Hellenes），他们的祖先就是历史上著名的希伦。不论身处何地，拥有何种政治体制，"希伦主义"成为希腊和希腊共同文化的普遍象征。②公元前359年，腓力二世即位为马其顿国王。他决定以"泛希腊主义"精神统一全希腊，进而改变普遍主义与特殊主义之间的平衡。

当时，马其顿王国同希腊世界的关系十分模糊。一方面，马其顿国王是希腊后裔，他想要成为真正的希腊人；但另一方面，马其顿是一个多民族国家，并且实行专制统治而非民主。马其顿人还在希波战争中攻打过希腊。在占领马其顿外围地区后，腓力转向南部的赛萨利（Thessaly）和东部的色雷斯（Thrace）。色雷斯富饶的金矿和银矿给了马其顿充足的给养，腓力借此招兵买马，组建了强大的军队。除了军事能力，腓力还发挥自己高超的外交才能，挑唆希腊各城邦自相残杀，腓力则坐收渔翁之利，继续扩充军力、拓展疆土。公元前338年，腓力在喀罗尼亚（Chaironeia）战役中取得了决定性的胜利，他击败了雅典人和底比斯人（Thebes）领导的希腊联军，以外交和军事手段统一了整个希腊。野心勃勃的腓力还打算继续攻打波斯。

（一）追求希腊统一

腓力终结了一个多世纪希腊各城邦之间的内讧以及城邦内部的社会动荡。他提出的"泛希腊主义"是一项极具吸引力的政治战略——通过相互联合的方式解决各城邦内的政治、社会和经济问题，从而一雪前耻，占领波斯帝国部分领土或全境。"泛希腊主义"起源于公元前5世纪；公元前4世纪的著名演说家伊索克拉底（Isocrates）发表了关于"泛希腊主义"的演说，这一思想随后广为流行。③许多希腊学者在其他问题上各执一词，但都赞成希腊各城邦不应自相残杀，而应一致对外抗击野蛮人。④

伊索克拉底曾致信希腊境内的多位重要领导人，劝说他们支持泛希腊主义。公元前346年，他劝说马其顿国王腓力"领导全部希伦人，共同抗击外敌"⑤。泛希腊主义为腓力报复波斯提供了便利的借口。与此同时，腓力还努力赢得民心，宣称自己不是国家的专制独裁者，而是为希腊人民复仇的盟主。⑥为了赢得希腊人的普遍支持，腓力在公元前338年统一希腊之前用了十年时间为自己进行政治宣传。公元前346年，腓力确立了他在希腊事务中的地位，并且通过对抗福基斯（Phocis）、保护德尔菲一事——福基斯抢掠德尔菲神庙的财宝用以支持自己的雇佣军——证明他是真正的希伦人。其他希腊人面对这一亵渎行径则束手无策。这场胜利使得马其顿获准代表近邻同盟管理神庙，而腓力本人获准主持在德尔菲举办的泛希腊竞技大会。⑦

组建科林斯同盟更加彰显了腓力的泛希腊化雄心。公元前338年，喀罗尼亚战役得胜后，腓力建立了科林斯同盟。他的计划是将所有的希腊城邦都囊括到同盟之中，形成联邦，加盟城邦根据其领土或实力大小在同盟中获得相应数量的代表，但各盟国可以保留原有宪法，享有自治权。同盟条约规定：各盟国不得进行政变革命，也不得内讧，要实现同盟的和平稳定。⑧同盟的最高审议会议（synedrion）是各城邦的代表大会。它具备两重意义：首先，它是同盟的最高理事会。其次，它也是解决盟国间争端、裁处违约成员的最高法庭。⑨科林斯同盟不仅包括希腊各城邦，还包含其他民族国家。同盟共有一百多个国家，每个国家根据其规模大小享有一票至十票不等的投票权。⑩同盟以抽签方式选出五位代表作为主席组成执委会。作为同盟的常任委员会,执委会负责召集成员国开会、维持会议秩序并在最高审议会议休会期间继续工作,维持其正常运转。执委会还发挥外交职能,负责接收和向最高审议会议介绍引荐外国使节。⑪

另外,尽管具有联邦属性,但科林斯同盟表现出与其所处时代不符的"超国家"特点。首先,各盟国派往最高审议会议的代表不用对选民负责,却具有完全代表权,用本书第五章的观点来说,就是自由命令制。而且他们的司法权力使其能够掌控政府高官。⑫其次,最高审议会议通过的法案是最终审定版本,不可更改,对全体成员国具有约束力,无须本国政府批准。最高审议会议还享有联盟内最高的法律权威。⑬但最重要的是,腓力及其继任者担任同盟的最高执行长官。同盟的全部决议都需要腓力以及最高审议会多数代表通过后方能生效。⑭然而,科林斯同盟在很大程度上反映出它将宪法合法性赋予了势力独大的马其顿国王。

总的来说,科林斯同盟不像寻常同盟,它的内部相互矛盾。一方面,同盟实行集权统治,镇压内部的反对势力,以此实现泛希腊地域的统一。另一方面,各盟国还享有完全的自治权,这反映出各城邦仍在觊觎实现政治独立。⑮狄摩西尼发表过一系列尖锐的演说,反驳马其顿国王的这一方案。事实上,狄摩西尼与腓力之间的矛盾也体现了当时存在于科林斯同盟内部的两种对立势力。⑯显然,作为"领导者"的马其顿国王与希腊人对"自治"的理解不尽相同。⑰不论如何,科林斯同盟都体现了古希腊从奉行极端特殊主义的对立城邦到走向普遍主义(联邦)的重大进步。

科林斯同盟成立以后就向波斯宣战。腓力担任同盟军的最高统帅,各盟国则负责为盟军提供财力或军备力量。⑱公元前336年,腓力在准备军事征战时遭暗杀。20岁的亚历山大继任马其顿国王、科林斯同盟盟主以及盟军最高统帅,并率军出征波斯。

(二)亚历山大和希腊人

腓力死后,希腊的西部和南部发生叛乱。雅典人派出使团,煽动各城邦公开违背科林斯同盟的法令,支持自由独立。底比斯人也进行了投票公决,要求马其顿撤军,其他几个城邦也表达出了对马其顿霸权的不满。⑲公元前335年,底比斯发动起义,但迅速被亚历山大镇压。最高审议会议甚至通过了一项正式决议,决定彻底毁灭这座城市。于是,曾经支持底比斯的城邦惊惶失措,立刻向亚历山大屈服,其中几个城邦还派遣使节前往马其顿乞求饶恕。就连雅典人也在召开公民大会后,派遣使节前去祝贺亚历山大讨伐底比斯大捷。亚历山大大帝与他的父亲一样,怀有推进泛希腊化的宏伟愿望。亚历山大作风果断,处事稳健,在惩处底比斯战俘的问题上,他赦免并释放了那些曾投票反对底比斯起义的人、著名诗人品达的后裔以及与马其顿有外交关系的祭司。他还同意了雅典的请求,不用底比斯战役中俘虏的九位雅典籍头目来庆贺亚历山大取胜,而是把他们送回雅典接受雅典法庭的裁决。通过怀柔政策,亚历山大希望维持希腊内部和平,争取盟友同马其顿一起对抗波斯。⑳公元前334年,亚历山大率领35000名士兵越过赫勒斯滂(Hellespont),其中包括希腊盟友提供的7000名步兵、600名骑兵以及一支雅典骑兵中队。㉑

亚历山大的泛希腊主义一直饱受争议。他坚信希腊文明具有优越性,热爱希腊神话和诗歌。他相信奥林匹亚诸神都真实存在,而他自己便是赫拉克勒斯和阿喀琉斯的后代。他还极其喜爱荷马的《伊利亚特》。㉒当亚历山大大帝抵达赫勒斯滂时,他还在希腊英雄普罗忒西拉奥斯(Protesilaus)墓前献祭——后者是在特洛伊战争中战死的第一个亚该亚人(Achaeans)。随后,亚历山大还效仿普罗忒西拉奥斯,成为登陆亚洲的第一人。亚历山大还前往特洛伊,在雅典娜神庙前献祭,并换上了一副特洛伊战争时期的铠甲。[23]

亚历山大的泛希腊主义思想无疑受到了亚里士多德的影响。亚历山大十三岁起就跟随亚里士多德学习。那时的亚里士多德刚满四十岁,尚未成为名满天下的大哲学家。[24]但至于亚里士多德的政治思想是否真正影响了亚历山大的政治理念和行为,以及亚里士多德是否赞同亚历山大大帝的政治蓝图,还存在争议。首先,亚里士多德的政治理论主要基于城邦,并未包括整个希腊;其次,他并不主张把外族的野蛮人同化到希腊文明中来,也并不认同伊索克拉底的希腊化文明使命论。[25]事实上,亚里士多德曾劝说亚历山大大帝"当希腊人的盟主,抵御野蛮人;像对待亲友一般保护希腊人,像对待野兽或草芥一般抗击野蛮人"。[26]

相较之下,亚历山大的泛希腊化计划似乎源于人类统一论的普遍主义观点[27],后者建立在"统一思想"(homnoia)的希腊概念之上[28]。正如我们所知,他信奉希腊诸神与史前英雄——那些人们记忆中不羁的流浪者,这令他将远方民族视为本族亲缘。例如,在今天巴基斯坦南部有一个名为斯博伊(Siboi)的部落。亚历山大曾认为斯博伊人是赫拉克勒斯的后人,所以就接见了他们派出的使团。在今天阿富汗北部有一个城市是尼萨山(Nysa)山神的出生地,亚历山大也接见了它派出的使团。他还封这两座城市为自由城邦,使它们享有许多恩惠和特权。[29]亚历山大大帝还模仿希腊城邦在亚洲建立了许多新城市。他主张向希腊的未来领导人传授古希腊的艺术与文学来传播希腊文化。[30]但亚历山大愈发坚信民族融合与统一的观念,因此提倡各民族通婚,他本人就娶了大夏公主和波斯国王大流士的女儿。[31]简而言之,随着亚历山大不断地拓展疆域,泛希腊化逐渐淡化。

这一时期，科林斯同盟在征服波斯后日益衰落，最高审议会议的权力也被迅速削弱。亚历山大越来越独断专行，甚至不经征询最高审议会议就擅自修改法律条例。此时，负责执行亚历山大命令的是这位盟主派出的代表——马其顿资深外交官安提佩特（Antipater），而非最高审议会议。希腊城邦逐渐丧失了独立。公元前 330 年，在进军波斯途中，亚历山大解散了科林斯同盟，解除了希腊城邦间的盟约。㉜

我们如果对亚历山大大帝的泛希腊主义精神心存疑虑，那么也会很难确认科林斯同盟成员国的忠诚度。亚历山大大帝宣扬自己代表全希腊与波斯开战，但在战场上，波斯军队中的希腊雇佣军竟比亚历山大队伍中的希腊人还要多。公元前 334 年，亚历山大大帝在格拉尼库斯河击败波斯军后，随即杀掉了 20000 名波斯军中的多数希腊雇佣兵，还把 2000 多人送入了马其顿监狱。在公元前 333 年依斯战役得胜后，亚历山大大帝的军队还抓获了雅典向波斯国王大流士派遣的使节。㉝

总之，统一希腊、建立新的政治身份的愿望未能实现。"尽管亚历山大大帝胸怀雄才伟略，热爱希腊思想，崇尚希腊文明，但其苦心经营的帝国并未成为希腊文明的象征与代表。"㉞公元前 323 年，未满三十三岁的亚历山大逝世，帝国的政治制度和科林斯同盟也随之瓦解。虽然受惠于亚历山大开创的亚洲贸易之路，但希腊人没有坚持他毕生追求的泛希腊统一思想，而是建立了各城邦的自治政府。

（三）总结

希腊身份的重建和对外远征的这段时期在多大程度上影响了外交？简单来说，其影响并不深远。雅典人甚至向亚历山大的敌人派遣使节，希望破坏泛希腊统一。不仅如此，在亚历山大征战亚洲之时，各城邦与盟主亚历山大之间唯一的联系渠道也只是派遣使节。总之，就交流而言，传统外交方式仍然盛行，泛希腊化的影响微乎其微。

真正的创新是在代表方面。科林斯同盟是一个独特的"超国家"同盟。即使最高审议会议成员代表各自城邦的利益，但他们也可以按自己的意志行事，且不用向国内选民负责。最高审议会议和盟主共同协作，颁布和修改同盟内部的法令。然而，随着亚历山大大帝不断地拓展疆域，科林斯同盟的作用也逐渐减弱。亚历山大死后，同盟不再发挥作用。但颇为讽刺的是，当雅典人煽动其他城邦反对马其顿统治时，他们就是用科林斯同盟来对抗马其顿帝国代理人——安提佩特的。雅典人派使节前往各城邦邀请它们利用联盟共同反对马其顿人。[35]"这套机制十分有效，就连最狂热的自由派人士都希望保留这套制度作为谈判渠道，而安提佩特反对希腊实现自由的举措就包括拒绝承认科林斯同盟，重启特殊主义原则以及各国独立决策的权利。"[36]为了恢复马其顿的主导地位，安提佩特没有接受希腊主义。公元前302年，马其顿国王德米特律斯（Demetrius）曾试图重建科林斯同盟，但因没有共同目标而失败。[37]

因此，就国际社会再造而言，腓力和亚历山大的观念、制度并未带来太多变革。科林斯同盟从未发展为一个独立的、完整的外交机构或是显著的希腊政治实体。该同盟也没有带动其他类似实体的出现。随着亚历山大远征亚洲、开疆拓土，泛希腊主义理念逐渐消失了。"科林斯同盟在爱琴海地区是成功的，然而一旦加上遥远的中亚和印度等地，它就必然失效。"[38]总之，腓力的雄心壮志与亚历山大的文韬武略没有建立起一个长久影响外交的不同政治实体。

二、中世纪早期的宗教政体和世俗政体

随着加洛林王朝的终结,欧洲历史进入了一个普遍主义时代。尽管几百年前就出现了封建社会萌芽,但直到法兰克皇帝在位时期才真正实现了大规模的封建统治。在公元814年查理曼大帝逝世后,情况进一步发生变化。查理曼大帝的儿孙们为了争夺王权掀起了内战。与此同时,马扎尔、穆斯林和维京人破坏了原本的封建集权统治,催生了地方防御力量的发展。军事技术强调重骑兵的发展,只有拥有强大的武装力量才足以防御国家安全。面对政治和经济越来越地方化,没有一种政治普遍主义能进行有效抵抗。

8世纪中期,教会也变得封建化和世俗化了。迫于为免受侵略而寻求保护的压力,神父、主教和修道院院长都成了世俗领主的下属。这种发展在罗马尤甚。当时,罗马教皇既是罗马教廷的世俗领主,也是罗马的国民领袖。而罗马教廷和罗马本土屡遭西西里岛的穆斯林入侵。在这种情况下,教廷被视为罗马贵族庇护下的世俗统治机构。"此时,罗马教廷的宗教威严跌到了历史最低点。"[39]

然而,在10世纪后半叶以及11世纪初,两种普遍主义形式开始合并起来抗衡特殊主义。首先,公元910年,改革派宗教人士在克吕尼建了一座新式修道院。新修道院不属于封建领地,也不受任何封建主的控制。克吕尼修道院引发了此后一个世纪之久的天主教改革运动,使得教会成了普遍主义的统治力量。其次,德意志早期的分封制并不发达,拥有较大权势的国王逐渐自诩为"神圣罗马帝国皇帝",实现了封建集权统治。

到亨利三世(Henry Ⅲ)统治时期,这两种普遍主义统治形式合二为一。1046年,亨利三世赴罗马,罢黜了反对他的三位教皇,

另选了三位教皇为他进行加冕。他扶植的第三位教皇——利奥九世（Leo IX, 1049—1054）厉行改革运动，成功地将罗马教廷推上了教会改革运动和西方教会的领导核心地位。利奥九世在位的五年半时间里，他走访各地推行他的教会改革思想。据称，由于利奥穿梭于西欧各地，他在罗马实行教皇职责的时间不超过半年。⑩但他在任期间，教会与国家没有发生太多的矛盾，基本实现了和谐稳定的局面。

亨利三世比其他任何罗马皇帝都坚定奉行"君权神授，神圣的君主应对国家和教廷实现统一管理"⑪的统治理念。1056年，亨利三世去世，亨利四世（Henry Ⅳ）即位。然而，年幼的亨利四世却面临着两大威胁。一方面，德意志诸侯们势力强大，不愿服从皇帝的统治；另一方面，教会经历了克吕尼运动后变得越来越有独立性，逐渐凌驾于国王之上。罗马教廷主张由教会自己指派教宗成员，使教宗的权力凌驾于世俗统治者之上。

此后大半个世纪里——直到1122年的《沃尔姆斯协议》（Concordat of Worms），两方从未停止斗争，皇帝被逐出教会，教皇也曾被废黜，新的政体渐渐具备了理论和实践基础。罗马教廷同世俗皇帝之间的冲突往往被称为"叙任权之争"或"叙任权冲突"。二者各自的普遍主义主张及其最终解决途径为外交带来了两个重要变化。其一，在11世纪，国家间统治者开始进行直接谈判，称为峰会外交。其二，在12世纪，由于宗教统治与世俗统治并存，仲裁与调停逐渐取代直接协商，成为解决非暴力性冲突的主要方式。

（一）叙任权之争

亨利四世在成年后要求必须有任命主教、修道院院长和其他教长的权力。当时的政治理论及现实都没有严格区分世俗的和教会的权力与职位，皇帝通常都将主教视为皇家仆从。在对抗德意志新近独立、经验欠缺的统治者时，亨利四世当然想得到"他的"主教的支持，因为主教的财富与权力都是由皇帝赋予的。亨利四世与教廷的关系如果算不上敌对的话，也是十分紧张的。比如，亨利四世身边的几个政治顾问都被逐出了教会。

1073年，格列高利七世（Gregory Ⅶ）成为教皇，人们一般将其视为最具影响力、最伟大的改革者。从我们的研究角度出发，格列高利七世推行的三项改革措施具有十分重要的意义。第一，格列高利七世开启了常驻使节制度。他"将一部分教皇权力授予使节，并在一些国家设立了常驻使节"[42]。作为教皇的代表，这些使节在外国不仅执行宗教任务，还执行一些政治任务。[43]第二，格列高利七世还提出教皇有权力，甚至有责任废黜世俗统治者，他曾在《教宗训令》（*Dictatus Papae*）中提出[44]：

所有君主都应唯教皇马首是瞻。

教皇可废黜君主。

教皇不受约束。

毫无疑问，此举遭到了君主们的反对。但是从长远的角度来看，这些观点为现代的多国家体系奠定了理论基础。格列高利七世的第三项改革措施带来了极大的政治影响力，即只有枢机主教才能推举教皇，其他任何人都没有主教叙任权。也就是说，皇帝和罗马贵族再也不能凌驾于教廷之上了。

作为亨利四世和罗马教廷间的调停人，施瓦比亚（Swabia）的鲁道夫公爵（Duke Rudolf）曾致信格列高利七世。[45]格列高利七世回信说，他与亨利四世之间并无龃龉，并建议亨利四世的母亲、格列高利七世自己以及其他有关人士开会协商如何使亨利四世与教廷修好。之后，被逐出教会的亨利四世的顾问们又被恢复了教籍，双方似乎达成了和解。亨利四世还任命了阿尔卑斯北部地区的一些主教，格列高利七世也未加以反对。[46]但是阿尔卑斯南部的情况就不同了。亨利四世的顾问之所以被教会革除教籍，就是因为米兰主教的任命问题。国王和教廷各有一个主教人选，双方都不肯放弃自己对米兰主教的任命权。即便是格列高利七世继任后，这个问题也未得以解决。1076年，在沃尔姆斯召集了一次教会会议。会上，德意志神职人员宣布不再效忠教皇，并鼓励亨利四世效仿。亨利四世决定听从这一建议，便致信格列高利七世，信中他对格列高利以后者的俗名"希尔德布兰德"（Hildebrand）相称，并要求格列高利退位。随即，格列高利七世便宣布革除亨利四世的教籍，将他和那些德意志神职人员一同逐出教会。国王废黜或试图废黜教皇，并不是头一次。但是，这是历史上第一次出现教皇革除皇帝或国王的教籍并将其废黜的情况。

这给亨利四世带来了毁灭性的打击。自从利奥九世继任以来，教廷就确立了基督教世界的统治地位，没有人质疑对亨利四世的驱逐。虽然大主教们是这场主教叙任权之争的鼓动者，但是在教会宣布罢黜亨利四世的决定后，他们就迅速地站到了教廷的一边。德意志诸侯们原本就不满亨利四世的集权统治，亨利四世被教会废黜后，他们正好借机实现独立。在与主教和德意志贵族的对抗中，亨利四世明显处于弱势。他与德意志贵族进行了协商，但对方不肯让步。于是，双方计划在1077年2月在奥格斯堡召开一次会议，邀请教皇来调停亨利四世与德意志贵族间的矛盾。

但是，这场会议没能举行。无论是否有意，亨利四世最终战胜了这些贵族。亨利四世觐见教皇，并在卡诺莎城堡向教皇忏悔，负荆请罪，得到了格列高利七世的宽恕。通过乞求宽恕，亨利四世实际上彻底颠覆了教廷和封建王权的传统双重性，打破了中世纪时期大一统的基督教国家观念。[47]实际上，亨利四世接受的是君权统治而非宗教统治,在他看来君权并非神授;但教廷坚持宗教统治,强调宗教与世俗统治不可分离,二者必须实现统一。

德意志贵族把格列高利七世恢复亨利四世教籍当作对他们的背叛。因此,他们未征求教皇的意见,就选举了一个新国王。接下来的三年,德意志陷入全面内战。1080年,格列高利七世决定支持德意志贵族,再次革除了亨利四世的教籍。但是这次,他的决定来得太晚了。此时的亨利四世已达到了权力巅峰,他拒绝承认被革除教籍,而且反过来罢黜了格列高利七世,任命克莱蒙特三世(Clement Ⅲ)为新教皇。1084年,亨利四世攻下罗马,格列高利七世被迫出逃,克莱蒙特加冕亨利四世为皇帝。盘踞在西西里和意大利南部的诺曼人答应援助格列高利七世。结果诺曼人虽然赶走了亨利四世,但也洗劫了罗马。教廷再次掌握了统治权。"叙任权之争拉开了序幕。"[48]

比较教廷与神圣罗马帝国、英国、法国的关系,我们可以发现一个惊人的现象——教廷从未坚持禁止英国、法国国王选任主教的权力。当然,在国王选任主教时,教廷与君主会达成妥协:尽管国王有权自己确定主教人选,但他必须要考虑教会的意见,而且也不能举行主教任命的全部仪式和程序。例如,1083年,英国同罗马教廷的关系中断。征服者威廉一世(William the Conqueror)似乎准备接受亨利四世的反教宗行为。1095年,英国坎特伯雷大主教圣安瑟伦(St. Anselm of Canterbury)打算前往罗马觐见教皇乌尔班二世(Urban Ⅱ),得到教皇承认。但是威廉一世制止了圣安瑟伦,因为这将意味着英国承认罗马的教皇——乌尔班二世。当时只有居于阿尔卑斯北部的克莱蒙特三世才是亨利四世支持的教皇。由于圣安瑟伦无法前往罗马,威廉二世派了两个使团前往罗马。乌尔班也派使节随同威廉二世的使团返回英国。这期间,乌尔班的使节利用包括侮辱安瑟伦在内的一切手段试图说服圣安瑟伦代表英国承认乌尔班二世。最后，乌尔班使团做出很大让步，他们同意："未征得国王的同意，英国教会人员一概不得接受乌尔班教廷的信函或前往觐见乌尔班主教"；更令人惊讶的是，"未得到国王的许可，英国教会人员不得听从教皇的训令"。⁴⁹在法国，教廷与国王间的关系同样也呈现出务实主义和妥协意愿。

1122年，《沃尔姆斯协议》的签署解决了教皇与神圣罗马帝国皇帝之争。该协议就叙任权做出了妥协，但更重要的是，它加强了教会的权力，严重削弱了皇帝的权力。三年后，亨利五世去世，无人继承皇位，德意志贵族们便选了一位势力薄弱的新皇帝。尽管之后也有腓特烈·巴巴罗萨（Frederick Barbarossa）和腓特烈二世（Frederick Ⅱ）继续与教会分庭抗礼，但总的来说，教会始终保持着独有的权力，并凌驾于帝国之上。英诺森三世（Innocent Ⅲ，1198—1216）甚至设法"削减君主人数，使君主完全臣服于教会"⁵⁰。在德意志封建统治（世俗权力相对软弱）的背景下，12世纪成为教皇主导的世纪。

（二）小结

中世纪早期的欧洲政局动荡对外交产生了哪些影响？起初，外交出现了一定的衰落。前文提到，尽管奥图人试图复兴查理曼帝国，但在9世纪和10世纪，特殊主义极为盛行，政治依然极富地方特色。当然，地方自治并不意味着外交彻底淡出。历史记载中确有关于使节和使馆的描述，各国还签订了著名的《凡尔登条约》（Treaty of Verdun）(843)。然而，地方割据盛行，加上战火四起，外交的确陷入了低潮期。

随着普遍主义和教廷势力的兴起，外交变得不可或缺。保罗·夏普（Paul Sharp）指出，外交解决了这一难题，即"一方面愿意分而治之，另一方面需要互相联系"㊶，这个观点不无道理。主教叙任权之争与在此前后的冲突不是关于谁征服谁，而是关于谁控制谁。没有任何一位德意志皇帝既想当教皇又想做皇帝，也没有哪位教皇愿意脱离皇帝或帝国而独立存在。不仅如此，教皇和皇帝都不认可任何平等的或更高的权威，因此，对二者进行调节或仲裁是不可能的。

在本章开头时提到，外交交流模式中的两种变化拉开了序幕。第一，在11世纪，国家首脑间盛行直接谈判（由使节准备）。换言之，在11世纪，峰会外交实现了制度化的发展。㊷

到了12世纪，教会的普遍主义统治凌驾于国家之上，但教会也被迫接受在此过程中国王或君主的权力得以巩固——于是，在普遍主义与特殊主义之间形成了清晰划分。这种划分促进了外交的第二个重要发展：仲裁和调解取代直接谈判成为和平解决冲突的主要途径（当时的做法主要是以暴制暴）。教皇英诺森三世曾说："教皇是天底下唯一的主权调解人。"㊸事实上，随着教会改革运动的发展，教会的势力逐渐强大，成了基督教世界的中心，而教皇成了解读上帝意志的最高代表，教会法便应运而生。在调解和仲裁中，教皇及其使节其实就是运用这部法律来解决冲突矛盾的。㊹

需要指出的是，不仅教皇及其使节发挥着调解和仲裁的作用，一些有影响力的个体，比如11世纪克莱尔沃的伯纳德（Bernard of Clairvaux）、12世纪条顿骑士团的伟大领袖赫尔曼·冯·舒尔茨（Hermann von Salza）等，也是杰出的调解人。㊺1165年，腓特烈·巴巴罗萨国王就作为中间人，调解了荷兰弗洛朗伯爵三世（Count Florent Ⅲ）和乌德勒支主教间的矛盾。㊻简而言之，两种普遍主义统治模式一开始相互合作，后来发生了矛盾冲突，使得"峰会外交"出现了制度化发展。后来，随着需要管理的冲突集中在普遍主义与特殊主义之间，调解与仲裁成为和平解决冲突的主要方式。

就代表而言，中世纪早期涌现出了一大批委托人，他们由一大批外交代理人代表。第五章曾提到：这一时期的一个创新就是教皇的永久代理人以及教皇向君士坦丁堡派出的永久性使节，这是常驻使节制的前身。

如果说这个以主教叙任权之争为代表的战乱频发时期对外交的影响是直观的，即外交交流得以加强，原有外交制度得以改善，那么它产生的长远影响就是通过布莱恩·特尼（Brian Tierney）所谓的"西方政治理论的重生"[57]来推动国际社会再造。

这一时期，普遍主义与特殊主义之间的平衡反映在中世纪的政治思想发展过程中。第一，在教会和国王两种普遍主义统治同时存在的时候，并未有一个确切的概念来区分教会统治和国家统治，只出现了"圣职统治"（sacerdotium）和"君主统治"（regnum）的概念。[58]格列高利七世时期的教会改革运动和主教叙任权之争都"推动了'国家'这一概念的产生"[59]。也就是说，11世纪的教皇把教会和王国确定为两个不同的统治机构，那么如果世俗权力不是神权的一部分，又该如何定义世俗权力？

第二，13世纪的政治思想家，如巴黎的约翰（John of Paris）、帕多亚的马西里乌斯（Marsilius）和但丁（Dante），都开始质疑教会至高无上的权力，并倡导"世俗权力主导……世俗政府"[60]，这为马基雅维利的政治思想奠定了基础——人们认为他创造了国家利益至上的概念。历史的天平开始偏向特殊主义一边。通俗地说："教会力量的衰落以及国家成为普遍主义焦点催生了赤裸裸的权力政治现实主义——'国家利益至上'。"[61]当政治理论不再将神权作为合法性的基础，教皇也就不能够再借由客观规范提供的便利同他人较量了，这被看作"现代西欧国际关系发展的开端"[62]。用约瑟夫·斯特雷耶

(Joseph Strayer)的话来说:"这一时期奠定了多国家体系的基础。"⑥
矛盾的是,就在普遍主义大行其道的同时,特殊主义却获得了事实上和理论上的基础。

三、欧洲联盟

《威斯特伐利亚和约》签订后,欧洲大陆分裂为多个国家,欧洲社会的天平向特殊主义一边倾斜。人们曾经试图以武力统一欧洲,比如拿破仑和希特勒,但是无一例外都失败了。第二次世界大战以后,以和平方式统一欧洲的理念应运而生。1948年召开的海牙大会(Hague Congress)和1949年欧洲委员会的成立都体现了泛欧洲主义的精神。创建于1951年的欧洲煤钢共同体(European Coal and Steel Community)将欧洲的煤钢生产交由超国家组织管理,协调了法国与德国这对历史宿敌之间的矛盾。欧洲煤钢共同体是欧洲经济共同体(European Economic Community)的前身。1957年《罗马条约》的签订标志着欧洲经济共同体正式成立。从此以后,仅仅从不断变化的名称和缩写上就可以看得到欧洲一体化的演化进程。1967年,欧洲煤钢共同体、欧洲经济共同体与欧洲原子能共同体(Euratom)合并,统称为欧洲共同体(European Community,简称欧共体)。1992年,《马斯特里赫特条约》签订,欧共体更名为欧洲联盟(European Union,简称欧盟)。欧盟成立以后,规模逐渐扩大(从最开始的六个国家扩展到现在的二十五个成员国[1])。另外,欧盟的组织机构和组织职能都不断加强。⑭于是,历史的天平再次从特殊主义偏向了

---

[1] 2007年1月1日,保加利亚和罗马尼亚加入欧盟;2013年7月1日,克罗地亚加入欧盟。2020年1月31日,英国正式"脱欧"。现在,欧盟有二十七个成员国。

普遍主义。

但是，欧洲一体化建设并非一帆风顺，而是在倒退与前进、"欧洲狂热论"（Europhoria）与"欧洲僵化论"（Eurosclerosis）之间左右摇摆。20世纪70年代末和80年代初，美国和日本的经济飞速发展，超越了处在经济停滞期的欧洲国家。于是，悲观主义的欧洲僵化论占据上风。1986年《单一欧洲法案》的签订引发了欧洲狂热论，并且随着冷战的结束而风头强劲。新的欧洲精神与欧共体委员会主席雅克·德洛尔的领导密切相关。随着欧共体/欧盟在新领域推行共同政策，它开始面临更多的外部职责以及更多来自第三方的压力——因为欧洲的共同政策影响了后者的国家利益。⑥换言之，在各成员国政府进行单独外交活动之外，还需要欧盟发展成一个外交共同体。

这可不是"欧盟之父"的初衷。例如，让·莫内（Jean Monnet）认为，涉及商业活动、边境相连、对贸易和更广疆域的天然需求是促进欧洲一体化的关键。莫内特意在共同体构建中排除了外交部门，因为该部门服务的是国家利益，遵循的是边界和主权神圣不可侵犯原则。⑥从另一个传统观点来看，许多成员国都不愿将外交功能让渡给欧盟的机构。例如，瓦尔特·哈尔斯坦领导的欧共体委员会与夏尔·戴高乐领导的法国政府曾就该委员会的外交地位与能力问题出现过争议，这也对欧共体作为单一权威在国际社会中发挥作用起到了持续的限制作用。⑥

欧共体/欧盟的外交角色作用随着组织特征的变化而变化。这个变动的、复杂的"试验性联盟"⑥并不适用于传统的分类标准。它不是一般性国际组织，但还未达到联邦国家的标准。或许，我们最好将欧盟理解为一个进行中的过程而不是一个已经成形的制度；"从地理范围、机制平衡、法规决策、功能范畴等方面来看，欧盟宪法秩序还远未成形"⑥。另外，根据选择议题的不同，欧盟呈现出不同特点。由于功能分化可能导致欧盟制定的各项政策呈现分化的特点，所以有人形象地将欧盟比喻为"多棱镜式政治体系"，即不同方面的政治活动会体现为不同的政策。[70]尽管我们难以定位欧盟，但是欧盟在外交上有两个突出特点：超国家性和极具特色的政策过程，后者通常被称为"多层次治理"。

超国家性是指在欧盟内部存在不受成员国约束、享有一定程度的自治权、能够制定相关的政治议程的机构，例如，欧盟、欧盟委员会[1]、欧洲法院（European Court of Justice）以及一定程度上的欧洲议会。它们还能在相关政策领域对欧盟成员国起到限制作用。简而言之，它们并不是被动地反映欧盟成员国利益的工具。[71]与外交关系最为紧密的机构是欧盟委员会。它有权起草政策，监督各成员国执行欧盟决议的情况，并对外代表欧盟。这使得欧盟进而建立起了一种独有的外交"人格"（persona），其他基于政府间组织逻辑组建的国际组织不具备这一特点。

与此同时，应该指出的是，超国家性主要适用于欧盟的第一大支柱，即经济和贸易事务。包括安全和外交在内的第二大支柱主要建立在政府间主义基础上。换言之，欧盟理事会负责制定外交政策，担任欧盟理事会轮值主席和共同外交与安全政策高级代表的成员国对外代表欧盟的"高级政治"（high-politics）事务。下面，我们将更深入地分析超国家主义和政府间主义之间存在的多种矛盾。

欧盟研究者经常使用"多层次治理"来描述欧盟决策的特性。"多层次"是指政策制定要经历从地方政府到超国家的欧盟机构之间的多个不同层次。最近，一项多层次治理的研究综述[72]提出，多层次治理的概念体现了欧盟的三个主要元素：（1）决策权不是由单一的

---

[1] 其前身为欧共体执委会。

国家政府掌控，而是由不同层次的政治机构分担；（2）成员国集体决策削弱了一国的独立决策权；（3）各国政治活动相互联系，而非相互嵌入，次国家行为体的活动范围既有国家层面又有超国家层面。

多层次治理外交带来了多重启示。随着国际社会中外交参与者的不断增多，外交对话在双边主义、多边主义之外还呈现出了"复合代表主义"（polylateralism）。复合代表主义是指："官方机构（比如一国、多国政治集团、以一国为基础的国际组织）与至少一个非官方的、非国家性的机构间的关系，是一种具有合理预期的系统性关系，它涉及报告、交流、谈判、代表，但不包括相互承认主权和对等。"[73]欧盟内部的"复合"关系为外交部门和职业外交官创造了新型角色。

(一) 欧盟的外交人格

前文中，我们将代表作为外交的基本维度。从政治实体的角度来看，它意味着有能力派出或接受合法的外交代表；从代表的角度来看，它意味着有资格代表和象征其所属的政治实体。《罗马条约》规定：欧盟委员会代表超国家利益，委员会逐渐获得接纳来自别国和国际性组织的外交人员，并向外派遣外交代表的资格。欧盟理事会也逐渐在"高级政治"领域取得类似的权威。结果，欧盟开始转变为一种外交人格。

在很长时期内，欧盟委员会处理日益增长的外部磋商和谈判的能力都很有限，而且严重依赖少数高级别官员的个人能力。直到20世纪80年代，第一总司（对外关系）、第八总司（发展援助）一直处于人才紧缺的窘境。委员会的涉外工作，包括派往非成员国的代表团、常驻外交代表和联络处等，都处于"混乱、无条理的状态"[74]。外派代表团的历史可以回溯到1954年，那时，欧洲煤钢共同体在华盛顿设立了代表处。⑮很长一段时间内，委员会代表团的活动主要是为前殖民地国家或成员的附属国、受援国提供发展援助。截至20世纪70年代末，委员会向第三世界国家派出了五十多个代表处，其中有四十一个国家是通过《雅温得协定》（Yaoundé Conventions）和《洛美协定》（Lomé Conventions）确定的非洲、加勒比海地区和太平洋国家（简称ACP国家）。设在大城市和国际组织的代表团只有七个，反映出这种对外事务的另一早期主要目标——管理欧共体贸易议程。⑯

一旦成员国把主权中的重要部分如贸易、农业、单一市场等集中到欧盟，它们也就逐渐愿意将对外事务作为欧盟或欧共体的议程之一。欧洲政治合作于20世纪70年代、80年代建立了一个"有用、有效的共同宣言外交框架，但却难以让成员国将共同宣言转化为共同行动"⑰。为此，90年代初通过了欧洲共同外交和安全政策，1999年又出台了欧洲共同安全和防务政策。

即使上述构想组成了政府间主义主导的第二大支柱，但随着欧盟功能不断扩展至覆盖所有外交政策议题，欧盟委员会不得不扩展对外关系事务。欧盟驻外代表团从1980年的50个增长到1990年的89个。从20世纪90年代末开始，委员会的对外事务迅速扩张，增加最快的是派驻非ACP国家的代表团。截至2004年，欧盟委员会在各个大洲的130个国家和5个国际组织设有代表处，成为世界第四大"外交事务部"。在2000年上半年，欧盟拥有672名驻外代表和1813名当地雇员；截至2003年，欧盟共有954名驻外代表、26名借调的国家级专家和3771名当地雇员。代表团的规模也在迅速扩大，较小的代表团也有50名至100名成员。⑱同时，承担欧洲共同外交和安全政策与欧洲共同安全和防务政策的部长理事会在联合国总部和日内瓦办事处都设立了联络处。而且，欧盟还就全世界多个危机事件派出了特别代表。

1972年，美国国会通过议案，首次承认欧盟委员会驻华盛顿代表团具有完全外交地位。[79]尽管曾经遭受质疑，但是欧盟委员会驻非洲、加勒比海地区和太平洋国家的代表团现在已经拥有完全的外交承认与豁免权。代表团团长通过正规程序获得欧盟委员会主席签发的全权资格证书，享有大使级官衔与待遇。相应地，在20世纪60年代，大批新独立的非洲国家也纷纷在布鲁塞尔设立了外交代表机构。[80]

根据传统惯例，欧盟代表团按照地理区域划分进行管理，比如第一（I）总司负责中国、日本、韩国和美国事务；IA总司负责欧洲的非欧盟国家；IB总司负责亚洲、拉美、地中海和中东地区事务；第八总司负责非洲、加勒比海地区和太平洋国家。这样的组织在应对交叉议题、欧盟日益发展的对外援助方面显得力不从心，因此需要进行行政改革。于是，1998年，欧盟对外关系司成立，负责整理和简化欧盟外交功能，提高欧盟处理外交事务的效率。同时，各地区司整合为共同体对非成员国援助联合管理部，简称援助管理部，由彭定康（Chris Patten）出任援助事务专员。另外一项改革举措是，委员会把权力下放到各代表团，代表团拥有更多的自治权，团长也负有更多的职责。[81]

欧盟委员会对外代表团的活动是"非国家性外交"。它没有明确的外交政策作指导，没有最高"国家元首"，也没有职业外交团队。[82]欧洲共同外交和安全政策与欧洲共同安全和防务政策属于新政策，存在较大变数，制定外交政策基本上还是主权国家享有的特权。欧盟委员会主席的权力远远小于传统的国家元首，但委员会外派的代表团团长与代表国家的大使属于同一级别。代表团的工作人员是隶属于欧盟的公务员，只不过他们选择在欧盟以外工作，但并没有接受过专业的外交技能培训。这导致了许多问题。

代表团……不仅被授权合法代表欧盟委员会，还代表了整个欧盟，但迄今为止他们却不享有专门的代表权。按正规程序，代表团对委员会负责，但实际上他们的工作也与欧盟理事会和欧洲议会相关。也就是说，代表团的职能也包括代表整个共同体。[83]

欧盟代表团的代表地位仍然存在模糊性，这反映出欧盟缺少一个处理对外关系事务的中央协调机构。除了每半年更换一次的欧盟理事会轮值主席，欧洲共同外交和安全政策高级代表、欧盟理事会秘书长（目前是哈维尔·索拉纳）和援助事务专员（2004年前由彭定康担任）都是欧盟对外的最高代表。原则上来说，共同外交和安全政策的高级代表在处理欧洲共同外交和安全政策与欧洲共同安全和防务政策相关问题时，应该向欧盟轮值主席国负责。但在实际工作中，二者的分工存在交叉与不确定性。[84]在第三方国家，欧盟理事会的轮值主席国承担欧盟外交代表工作。即便欧盟委员会承担欧洲共同外交和安全政策与欧洲共同安全和防务政策以外的对外关系事务，责任也是由所谓的"援助管理部"内的多个部门承担，除了对外关系司和发展司之外，还包括贸易总司、扩盟总司、欧洲援助合作办公室、欧共体人道主义事务办公室以及欧洲经济财政事务司等。

在此背景下，2002—2003年召开的欧洲未来大会探讨加强欧盟对外关系事务协作、提高效率的各种方法就在情理之中了。从一开始，欧盟就缺乏一个共同的声音，但它需要在国际舞台上扮演一个更强有力、更有效的角色。[85]很快，争论焦点变成了把欧洲共同外交和安全政策高级代表与对外关系总司司长的职务合并为一个欧盟外长。2004年6月，在布鲁塞尔召开政府间会议期间，《欧盟宪法条约（草案）》获得通过，其中提出要建立具备双重功能的欧盟外交事务部。一方面，欧盟理事会要根据多数成员国的投票，指派一位欧盟外长领导外交事务委员会。另一方面，这位外长主管欧盟的外交事务，并担任欧盟委员会的副主席。因此，任命欧盟外长还须争得欧洲议会的同意。由此看来，这位外长既要对欧盟理事会负责，也要对欧盟委员会主席负责。[86]简而言之，欧盟外长的作用就是连接欧盟对外事务的政府间层面与共同体层面[87]，欧盟外长还向外界提供统一的"公共形象"，以消除现阶段欧盟外交事务中的"不一致声音"。[88]

为了"确保欧盟对外行动的一致性"，《欧盟宪法条约（草案）》还提出了两项创新：第一，承认欧盟对外行动的一致性，即明确承认以欧盟的法律人格取代现有欧盟机构的法律人格，创建欧洲对外行动署。第二，就对外关系而言，启动欧盟的法律身份意味着欧盟具有国际法主体地位，可以签订国际条约，向第三方国家和国际组织派驻代表。[89]欧洲对外行动署的目的就在于协助欧盟外长的工作。

《欧盟宪法条约（草案）》对欧洲对外行动署只做了简要规划，由欧盟委员会和理事会秘书处的相关专员和从成员国外交部门借调的外交官组成。对外行动署的规划是，它在欧盟新宪法制定后一年内就开始运转。[90]很多批评者指出，对外行动署可能面临许多职责和权限范围方面的问题与挑战，宪法草案对此并未给出明确解释。

第一个难题就是关于对外行动署与欧盟外长的"双重职能"。"20世纪90年代，欧盟委员会在试图将其对外事务人员权限合理化时就遭遇难题，那么现在如何将欧盟委员会和理事会秘书处的两套人马合并起来呢？"[91]显然，建立对外行动署的创新举措是为了建立某种形式的欧盟外交机构。现有的欧盟委员会代表团将作为这一机构的基础。未来，代表团将接受欧盟外交部的指示，并向其汇报。代表团成员还将包括从成员国外交部借调的外交官。很有可能，欧盟理事会及成员国都想影响代表团的构成，特别是代表团团长的任命。[92]有人悲观地预言，未来的欧盟外交部将是"拖沓塞责、流言遍布，一团糟的局面",因为欧盟外长"不仅完全暴露于众目睽睽之下,而且没有任何可用来掩护自身的资源"。[93]

《欧盟宪法条约(草案)》并未提及另外一点,即欧盟需要建立一个接受过专业外交技能训练的外交官团队。尽管有人在会上和会前曾提议建立一个欧洲外交学院,但是这个提议未被写入草案文本。1999年后形成的"欧洲外交计划"是一个非常谨慎的项目,尽管欧洲外交学院可以在此基础上建立,但是欧洲对外行动署不仅需要培训任职于委员会代表团的非职业外交官,而且还要将欧盟东扩、理事会活动增多以及成员国外交官借调等因素都考虑在内。[94]

总之,欧盟似乎正处在十字路口。日渐成形的欧盟外交人格以及设立欧盟外交部和欧盟外长的计划是否会导致真正的欧洲外交团队形成?有人认为,处理欧洲层面事务能力的需求日益增加,加上欧盟成员国的外交部面临越来越多的工作压力和财务负担,欧盟外交队伍很有可能形成。[95]"欧洲共同声音的兴起可能远胜过国家利益与欧洲利益相对立的内在心理。"[96]也有人认为,欧洲对外行动署将会引发委员会、理事会和成员国工作人员之间的矛盾冲突,这最终将导致欧盟的外交重新回到国家层面。[97]

(二)"复合代表"外交

欧盟成员身份引起了外交部门的角色变化。在欧盟内部,成员国间关系不再全部交由各国外交部处理。事实上,欧盟内部的大部分事务都是由其他部门或政府机构相互协商处理。"政府间"(trans-governmental)关系——"政府下属机构之间的往来"[98]——在欧盟中的作用越来越重要。可以说,欧盟各成员国的内部事务呈现出"欧洲化"的趋势。随着欧盟对各国内部各项事务的影响逐渐加强,各国外交部已不能像早期欧共体成立时那样发挥协调作用了。这些协调角色越来越多地转到了各国的总理办公室。⑨

欧洲国家的外交部门不仅失去了代表本国政府对外联系的垄断地位,而且发现"在它们服务的政策领域出现了越来越多来自其他政府部门的官员"⑩,外交部门变得比从前更容易渗透。其发展趋势是更加专业化,并且从其他政府部门借调人员到外交部工作。⑩在这方面,欧盟并不是个例。例如,超过60%的美国的驻外使馆馆长和代表团团长不是美国国务院的雇员。⑩这一趋势在欧盟成员国常驻布鲁塞尔代表团的构成中表现最为明显。尽管按照惯例,代表团团长应由高级外交官担任,但如今驻外代表团逐渐被视为一国政府的延伸机构。过去,代表团主要由外交部的工作人员组成,但现在的代表团中是国内其他政府部门的派出人员占大多数。⑩简而言之,"欧洲内部外交模式"的重点在于"促进各国政府之间的部门合作与功能合作"。⑩

此外,1992的《马斯特里赫特条约》规定:"各成员国的使馆和委员会代表团必须相互合作协调,遵从且执行欧盟委员采取的共同立场和联合行动。"行动协调将随着欧盟代表团的建立进一步发展,以维护一个真正团结的联盟。⑩作为深化协作的标志,欧盟正在借尼日利亚迁址新都阿布贾的机会建立一座联合使馆,所有的双边外交机构以及欧盟代表处都将拥有多个共同机构。⑩除了成员国使馆与欧盟代表处之间的协作,成员国使馆还加强了在欧盟事务上的协调执行,全球各地的成员国使馆每周都会为此专门召开协调会。⑩共同的对外议题加上不断增进的相互理解与团结,使得成员国间关系更为紧密,各国间的矛盾也得到了缓解。⑩简而言之,各国外交官必须"准备好促进欧洲共同利益,加强对欧盟及其实际工作、共同问题与共同利益的认识与了解"。⑩当前,最明显的例子就是每六个月更换一次的欧盟轮值主席国制度,主席国的外交官无论身处世界何处,代表的不仅是其祖国,还包括欧盟。⑩

然而，欧盟外交关系的复杂性超出了协调政府间以及行为体的需求。"多层次治理"导致大量行为体参与欧盟政策制定。数以千计的各类利益团体在布鲁塞尔设立办事处，其工作人员总数接近欧盟委员会。这些组织涉及商业利益（例如欧洲工业家圆桌会议、行业间组织和个人公司等）、劳工利益、公共利益（比如保护环境和消费者的组织机构），以及领土利益（涉及地方和地区的组织机构）。这些机构组织也和政府代表、专家学者以及委员会成员一起参与到欧盟事务中来，搭建了非正式的政策网。也就是说，涉及欧洲事务的外交官也要涉及同非政府组织、公司以及次国家级组织进行"复合代表"对话。

同样，这反映出一种更为广泛的趋势。NGO越来越多地参与到国际性会议和多边论坛中来。二十年前，NGO还只是在国际组织的大门外高举抗议标语，而且只能从国家代表团的垃圾桶里收集信息。但如今，很多NGO可以参与联合国大会，在全体大会上发言。在环保、贸易、人权等国际问题上，NGO发挥了不可替代的关键性作用。NGO参与外交进程的两个著名案例分别是1997年签署的禁止杀伤性地雷的《渥太华公约》和1998年通过的关于建立国际刑事法院的《罗马条约》。[11]

总之，欧盟各成员国的外交部与使馆已经成了"合作参与者"[12]，而不再是"后领土国家外交时代"[13]的单独行为体。"在很大程度上，二者持续且不断发展的角色似乎代表了成功应对跨界变化的能力，这使它们能够在纷繁复杂、边界模糊的政策领域中履行自身职责。"[14]

（三）持续的传统外交

外交的创新并没有完全代替传统外交，它们只是给传统外交增添了新层次。欧盟成员国之间保持着紧密的双边外交关系；成员国之间相互设立大使馆，其组织结构、功能效用、人员配置与其他使馆无异。没有迹象表明这种结构正在消失。例如，成员国像往常一样在德国首都柏林修建美轮美奂的大使馆。[115]传统双边外交关系仍然占据重要的地位，主要原因是欧盟采取多数投票表决制，因而在重大问题上建立双边合作就显得尤为重要。[116]这可以称为"双边—多边"欧盟外交，即"通过履行双边外交的程序实现多边外交的目的"。[117]

传统多边外交主要表现为欧盟理事会常驻代表委员会在欧盟决策中发挥核心作用。常驻代表及其副手和所有职业外交官驻在布鲁塞尔，每周都要召开会议，为欧盟理事会的决策做筹备工作。因为有充足的时间发展关系，外交官们形成了一种制度性团结和俱乐部式的工作风格。[118]大多数的决策都是经常驻代表委员会预先商讨，然后再递交给欧盟理事会各国的部长。常驻代表委员会被称为"在外长与国家元首或政府首脑会面前，谈判所能使用的最后手段"[119]。自2001年起，政治与安全委员会和成员国外交部派出的代表一道为冲突预防、危机管理等事项做决策筹备工作，并且在欧盟危机管理中享有正式决策权。

（四）总结

上述创新要素创造了欧盟的"混合外交舞台"（a hybrid diplomatic arena）[120]。除了传统的双边和多边外交功能，成员国还参与了多层次的"复合代表"外交。成员国之间的外交风格与实践模式呈现出明显的聚合性[121]；与此同时，欧盟也在寻求获得外交人格。这对于欧盟的外交交流、外交代表和国际社会的再造，意味着什么呢？

显然，欧盟为各成员国外交部和外交官建立了更紧密的交流网络。欧洲共同外交和安全政策与欧洲共同安全和防务政策要求建立高度的相互联系[122]，无论就职于何处，成员国外交官都可以同其他成员国以及欧盟委员会代表团的同僚保持经常性会晤。与此同时，外交部和外交官再也无法垄断政府间联系。尽管反映了大趋势，但欧盟表现出了一种独有的、密切而复杂的跨政府和跨国交往模式。这一点在2002年至2003年的《欧盟宪法条约》中尤为明显：该条约规定，外交官的角色从专职谈判降为协助审议与行政管理。[123]

当然，欧盟外交最具价值的创新是对外交代表的革新。或许，除了中世纪的天主教教廷，任何"超国家政治实体"都无法像欧盟那样创设独特的外交代表，并在世界各国派驻代表团。如《欧盟宪法条约（草案）》所示，从欧盟委员会发展到欧盟代表团，再到欧盟外长的设立，无不反映出欧盟在向成为真正的外交主体的道路上又迈出了关键的一步。尽管还不能确定谁才是终极委托人，欧盟的外交代表也会发现自己面临多重的委托—代理链条，但在这一点上，欧盟代表与其他民主国家的外交代表仅仅存在程度差异，没有本质区别。

虽然欧盟在当今世界的交流和代表模式的转变方面堪称典范，但是在影响国际社会再造方面，欧盟依旧任重道远。概括而言，外交世界仍是由得到承认的领土主权国家构成，成员国尚不会考虑以共同的欧盟代表处来取代它们各自之间的双边外交职务。第三国可以接受欧盟代表团和欧盟大使作为双边外交的补充，但这种补充不能取代其与单个国家之间的传统双边外交。其他地区组织还远没有获得这种外交地位。换言之，欧盟作为外交主体的崛起并不能阻止外交的区域化，外交区域化也不太可能出现贸易区域化那样的前景。简而言之，在主权国家为中心的当今世界，欧盟是一个特例。欧盟能够被国际社会接受，并不代表外交发生了根本的变化，这只是体现了当今外交的灵活性与适应性。

最后，欧盟要想真正具有外交地位，还需要建立外交部、欧洲对外行动署以及欧盟代表团。但欧盟目前只是对上述部门做了远期规划，最终能否实现还有待各成员国的全民公决以及政府批准。前文提到，欧盟过去的发展是循环性而非线性的。不排除有这样一种可能性，即欧盟扩员（将十个新成员的声音纳入不一致的欧盟之声）加上《欧洲宪法条约（草案）》批准过程中的一系列反对意见，或许会改变欧盟朝外交主体发展的趋势。

四、结语

外交不仅推动了国际社会的再造，而且随着新的政治实体出现，外交也会受到国际社会变化的影响。本章提到的三个案例隐含了这样的观点，即政治实体的变革未必带来外交的变革。腓力和亚历山大大帝的泛希腊主义设想并未替代希腊城邦间的外交。中世纪各政体间的争斗深化并改善了各政治实体间的对外交往。欧盟的出现并未颠覆传统外交，而只是为其增添了一层新意。

想象一下，相隔两千三百多年的古代泛希腊主义和现代欧洲在构建超国家结构方面的做法几乎如出一辙。无论是科林斯同盟的最高审议会议还是当今的欧盟委员会都不必对选民负责。科林斯同盟和欧盟的各成员国在同盟内的代表人数和投票权由国家的大小及其政治实力决定。科林斯同盟最高审议会议和欧盟理事会颁布的法令适用于全体成员国。在这两个同盟中，"超国家政体"拥有最高权力。但是这两个同盟也有许多的不同之处。较之科林斯同盟，欧盟办事效率更高、涉及范围更广、运转时间更长。更为重要的是，欧盟有可能代表未来的外交转型。

当今的国际政治格局，尤其是欧洲的政治格局，有时呈现出中世纪的特征。人们以"新中世纪主义"来描述因国际社会参与维度的扩大而出现的不确定性和地缘政治复杂性。可以肯定地说，"复合代表外交"一词反映的正是外交实践碎片化的后果。就外交而言，我们认为这种类比是有限的。今天的世界并没有像中世纪那样的开放性外交承认实践，也没有教会与王权之间的普遍主义与特殊主义之争。

总之，每一个时代都呈现出了其特有的外交与国际社会之间的互动模式，这一点不会因为新型政治实体的出现而轻易改变。和其他制度一样，外交也发挥着维系现有模式的作用，从而至少在短期内抑制了政治实体变化带来的影响。

结　论

本书将外交视为一项持续的国际制度，强调外交中存在一些基本要素的延续性，同时本书指出了这些要素经历的长期变化。我们看到的外交是一个以高度的灵活性和适应性为特点的制度。在交流、代表和国际社会再造的重要维度上，外交适应了变化，有时也反过来影响这种变化。正是因为有了这种长时间的适应性，外交不太可能过时或者衰落。

这并不是说，外交描述的是一种非线性的、不可改变的、由低到高的发展过程。相反，本书关注了外交实践的历史偶然性。在很多方面，一些早期外交实践的例子比较晚时期更为先进。例如，相比于现代国际法，古代的条约神授在有些方面更能体现遵循条约的责任感，对背信弃义的威慑也更有力。古希腊的"亲缘外交"和包容的中世纪承认实践比现代外交承认务实得多。在其他领域，如降低外交优先权的重要性，我们看到了不断的发展变化。但在另一些领域，比如外交豁免权，我们看到的是较强的延续性。即使出于不同理由，正式程度也不一致，豁免权原则也似乎一直存在，违反和遵守这一原则都会引人关注。简而言之，历史记载的是一种混合而非单一的模式。

本书开篇即提出，外交可以在抽象层面上被视为普遍主义与特殊主义的平衡。这两者的共存与不同的平衡带来了不同形式的外交。在早期历史中，宗教提供了普遍主义元素。中世纪欧洲经历了教廷和王权之间的普遍主义之争。此后，宗教普遍主义和世俗普遍主义进入共存局面。现代外交官不仅被要求以国家利益至上为指导，还要以体系利益至上为指导。普遍主义与特殊主义之间的平衡反映了一种全世界不同国家外交官之间共有的外交和多元文化状态。纵观历史，普遍主义—特殊主义维度在谈判中的共同利益与利益冲突并存中有所体现，其最终的外交解决方法是：通过谈判推进本国利益的同时，外交官会把和平解决冲突以及避免战争作为共同利益。

我们区分了外交的三种不同维度或构成元素：交流、代表和国际社会的再造。本书在不同章节分别阐述了这三种维度，在此，我们为读者呈现了三者之间的联系。在《决策的本质》一书中，艾利森曾提出三个模型，有人批评这三个模型反映的概念视角是相互替代的关系，而非相互补充。在该书的修订版中，艾利森和他的合著者回应了这一批评，他们提出，研究最大的收获是对多种因素及其互动进行全面的、结构性分析。①

那么，本书的三个视角如何联系起来呢？主要是通过承认，外交推动了国际社会的再造，外交承认已经成为任何政治实体派遣代表并同其他政治实体进行交往的前提。图3中的三角形代表了这三种元素——独立但相互关联。

图3 相互关联的外交维度

外交官的任务往往是收集和传播信息、信号，代表他人、委托人进行谈判，这就使交流和代表之间构成了明显的联系。交流取决于承认，因为常规的、相互交流信息和谈判只有在相互承认的政体之间才有可能出现。可以肯定，政体有办法同未被承认的组织交流或谈判，但只能在临时基础之上进行。同样，代表的前提是承认，外交官只有在代表一个被承认的政体时才算得上踏进了外交界。此外，尽管可能使问题复杂化，但外交官们能够时不时地同其他代表进行互动。

NGO 在当前国际事务中的作用加强，同时也反映出两个重要问题：未被承认的行为体的外交交流，以及未被承认的国家派出的代表。哪些 NGO 可以参与谈判、参加国际组织？谁是 NGO 的委托人？NGO 只代表自己所在的组织，还是代表整个 NGO 团体？和国家相比，NGO 可以承担哪些责任？类似的交流和代表问题也存在于威斯特伐利亚和会后的非国家实体之间以及中世纪的非基督教国家之间。

总之，每个历史时期都有承认、交流以及代表的不同组合。在古代近东，统治者们组成"大国君主"的交际圈，通过可靠的信使来交换遵循礼仪规范的书信。在古希腊城邦的承认实践更为包容，它建立在神话亲缘基础上，依靠的是不同级别的外交官们的语言技巧。中世纪欧洲则出现了一种矛盾的混合状态：一方面是包容性承认——委托人派遣外交代表同任意接收者进行谈判；另一方面是相互不承认——教皇和皇帝所持的普遍主义立场对立互斥。

还有一点值得注意，通过将外交分解成为三部分，我们的观点和本书开篇所提到的关系与过程视角更为接近，近到可以用主动动词来描述外交的特征。通过外交，政治实体在彼此之间进行交流、代表自身，并且相互承认。

如果说我们提供的简明概念框架被证实在捕捉外交的历史延续

性和变化性及其过程式路径时有些用处的话，那么本书在理论和方法论上得出了哪些经验？正如本书开篇提到的那样，我们的目标并不是建立一套全面的外交学理论，那么我们的研究能够得出哪些结论呢？一个关键出发点是将外交作为一项持续的国际制度。也就是说，我们的建议是，外交理论工作不应局限于某一个历史时期，而是将外交视为起源于文艺复兴时期意大利的现代国家体系的一项制度。我们赞同史密斯·辛普森（Smith Simpson）的观点，即用长历史视角看待外交：

> 无须每隔数十年就重造外交，用一种"新的外交"取代旧的外交。尽管不同组合导致的外交形式不同，但是外交的本质如同磐石一样年代久远。如果新出现的外交不同于传统的外交，将其称为新外交或现代外交或许也并不合适，最贴切的说法是传统外交的轮回。②

另一个关键选择是远离主流国际关系研究那种自下而上、实体论的路径，选用自上而下、关系论/进程论的路径。我们认为，变动的关系促进了政治空间的差异化，用这种方式理解外交，可以为将来的外交理论搭建富有成效的研究平台。不仅如此，我们的研究主要受到了社会学和英国学派的启发。我们认为制度化和仪式化是两个重要进程，它们将成为未来理论研究的沃土。此外，我们还考察了外交在变动时代发生的变化，新的政治实体代替原有政治实体，外交规则、规范和实践围绕新政治实体建立。特别是欧盟外交人格的进化是一个有趣的、发展中的案例，未来值得进一步研究。

在分析外交时，我们搜集到的非国际关系学科的概念、思想以及洞见为我们带来了有益的、更深刻的体会。就本书而言，我们发现关于制度礼仪和代表的文献十分有价值。无疑，其他领域可以为外交学研究提供有价值的分析工具。

但更重要的是,虽然本书试图搭建一座连接国际关系理论和外交学研究的桥梁,但这两个学科毕竟相互隔离太久了。除了呼吁更多的牵线搭桥以外,我们想不出其他形式的结束语。作为一项重要的国际制度,外交理应在未来的国际关系研究中居于核心地位。

注 释

导 论

① M. Wight, *Power Politics* (Leicester: Leicester University Press, 1978), p. 113.

② R. Cohen, "Putting Diplomatic Studies on the Map," *Diplomatic Studies Programme Newsletter*, Leicester University, 4 May 1998.

③ J. Der Derian, "Mediating Estrangement: A Theory for Diplomacy," *Review of International Studies*, 13 (1987) 91.

④ S. Sofer, "Old and New Diplomacy: A Debate Revisited," *Review of International Studies*, 14 (1988) 196.

⑤ Ibid.

⑥ A. Eban, *The New Diplomacy* (London: Weidenfeld & Nicolson, 1983), pp. 384-5.

⑦ B. H. Steiner, "Another Missing Middle: Diplomacy and International Theory," paper delivered to the 41st Annual Convention of the International Studies Association, Los Angeles, 15-18 March 2000, p. 1.

⑧ Sofer, "Old and New Diplomacy," p. 196.

⑨ 请参阅 S. Goddard, "Talk Is Not Cheap: The Rhetoric of Strategic Interaction," paper presented at the annual meeting of the American Political Science Association, Chicago, 2-5 September 2004。

⑩ L. B. Poullada, "Diplomacy: The Missing Link in the Study of International Politics," in D. S. McLellan, W. C. Olson and F. A. Sondermann (eds), *The Theory and Practice of International Relations*, 4th edn (Englewood Cliffs, NJ: Prentice-

Hall, 1974); cf. Steiner, "Another Missing Middle."

⑪ Eban, *The New Diplomacy*, p. 366.

⑫ J. W. Burton, System, States, *Diplomacy and Rules* (Cambridge: Cambridge University Press, 1968), p. 206.

⑬ E. Satow, *Satow's Guide to Diplomatic Practice*, 5th edn, ed. Lord Gore-Booth (London and New York: Longman, 1979), p. 3.

⑭ Quoted in Eban, *The New Diplomacy*, p. 331

⑮ C. W. Hayward, *What Is Diplomacy?* (London: Grant Richards, 1916), p. 255.

⑯ Sofer, "Old and New Diplomacy," p. 196.

⑰ B. Hocking, "The End(s) of Diplomacy," *International Journal*, 53 (1997) 169.

⑱ A. E. Cooper, "Beyond Representation," *International Journal*, 53 (1997) 174.

⑲ A. James, "Diplomacy and International Society," *International Relations*, 6 (1980) 933; K. Hamilton and R. Langhorne, *The Practice of Diplomacy: Its Evolution, Theory and Administration* (London and New York: Routledge, 1995), p. 232; B. Hocking, "Catalytic Diplomacy: Beyond Newness and Decline," in J. Melissen (ed.), *Innovation in Diplomatic Practice* (London: Macmillan, 1999), p. 23.

⑳ R. Langhorne, "Current Developments in Diplomacy: Who Are the Diplomats Now?" *Diplomacy and Statecraft*, 8 (1997) 13.

㉑ P. Sharp, "For Diplomacy: Representation and the Study of International Relations," *International Studies Review*, 1 (1999) 51.

㉒ 相关介绍请参阅 F. C. Iklé, *How Nations Negotiate* (New York: Praeger, 1964); P. T. Hopmann, *The Negotiation Process and the Resolution of International Conflicts* (Columbia, SC: University of South Carolina Press, 1996); B. Starkey, M. A. Boyer and J. Wilkenfeld, *Negotiating a Complex World: An Introduction to International Negotiation* (Lanham, MD and Oxford: Rowman & Littlefield, 1999); C. Jönsson, "Diplomacy, Bargaining and Negotiation," in W. Carlsnaes, T. Risse and B. A. Simmons (eds), *Handbook of International Relations* (London: Sage, 2002)。

㉓ G. T. Allison, *Essence of Decision: Explaining the Cuban Missile Crisis* (Boston: Little, Brown, 1971), p. 4.

㉔ *A Dictionary of Philosophy* (London: Pan Books, 1979), p. 112.

第一章　外交研究

① 请参阅 J. S. Levy, "Explaining Events and Developing Theories: History, Political Science, and the Analysis of International Relations," in C. Elman and M. F. Elman (eds), *Bridges and Boundaries: Historians, Political Scientists, and the Study of International Relations* (Cambridge, MA: MIT Press, 2001); J. S. Levy, "Too Important to Leave to the Other: History, and Political Science in the Study of International Relations," *International Security*, 22 (1997) 22–33。

② J. A. Lynn, "Reflections on the History and Theory of Military Innovation and Diffusion," in Elman and Elman (eds), *Bridges and Boundaries*, p. 363.

③ C. Elman and M. F. Elman, "Introduction: Negotiating International History and Politics," in Elman and Elman (eds), *Bridges and Boundaries*, p. 16.

④ 请参阅 K. Nag, *Theories of Diplomacy in Kautilya's Arthasastra* (Calcutta: Writers Workshop Publications, 1997); B. Mukherjee, *Kautilya's Concept of Diplomacy: A New Interpretation* (Calcutta: Minerva, 1976)。

⑤ 请参阅 G. Mattingly, *Renaissance Diplomacy* (London: Jonathan Cape, 1955), pp. 28–30。

⑥ Ibid., p. 211.

⑦ M. Keens-Soper, "Wicquefort," in G. R. Berridge, M. Keens-Soper and T. G. Otte, *Diplomatic Theory from Machiavelli to Kissinger* (Houndmills and New York: Palgrave, 2001), p. 88.

⑧ M. Keens-Soper, "Callières," in ibid., pp. 106–7.

⑨ H. Nicolson, *Diplomacy* (Oxford: Oxford University Press, 1939); H. Nicolson, *The Evolution of Diplomatic Method* (London: Constable, 1954; reprinted by the

Diplomatic Studies Programme, Centre for the Study of Diplomacy, University of Leicester, 1998); Satow, *Satow's Guide to Diplomatic Practice*.

⑩ H. Bull, *The Anarchic Society: A Study of Order in the World Politics* (London: Macmillan, 1977), p. 182.

⑪ Mattingly, *Renaissance Diplomacy*, p. 39.

⑫ 请参阅 Berridge, Keens-Soper and Otte, *Diplomatic Theory from Machiavelli to Kissinger*。

⑬ K. Hamilton and R. Langhorne, *The Practice of Diplomacy: Its Evolution, Theory and Administration* (London and New York: Routledge, 1995), p. 89.

⑭ S. Haber, D. M. Kennedy and S. D. Krasner, "Brothers Under the Skin: Diplomatic History and International Relations," *International Security*, 22 (1997) 34–43.

⑮ M. Hunt, "The Long Crisis in U. S. Diplomatic History: Coming to Closure," *Diplomatic History*, 16 (1992) 115–16.

⑯ E. Ingram, "Hegemony, Global Reach, and World Power: Great Britain's Long Cycle," in Elman and Elman (eds), *Bridges and Boundaries*, p. 228.

⑰ G. P. Lauren, "Diplomacy: History, Theory, and Policy," in G. P. Lauren (ed.), *Diplomacy: New Approaches in History, Theory, and Policy* (New York: Free Press, 1979), p. 4.

⑱ Levy, "Too Important to leave to the Other," p. 33.

⑲ Haber et al., "Brothers Under the Skin," p. 40.

⑳ J. M. Munn-Rankin, "Diplomacy in Western Asia in the Early Second Millennium BC," *Iraq*, XVIII, pt 1 (1956) 68–110.

㉑ W. L. Moran (ed. and trans.), *The Amarna Letters* (Baltimore, MD and London: Johns Hopkins University).

㉒ G. Beckman, *Hittite Diplomatic Texts* (Atlanta, GA: Scholars Press, 1996).

㉓ 关于古代中国外交请参阅 R. L. Walker, *The Multi-State System of Ancient China* (Hamden, CT: Shoe String Press, 1953); R. Britton, "Chinese Interstate Intercourse before 700 BC," in C. Jönsson and R. Langhorne (eds), *Diplomacy*, Volume II (London: Sage, 2004)。关于古代印度外交请参阅 G. J. Roy, *Diplomacy in Ancient India* (New Delhi: Janaki Prakashan, 1981); Nag, *Theories of Diplomacy in Kautilya's Arthasastra*。关于古希腊城邦国家外交请参阅 F. E. Adcock and J. Mosley, *Diplomacy in Ancient Greece* (London: Thames and Hudson, 1975); J. D. Mosley, "Envoys and Diplomacy in Ancient Greece," *Historia: Zeitschrift für alte Geschichte*, Einzelschriften, Heft 22 (Wiesbaden: Franz Steiner Verlag, 1973); C. P. Jones, *Kinship Diplomacy in the Ancient World* (Cambridge, MA: Harvard University Press, 1999)。

㉔ R. Cohen, "Reflection on the New Global Diplomacy: Statecraft 2500 BC to 2000 AD," in Melissen (ed.), *Innovation in Diplomacy Practice*, pp. 10–11; A. Watson, *Diplomacy: The Dialogue Between States* (London: Eyre Methuen, 1982), pp. 89–92.

㉕ Nicolson, *The Evolution of Diplomatic Method*, p. 14.

㉖ B. Campbell, "Diplomacy in the Roman World (*c.* 500 BC-AD 235)," *Diplomacy and Statecraft*, 12 (2001) 1.

㉗ Hamilton and Langhorne, *The Practice of Diplomacy*, p. 13.

㉘ 例如,请参阅 ibid., pp. 14–16; J. Shepard and S. Franklin (eds), *Byzantine Diplomacy* (Aldershot: Variorum, 1992); D. Obolensky, "The Principles and Methods of Byzantine Diplomacy," in Jönsson and Langhorne (eds), *Diplomacy*, Volume II; J. Shepard, "Information, Disinformation and Delay in Byzantine Diplomacy," in ibid。

㉙ 请参阅 Mattingly, *Renaissance Diplomacy*; D. E. Queller, *The Office of the Ambassador in the Middle Ages* (Princeton, NJ: Princeton University Press, 1967)。

㉚ B. Hocking, "Catalytic Diplomacy: Beyond Newness and Decline," in J. Melissen (ed.), *Innovation in Diplomacy Practice* (London: Macmillan, 1999).

㉛ R. Numelin, *The Beginnings of Diplomacy: A Sociological Study of Inter-tribal and International Relations* (Oxford: Oxford University Press, 1950), p. 14.

㉜ 例如,请参阅 W. R Jacobs, "Wampum: The Protocol of Indian Diplomacy," *William and Mary Quarterly, 6 (1949) 596–604; F. Jennings et al. (eds), *The History and Culture of Iroquois Diplomacy* (Syracuse, NY: Syracuse University Press, 1985); D. Flores, "Bison Ecology and Bison Diplomacy: The Southern Plains from 1800 to 1850," Journal of American History, 78 (1991) 465–85; J. A. Brandao and W. A. Starna, "The Treaties of 1701: A Triumph of Iroquois Diplomacy," *Ethnohistory*, 43 (1996) 209–44。

㉝ 例如，请参阅 R. Smith, "Peace and Palaver: International Relations in Pre-Colonial West Africa," *Journal of African History*, 14 (1973) 599–621; G. W. Irwin, "Pre-colonial African Diplomacy: The Example of Asante," *International Journal of African Historical Studies*, 8 (1975) 81–96; R. Reid, "Mutesa and Mirambo: Thoughts on East African Warfare and Diplomacy in the Nineteenth Century," *International Journal of African Historical Studies*, 31 (1998) 73–89。

㉞ 相关介绍请参阅 C. Jönsson, "Diplomacy, Bargaining and Negotiation," in W. Carlsnaes, T. Risse and B. A. Simmons (eds), *Handbook of International Relations* (London: Sage, 2002); P. Sharp, "For Diplomacy: Representation and the Study of International Relations," *International Studies Review*, 1 (1999) 33–57; R. Cohen, *International Politics: The Rules of the Game* (London and New York: Longman, 1981)。

㉟ S. Simpson, "Education in Diplomacy," in S. Simpson (ed.), *Education in Diplomacy: An Instructional Guide* (Lanham, MD: University Press of America, 1987), p. 26.

㊱ Ibid., p. 29.

㊲ Sharp, "For Diplomacy," p. 34.

㊳ J. Thomson, *Mercenaries, Pirates, and Sovereigns: State-Building and Extraterritorial Violence in Early Modern Europe* (Princeton, NJ: Princeton University Press, 1994), p. 15.

㊴ M. Emirbayer, "Manifesto for a Relation Sociology," *American Journal of Sociology*, 103 (1997) 281–317; M. Somers, "'We're No Angels': Realism, Rational

Choice, and Rationality in Social Science," *American Journal of Sociology*, 104 (1998) 722-84; A. Abbott, "Things of Boundaries," in A. Abbott (ed.), *Time Matters: On Theory and Method* (Chicago, IL: Chicago University Press, 2001).

㊵ M. Albert, D. Jacobson and Y. Lapid (eds), *Identities, Borders, Orders: Rethinking International Relations Theory* (Minneapolis, MN: University of Minnesota Press, 2001); P. T. Jackson and D. H. Nexon, "Relations Before States: Substance, Process and the Study of World Politics," *European Journal of International Relations*, 5 (1999) 291-332.

㊶ Emirbayer, "Manifesto," p. 282.

㊷ Ibid., p. 283.

㊸ Ibid., p. 286.

㊹ Jackson and Nexon, "Relations Before States," P. 294.

㊺ Somers, "'We're No Angels'," p. 767.

㊻ A. Giddens, *The Nation State and Violence* (Cambridge: Polity Press, 1985), p. 263.

㊼ C. Tilly, *Stories, Identity, and Political Change* (New York: Rowman and Littlefield, 2002), p. 34.

㊽ M. Mann, *The Sources of Social Power I: A History of Power from the Beginning to AD. 1760* (Cambridge: Cambridge University Press, 1986), p. 1.

㊾ Y. Lapid, "Introduction: Identities, Borders, Orders: Nudging International Relations Theory in a New Direction," in Albert, Jacobson and Lapid (eds), *Identities, Borders, Orders*, p. 3.

㊿ Emirbayer, "Manifesto," p. 289.

51 R. Van Keirken, "Norbert Elias and Process Sociology," in G. Ritzer and B. Smart (eds), *Handbook of Social Theory* (London: Sage, 2001), p. 357.

52 J. G. Ruggie, *Constructing the World Polity: Essays on International Institutionalization* (London: Routledge, 1998), p. 180.

53 H. J. Morgenthau, *Politics Among Nations: The Struggle for Power and Peace*, 3rd

edn (New York: Alfred A. Knopf, 1966), p. 139.

(54) Ibid., pp. 539-40.

(55) Ibid., p. 540.

(56) Ibid., p. 5.

(57) R. Aron, *Peace and War: A Theory of International Relations* (New York: Praeger, 1966), p. 40.

(58) R. Gilpin, *War and Change in World Politics* (Cambridge: Cambridge University Press, 1981), p. 45.

(59) B. Buzan, C. Jones and R. Little, *The Logic of Anarchy: Neorealism to Structural Realism* (Cambridge: Cambridge University Press, 1993), p. 40.

(60) A. Moravcsik, "Taking Preferences Seriously: A Liberal Theory of International Politics," *International Organization*, 51 (1997) 513.

(61) R. O. Keohane, "Theory of World Politics: Structural Realism and Beyond," in R. O. Keohane (ed.), *International Institutions and State Power: Essays in International Relations Theory* (Boulder, CO: Westview, 1989), p. 52.

(62) J. S. Nye, *Bound to Lead: The Changing Nature of American Power* (New York: Basic Books, 1990), p. 256.

(63) R. Rosecrance, *The Rise of the Trading State: Commerce and Conquest in the Modern World* (New York: Basic Books, 1986).

(64) 请参阅 I. Wallerstein, *The Capitalist World Economy* (Cambridge: Cambridge University Press, 1979); A. G. Frank and B. K. Gills (eds), *The World System: Five Hundred Years or Five Thousand?* (London: Routledge, 1993)。

(65) 例如，请参阅 R. W. Cox, *Production, Power, and World Order: Social Forces in the Making of History* (New York: Columbia University Press, 1987); S. Gill, *American Hegemony and the Trilateral Commission* (Cambridge: Cambridge University Press, 1990)。

(66) 例如，请参阅 J. Rosenberg, *The Empire of Civil Society* (London: Verso, 1994); B. Teschke, *The Myth of 1648: Class, Geopolitics and the Making of Modern Inter-*

national Relations (London: Verso, 2003)。

⑥⑦ Wallerstein, *The Capitalist World Economy*; Rosenberg, *The Empire of Civil Society*; Teschke, *The Myth of 1648*.

⑥⑧ Frank and Gills (eds), *The World System*.

⑥⑨ Rosenberg, *The Empire of Civil Society*, p. 172.

⑦⓪ Cox, *Production, Power, and World Order*.

⑦① O. Waver, "Four Meanings of International Society: A Trans-Atlantic Dialogue," in B. A. Robertson (ed.), *International Society and the Development of International Relations Theory*, 2nd revised edn (London: Continuum, 2002), p. 84.

⑦② J. N. Rosenau, *Turbulence in World Politics: A Theory of Change and Continuity* (Princeton, NJ: Princeton University Press, 1990), ch. 2.

⑦③ 例如，请参阅 T. Dunne, *Inventing International Society: A History of the English School* (London: Macmillan, 1998); B. A. Robertson (ed.), *International Society and the Development of International Relations Theory*, 2nd revised edn (London: Continuum, 2002); B. Buzan, *From International to World Society? English School Theory and the Social Structure of Globalization* (Cambridge: Cambridge University Press, 2004)。

⑦④ G. Wiseman, "Adam Watson on Diplomacy"; A. Hurrell, "Hedley Bull on Diplomacy"; P. Sharp, "The English School, Herbert Butterfield, and Diplomacy," all papers presented at the International Studies Association Annual Conference, New Orleans, 23–27 March 2002.

⑦⑤ I. B. Neumann, "The English School on Diplomacy," *Discussion Papers in Diplomacy*, No. 79 (The Hague: Netherlands Institute of International Relations "Clingendael," 2002), p. 7 (reprinted in Jönsson and Langhorne (eds), *Diplomacy*, Volume I, pp. 92–116).

⑦⑥ H. Bull, *The Anarchical Society* (London: Macmillan, 1977).

⑦⑦ Neumann, "The English School on Diplomacy," p. 9.

⑦⑧ Ibid., p. 11.

㉙ 请参阅 A. Watson, *Diplomacy*; A. Watson, *The Evolution of International Society* (London and New York: Routledge, 1992)。

⑧ Watson, *The Evolution of International Society*, p. 311.

㉛ J. Der Derian, *On Diplomacy: A Genealogy of Western Estrangement* (Oxford: Basil Blackwell, 1987), p. 23.

㉜ Ibid., pp. 42-3.

㉝ Ibid., p. 106.

㉞ Neumann, "The English School on Diplomacy," p. 19.

㉟ Der Derian, *On Diplomacy*, p. 114.

㊱ C. Reus-Smit, *The Moral Purpose of the State: Culture, Social Identity and Institutional Rationality in International Relations* (Princeton, NJ: Princeton University Press, 1999), p. 14.

㊲ Ibid., p. 7.

㊳ Neumann, "The English School on Diplomacy," pp. 21-2.

㊴ Ibid., p. 22.

㊵ I. Neumann, "'Grab a Phaser, Ambassador': Diplomacy in Star Trek," *Millennium*, 30 (2001) 603-24; I. Neumann, "Returning Practice to the Linguistic Turn: The Case of Diplomacy," *Millennium*, 31 (2002) 627-51.

第二章 分析框架

① 请参阅 O. R. Young, *International Cooperation: Building Regimes for Natural Resources and the Environment* (Ithaca, NY: Cornell University Press, 1989); J. G. March and J. P. Olsen, "The Institutional Dynamics of International Political Orders," *International Organization*, 52 (1998) 948。

② R. O. Keohane, "International Institutions: Two Approaches," *International Studies Quarterly*, 32 (1988) 383.

③ A. Stone Sweet, N. Fliegstein and W. Standholtz, "The Institutionalization of European Space," in A. Stone Sweet, N. Fliegstein and W. Standholtz (eds), *The Institutionalization of Europe* (Oxford: Oxford University Press, 2001), p. 6; Young, *International Cooperation*, p. 32.

④ M. S. Anderson, *The Rise of Modern Diplomacy 1450–1919* (London and New York: Longman, 1993), pp. 73–87; K. Hamilton and R. Langhorne, *The Practice of Diplomacy: Its Evolution, Theory and Administration* (London and New York: Routledge, 1995), pp. 71–5.

⑤ B. Buzan, *From International to World Society? English School Theory and the Social Structure of Globalization* (Cambridge: Cambridge University Press, 2004), p. 164.

⑥ 请参阅 Stone Sweet et al.,"The Institutionalization of European Space," pp. 6–7。

⑦ P. Sharp,"For Diplomacy: Representation and the Study of International Relations," *International Studies Review*, 1 (1999) 51.

⑧ 请参阅 R. Cohen, "The Great Tradition: The Spread of Diplomacy in the Ancient World," *Diplomacy and Statecraft*, 12 (2001) 25。

⑨ R. O. Keohane, *After Hegemony: Cooperation and Discord in the World Political Economy* (Princeton, NJ: Princeton University Press, 1984), p. 107.

⑩ N. Onuf, "Institutions, Intentions and International Relations," *Review of International Studies*, 28 (2002) 211–28.

⑪ R. Langhorne, "History and the Evolution of Diplomacy," in J. Kurbalija (ed.), *Modern Diplomacy* (Malta: Mediterranean Academy of Diplomatic Studies, 1998), p. 148.

⑫ C. Reus-Smit, *The Moral Purpose of the State: Culture, Social Identity and Institutional Rationality in International Relations* (Princeton, NJ: Princeton University Press, 1999).

⑬ 请参阅 Buzan, *From International to World Society?*, pp. 167–76。

⑭ K. Holsti, *Taming the Sovereigns: Institutional Change in International Politics* (Cambridge: Cambridge University Press, 2004), pp. 24–7.

⑮ G. Mattingly, *Renaissance Diplomacy* (London: Jonathan Cape, 1955), p. 196.

⑯ 请参阅 Cohen, "The Great Tradition," p. 25。

⑰ R. O. Keohane, "Reciprocity in International Relations," *International Orgnization*, 40 (1986) 8.

⑱ L. C. Becker, *Reciprocity* (Chicago, IL and London: University of Chicago Press, 1986), p. 111.

⑲ Keohane, "Reciprocity in International Relations," pp. 5-6.

⑳ Becker, *Reciprocity*, p. 84.

㉑ Keohane, "Reciprocity in International Relations," p. 4.

㉒ 请参阅 J. Lepgold and G. E. Shambaugh, "Who Owes Whom, How Much, and When? Understanding Reciprocated Social Exchange in International Politics," *Review of International Studies*, 28 (2002) 232-3。

㉓ 请参阅 ibid., pp. 229-30。

㉔ R. Cohen, *International Politics: The Rules of the Game* (London and New York: Longman, 1981), p. 36.

㉕ L. S. Frey and M. L. Frey, *The History of Diplomatic Immunity* (Columbus, OH: Ohio State University Press, 1999), p. 4.

㉖ Ibid., p. 11; A. Eban, *The New Diplomacy* (London: Weidenfeld & Nicolson, 1983), p. 333.

㉗ Frey and Frey, *The History of Diplomatic Immunity*, p. 12.

㉘ G. V. McClanahan, *Diplomatic Immunity: Principles, Practices, Problems* (London: Hurst & Co, 1989), p. 32.

㉙ Y. Ferguson and R. Mansbach, *Polities: Authority, Identities, and Change* (Columbia, SC: University of South Carolina Press, 1996), p. 34.

㉚ J. N. Rosenau, *Turbulence in World Politics: A Theory of Change and Continuity* (Princeton, NJ: Princeton University Press, 1990), p. 40.

㉛ Ferguson and Mansbach, *Polities*, p. 33.

㉜ 例如, 请参阅 M. Mann, *The Sources of Social Power I: A History of Power from the*

Beginning to A. D. 1760 (Cambridge: Cambridge University Press, 1986); C. Tilly, Coercion, Captial, and European States, AD 990-1992 (Oxford: Blackwell, 1992)。

㉝ C. Reus-Smit,"The Idea of History and History With Ideas," in J. Hobson and S. Hobden (eds), *Historical Sociology of International Relations* (Cambridge: Cambridge University Press, 2002), p. 129.

㉞ Ibid.

㉟ 例如，请参阅 J. Hobson, "What's at Stake in Bringing Historical Sociology back into International Relations? Transcending Chronofetishism and Tempocentrism in International Relations," in Hobson and Hobden (eds), *Historical Sociology of International Relations*; F. Halliday, "For an International Sociology," in ibid., p. 247。

㊱ P. Abrams, *Historical Sociology* (Ithaca, NY: Cornell University Press, 1982), p. 2.

㊲ Y. Lapid, "Introduction: Identities, Borders, Orders: Nudging International Relations Theory in a New Direction," in M. Albert, D. Jacobson and Y. Lapid (eds), *Identities, Borders, Orders: Rethinking International Relations Theory* (Minneapolis, MN: University of Minnesota Press, 2001), p. 19.

㊳ J. Margolis, *What, After All, Is a Work of Art? Lectures in the Philosophy of Art* (University Park, PA: Pennsylvania State University Press, 1999), p. 9.

㊴ A. Abbott,"Things of Boundaries," in A. Abbott (ed.) *Time Matters: On Theory and Method* (Chicago, IL: Chicago University Press, 2001), p. 255.

㊵ 请参阅 J. G. Ruggie, *Constructing the World Polity* (London and New York: Routledge, 1998), pp. 132-5。

㊶ H. Bull, *The Anarchical Society: A Study of Order in World Politics* (London: Macmillan, 1977), p. 10

㊷ Ibid., p. 13.

㊸ A. Watson, *The Evolution of International Society* (London and New York: Routledge, 1992), p. 311.

㊹ Ibid., p. 217; M. Wight, *System of States* (Leicester: Leicester University Press, 1977).

㊺ B. Buzan, "From International System to International Society: Structural Realism and Regime Theory Meet the English School," *International Organization*, 47 (1993) 327-52.

㊻ P. T. Jackson and D. H. Nexon, "Relations Before States: Substance, Process and the Study of World Politics," *European Journal of International Relations*, 5 (1999) 302.

㊼ 例如，请参阅 Mann, *The Sources of Social Power I*; Watson, *The Evolution of International Society*; Ferguson and Mansbach, *Polities*。

㊽ Mann, *The Sources of Social Power I*.

㊾ Watson, *The Evolution of International Society*, p. 311.

㊿ A. Linklater, *The Transformation of Political Community: Ethical Foundations of the Post-Westphalian Era* (Oxford: Polity, 1998), p. 46.

㉛ O. O'Neill, *Towards Justice and Virtue: A Constructive Account of Practical Reasoning* (Cambridge: Cambridge University Press, 1996), p. 2.

㉜ K. J. Holsti, *Peace and War: Armed Conflicts and International Order 1648-1989* (Cambridge: Cambridge University Press, 1991), p. 25.

㉝ Watson, *The Evolution of International Society*, p. 182.

㉞ D. Boucher, *Political Theories of International Relations: From Thucydides to the Present* (Oxford: Oxford University Press, 1998), p. 225.

第三章　制度化和仪式化

① J. G. March and J. P. Olsen, "The Institutional Dynamics of International Political Orders," *International Organization*, 52 (1998) 948.

② A. Stone Sweet, N. Fliegstein and W. Standholtz, "The Institutionalization of European Space," in A. Stone Sweet, N. Fliegstein and W. Standholtz (eds), *The Institutionalization of Europe* (Oxford: Oxford University Press, 2001), p. 12.

③ K. Holsti, *Taming the Sovereigns: Institutional Change in International Politics* (Cambridge: Cambridge University Press, 2004), pp. 178-9.

④ G. R. Berridge, "Amarna Diplomacy: A Full-fledged Diplomatic System?" in R. Cohen and R. Westbrook (eds), *Amarna Diplomacy: The Beginning of International Relations* (Baltimore, MD. and London: Johns Hopkins University Press, 2000), p. 213.

⑤ 请参阅 J. R. Ruggie, *Constructing the World Polity: Essays on International Institutionalization* (London: Routledge, 1998), p. 55。

⑥ G. Mattingly, *Renaissance Diplomacy* (London: Jonathan Cape, 1955), p. 106.

⑦ 请参阅 G. R. Berridge, "Notes on the Origins of the Diplomatic Corps: Constantinople in the 1620s," *Discussion Papers* in *Diplomacy*, No. 92 (The Hague: Netherlands Institute of International Relations "Clingendael," 2004)。

⑧ 请参阅 K. Hamilton and R. Langhorne, *The Practice of Diplomacy: Its Evolution, Theory and Administration* (London and New York: Routledge, 1995), p. 104; M. S. Anderson, *The Rise of Modern Diplomacy 1450-1919* (London and New York: Longman, 1993), p. 121。

⑨ Francois Guizot, quoted in H. J. Morgenthau, *Politics among Nations: The Struggle for Power and Peace*, 3rd edn (New York: Alfred A. Knopf, 1966), p. 247.

⑩ P. M. Haas, "Introduction: Epistemic Communities and International Policy Coordination," *International Organization*, 46 (1992) 1-35.

⑪ H. Nicolson, *The Evolution of Diplomatic Method* (London: Constable, 1954; reprinted by the Diplomatic Studies Programme, Centre for the Study of Diplomacy, University of Leicester, 1998), p. 75.

⑫ Anderson, *The Rise of Modern Diplomacy*, p. 123; G. R. Berridge, *Diplomacy: Theory and Practice* (London: Prentice Hall/Harvester Wheatsheaf, 1995), p. 8.

⑬ C. Bell, *Ritual: Perspectives and Dimensions* (New York and Oxford: Oxford University Press, 1997), p. 3.

⑭ D. I. Kertzer, *Ritual, Politics, and Power* (New Haven, CT and London: Yale University Press, 1988), p. 9.

⑮ Ibid.

⑯ C. Bell, *Ritual Theory, Ritual Practice* (New York and Oxford: Oxford University Press, 1992), p. 3.

⑰ E. Muir, *Ritual in Early Modern Europe* (Cambridge: Cambridge University Press, 1997), pp. 3-4.

⑱ 请参阅 G. Baumann, "Ritual Implicates 'Others': Rereading Durkheim in a Plural Society," in D. de Copper (ed.), *Understanding Rituals* (London and New York: Routledge, 1992), p. 98。

⑲ Bell, *Ritual Theory, Ritual Practice*, p. 74.

⑳ E. W. Rothenbuhler, *Ritual Communication: From Everyday Conversation to Mediated Ceremony* (London: Sage, 1998), pp. 16-18.

㉑ Kertzer, *Ritual, Politics, and Power*, p. 11.

㉒ Bell, *Ritual Theory, Ritual Practice*, p. 221.

㉓ Ibid., p. 92.

㉔ R. L. Grimes, *Beginnings in Ritual Studies* (Lanham, MD: University Press of America, 1982), pp. 39-40.

㉕ Ibid., p. 42.

㉖ M. Fortes, "Ritual and Office in Tribal Societies," in M. Gluckman (ed.), *Essays on the Ritual of Social Relations* (Manchester: Manchester University Press, 1962), p. 86.

㉗ Bell, *Ritual: Perspectives and Dimensions*, p. 169.

㉘ 请参阅 Bell, *Ritual Theory, Ritual Practice*, p. 73; M. Bloch, *Ritual, History and Power: Selected Papers in Anthropology* (London: The Athlone Press, 1989), p. 122。

㉙ F. Theuws, "Introduction: Rituals in Transforming Societies," in F. Theuws and J. L. Nelson (eds), *Rituals of Power: From Late Antiquity to the Early Middle Ages*

(Leiden, Boston, MA and Koln: Brill, 2000), p. 8.

㉚ Muir, *Ritual in Early Modern Europe*, pp. 7-8.

㉛ C. M. Constantinou, *On the Way to Diplomacy* (Minneapolis, MN: University of Minnesota Press, 1996), p. 84.

㉜ Bell, *Ritual Theory, Ritual Practice*, p. 3.

㉝ Bloch, *Ritual, History and Power*, p. 122.

㉞ Rothenbuhler, *Ritual Communication*, p. 26.

㉟ Bell, *Ritual Theory, Ritual Practice*, p. 73.

㊱ M. Edelman, *Politics as Symbolic Action* (Chicago, IL: Markham, 1983).

㊲ Bell, *Ritual Theory, Ritual Practice*, p. 73.

㊳ E. Goffman, *Interaction Ritual* (London: Allen Lane the Penguin Press, 1972), pp. 12-14.

㊴ E. Goldstein, "Developments in Protocol," in J. Kurbalija (ed.), *Modern Diplomacy* (Malta: Mediterranean Academy of Diplomatic Studies, 1998), p. 49.

㊵ D. Busk, *The Craft of Diplomacy* (London: Pall Mall Press, 1967), p. 23.

㊶ F. Clark, *Corps Diplomatique* (London: Allen Lane, 1973), p. 109.

㊷ W. L. Moran (ed. and trans.), *The Amarna Letters* (Baltimore, MD. and London: Johns Hopkins University Press, 1992), p. 115.

㊸ 请参阅 C. Jonsson, "Diplomatic Signaling in the Amarna Letters," in Cohen and Westbrook (eds), *Amarna Diplomacy*, p. 193。

㊹ J. M. Munn-Rankin, "Diplomacy in Western Asia in the Early Second Millennium B. C.," *Iraq*, XVIII, pt. 1 (1956) 91.

㊺ K. Avruch, "Reciprocity, Equality, and Status-Anxiety in the Amarna Letters," in Cohen and Westbrook (eds), *Amarna Diplomacy*, p. 138.

㊻ Munn-Rankin, "Diplomacy in Western Asia," p. 86.

㊼ M. Mullett, "The Language of Diplomacy," in J. Shepard and S. Franklin (eds), *Byzantine Diplomacy* (Aldershot: Variorum, 1992), p. 213.

㊽ Mattingly, *Renaissance Diplomacy*, p. 38.

㊿ H. Nicolson, *Diplomacy*, 3rd edn (New York: Oxford University Press, 1977), p. 123.

㊾ G. Beckman, *Hittite Diplomatic Texts* (Atlanta, GA: Scholars Press, 1996), pp. 2-3.

[51] Moran (ed. and trans.), *The Amarna Letters*, pp. xxii-xxv.

[52] Wiethoff, "A Machiavellian Paradigm for Diplomatic Communication," *Journal of Politics*, 43 (1981) 1092n3.

[53] Mattingly, *Renaissance Diplomacy*, p. 112.

[54] 请参阅 R. Satow, *Satow's Guide to Diplomatic Practice*, 5th edn, ed. Lord Gore-Booth (London and New York: Longman, 1979), pp. 41-5; C. W. Thayer, *Diplomat* (New York: Harper & Brothers, 1959), p. 99。

[55] R. Numelin, *The Beginnings of Diplomacy: A Sociological Study of Inter-tribal and International Relations* (Oxford: Oxford University Press, 1950), p. 305.

[56] R. Britton, "Chinese Interstate Intercourse before 700 BC," in C. Jönsson and R. Langhorne (eds), *Diplomacy*, Volume II (London: Sage, 2004), p. 98.

[57] R. L. Walker, *The Multi-State System of Ancient China* (Hamden, CT: Shoe String Press, 1953), p. 77.

[58] Ibid., pp. 77-8.

[59] T. Sen, "In Search of Longevity and Good Karma: Chinese Diplomatic Missions to Middle India in the Seventh Century," *Journal of World History*, 12 (2001) 8.

[60] M. Whitby, "From Frontier to Palace: The Personal Role of The Emperor in Diplomacy," in Shepard and Franklin (eds), *Byzantine Diplomacy*, p. 301; Nicolson, *The Evolution of Diplomatic Method*, p. 25.

[61] J. Shepard, "Byzantine Diplomacy, A. D. 800-1204: Means and Ends," in Shepard and Franklin (eds), *Byzantine Diplomacy*, p. 61.

[62] Nicolson, *The Evolution of Diplomatic Method*, p. 25.

[63] J. Shepard, "Information, Disinformation and Delay in Byzantine Diplomacy," in Jönsson and Langhorne (eds), *Diplomacy*, Volume II, p. 133.

(64) Kertzer, *Ritual*, *Politics*, *and Power*, p. 105.

(65) W. Roosen,"Early Modern Diplomatic Ceremonial: A System Approach," *Journal of Modern History*, 52 (1980) 466.

(66) D. E. Queller, *The Office of the Ambassador in the Middle Ages* (Princeton, NJ: Princeton University Press), p. 202.

(67) G. R. Berridge,"Diplomatic after Death: The Rise of the Working Funeral," *Diplomacy and Statecraft*, 4 (1993) 217–34.

(68) J. Hartmann, *Staatszeremoniell* (Koln: Carl Heymanns Verlag, 1988), pp. 272–5.

(69) See Beckman, *Hittite Diplomatic Texts*, pp. 80–1.

(70) Munn-Rankin,"Diplomacy in Western Asia," pp. 90–1.

(71) A. Finet,"La sacrifice de l'âne en Mésopotamie," in J. Quaegebeur (ed.), *Ritual and Sacrifice in the Ancient East Asia* (Leuven: Peeters, 1993), p. 141.

(72) Munn-Rankin,"Diplomacy in Western Asia," pp. 89–91.

(73) Walker, *The Multi-State System of Ancient China*, p. 82; Britton,"Chinese Interstate Intercourse," p. 100.

(74) Nicolson, *The Evolution of Diplomatic Method*, pp. 15–16.

(75) Bell, *Ritual Theory*, *Ritual Practice*, p. 173.

(76) F. E. Adcock and J. Mosley, *Diplomacy in Ancient Greece* (London: Thames and Hudson, 1975), pp. 183, 229.

(77) 请参阅 E. Chrysos, "Byzantine Diplomacy, A. D. 300–800: Means and Ends," in Shepard and Franklin (eds), *Byzantine Diplomacy*, p. 30。

(78) R. Cohen and R. Westbrook,"Conclusion: The Beginnings of International Relations," in Cohen and Westbrook (eds), *Amarna Diplomacy*, p. 230.

(79) A. Eban, *The New Diplomacy* (London: Weidenfeld & Nicolson, 1983), p. 336.

(80) Numelin, *The Beginnings of Diplomacy*, p. 303.

(81) Mattingly, *Renaissance Diplomacy*, pp. 195–6.

(82) 请参阅 M. Liverani, *International Relations in the Ancient Near East, 1600–1100 BC* (Houndmills: Palgrave, 2001), pp. 135–8; R. Cohen,"On Diplomacy in the

Ancient Near East: The Amarna Letters," *Diplomacy and Statecraft*, 7 (1996) 245-70.

83 Munn-Rankin, "Diplomacy in Western Asia," p. 79.

84 Moran (ed. and trans.), *The Amarna Letters*, p. 7.

85 Ibid., p. 68.

86 Liverani, *International Relations in the Ancient Near East*, p. 149.

87 Moran (ed. and trans.), *The Amarna Letters*, p. 91.

88 Liverani, *International Relations in the Ancient Near East*, p. 149.

89 Adcock and Mosley, *Diplomacy in Ancient Greece*, p. 10.

90 C. P. Jones, *Kinship Diplomacy in the Ancient World* (Cambridge, MA: Harvard University Press, 1999), pp. 39-40.

91 I. Malkin (ed.), *Ancient Perceptions of Greek Ethnicity* (Cambridge, MA: Harvard University Press, 2001), p. 207.

92 Jones, *Kinship Diplomacy in the Ancient World*, pp. 132-3.

93 A. Kazhdan, "The Notion of Byzantine Diplomacy," in Shepard and Franklin (eds), *Byzantine Diplomacy*, p. 14.

94 Mattingly, *Renaissance Diplomacy*, p. 109.

95 Liverani, *International Relations in the Ancient Near East*, pp. 39-41.

96 C. Zaccagnini, "The Interdependence of Great Powers," in Cohen and Westbrook (eds), *Amarna Diplomacy*, pp. 149-53.

97 Avruch, "Reciprocity, Equality, and Status-Anxiety in the Amarna Letters," p. 164.

98 Britton, "Chinese Interstate Intercourse before 700 B. C.," p. 95.

99 Walker, *The Multi-State System of Ancient China*, p. 77.

100 请参阅 Shepard, "Byzantine Diplomacy, A. D. 800-1204," pp. 61-2。

101 Muir, *Ritual in Early Modern Europe*, p. 241.

102 Ibid., p. 242.

103 Mattingly, *Renaissance Diplomacy*, p. 154, 180.

104 Nicolson, *Diplomacy*, pp. 98-9; Satow, *Satow's Guide to Diplomatic Practice*,

p. 20.
⑩⑤ Hamilton and Langhorne, *The Practice of Diplomacy*, p. 65.
⑩⑥ Mattingly, *Renaissance Diplomacy*, pp. 262-4.
⑩⑦ E. Phischke, *Conduct of American Diplomacy*, 3rd edn (Princeton, NJ: Van Nostrand, 1967), p. 6; Satow, *Satow's Guide to Diplomatic Practice*, p. 22.
⑩⑧ Phischke, *Conduct of American Diplomacy*, p. 6; Thayer, *Diplomat*, p. 225.
⑩⑨ Nicolson, *Diplomacy*, p. 99.
⑩ Satow, *Satow's Guide to Diplomatic Practice*, p. 22.
⑪ Hamilton and Langhorne, *The Practice of Diplomacy*, p. 111; 请参阅 P. Barber, *Diplomacy: The World of the Honest Spy* (London: The British Library, 1979), pp. 55-6; Kertzer, *Ritual, Politics, and Power*, pp. 87-8。
⑫ 请参阅 K. J. Holsti, *Peace and War: Armed Conflicts and International Order 1648-1989* (Cambridge: Cambridge University Press, 1991), p. 33。
⑬ 请参阅 K. Colegrove, "Diplomatic Procedure Preliminary to the Congress of Westphalia," *American Journal of International Law*, 13 (1919) 450-82。
⑭ Berridge, "Notes on the Origins of the Diplomatic Corps," p. 10.
⑮ Nicolson, *Diplomacy*, pp. 99-100; Phischke, *Conduct of American Diplomacy*, p. 7; Satow, *Satow's Guide to Diplomatic Practice*, p. 24.
⑯ Satow, *Satow's Guide to Diplomatic Practice*, p. 24-5.
⑰ Nicolson, *Diplomacy*, p. 100; Thayer, *Diplomat*, p. 226.
⑱ Nicolson, *The Evolution of Diplomatic Method*, pp. 45-6.
⑲ Goldstein, "Developments in Protocol," p. 53.
⑳ Nicolson, *Diplomacy*, p. 100.
㉑ Goldstein, "Developments in Protocol," p. 53.
㉒ Holsti, *Taming the Sovereigns*, p. 198.
㉓ R. Cohen, *Theatre of Power: The Art of Diplomatic Signalling* (London and New York: Longman, 1987), p. 142.
㉔ Nicolson, *Diplomacy*, p. 6; Nicolson, *The Evolution of Diplomatic Method*, p. 2.

⑫ Numelin, *The Beginnings of Diplomacy*, pp. 147–52.

⑬ Liverani, *International Relations in the Ancient Near East*, p. 59; Moran (ed. and trans.), *The Amarna Letters*, p. 14.

⑭ Liverani, *International Relations in the Ancient Near East*, p. 75; Moran (ed. and trans.), *The Amarna Letters*, p. 96.

⑮ Liverani, *International Relations in the Ancient Near East*, p. 75.

⑯ G. J. Roy, *Diplomacy in Ancient India* (New Delhi: Janaki Prakashan, 1981), p. 37; L. S. Frey and M. L. Frey, *The History of Diplomatic Immunity* (Columbus, OH: Ohio State University Press, 1999), p. 20.

⑰ Britton, "Chinese Interstate Intercourse before 700 B. C.," pp. 98–9.

⑱ J. D. Mosley, "Envoys and Diplomacy in Ancient Greece," *Historia: Zeitschrift für alte Geschichte*, Einzelschriften, Heft 22 (Wiesbaden: Franz Steiner Verlag, 1973), p. 83.

⑲ Ibid., p. 84.

⑳ Nicolson, *The Evolution of Diplomatic Method*, pp. 18–19.

㉑ Mattingly, *Renaissance Diplomacy*, p. 269.

㉒ E. R. Adair, *The Extraterritoriality of Ambassadors in the Sixteenth and Seventeenth Centuries* (London, New York and Toronto: Longmans, Green and Co., 1929), p. 41.

㉓ Ibid., p. 129.

㉔ Mattingly, *Renaissance Diplomacy*, pp. 278–9.

㉕ Ibid., p. 279.

㉖ P. Sharp, "Who Needs Diplomats? The Problem of Diplomatic Representation," in J. Kurbalija (ed.), *Modern Diplomacy* (Malta: Mediterranean Academy of Diplomatic Studies, 1998), p. 63.

㉗ Adair, *The Extraterritoriality of Ambassadors*, p. 9.

㉘ Mattingly, *Renaissance Diplomacy*, p. 272.

㉙ Adair, *The Extraterritoriality of Ambassadors*, p. 180.

⑭³ Mattingly, *Renaissance Diplomacy*, p. 281.
⑭⁴ Adair, *The Extraterritoriality of Ambassadors*, pp. 198–229.
⑭⁵ Satow, *Satow's Guide to Diplomatic Practice*, pp. 112–14.
⑭⁶ C. E. Wilson, *Diplomatic Privileges and Immunities* (Tucson, AZ: University of Arizona Press, 1967), p. 276.
⑭⁷ J. C. Barker, *The Abuse of Diplomatic Privileges and Immunities: A Necessary Evil?* (Aldershot: Dartmouth, 1996), p. 241.
⑭⁸ G. V. McClanahan, *Diplomatic Immunity: Principles, Practices, Problems* (London: Hurst & Co, 1989), p. 28.
⑭⁹ Ibid., p. 29.
⑮⁰ Sharp, "Who Needs Diplomats?" p. 63.
⑮¹ McClanahan, *Diplomatic Immunity*, p. 30.
⑮² Ibid., pp. 30–1.
⑮³ Ibid., p. 32.
⑮⁴ Wilson, *Diplomatic Privileges and Immunities*, p. 32.
⑮⁵ Liverani, *International Relations in the Ancient Near East*, p. 71.
⑮⁶ B. Mukherjee, *Kautilya's Concept of Diplomacy: A New Interpretation* (Calcutta: Minerva, 1976), p. 8.
⑮⁷ 请参阅 Adcock and Mosley, *Diplomacy in Ancient Greece*, pp. 152–64。
⑮⁸ Mosley, "Envoys and Diplomacy in Ancient Greece," pp. 43–4.
⑮⁹ 请参阅 ibid., p. 6; Adcock and Mosley, *Diplomacy in Ancient Greece*, pp. 160–3。
⑯⁰ Nicolson, *The Evolution of Diplomatic Method*, p. 8.
⑯¹ M. Wight, "The States-System of Hellas," in Jonsson and Langhorne (eds), *Diplomacy*, Volume II, p. 62.
⑯² Ibid., p. 63.
⑯³ G. Herman, *Ritualised Friendship and the Greek City* (Cambridge: Cambridge University Press, 1987), pp. 16, 29.
⑯⁴ Ibid., p. 130.

⑯ Ibid., p. 139.

⑯ A. D. Lee, *Information and Frontiers: Roman Foreign Relations in Late Antiquity* (Cambridge: Cambridge University Press, 1993), pp. 46-7.

⑯ N. Oikonomides, "Byzantine Diplomacy, A. D. 1204-1453: Means and Ends," in Shepard and S. Franklin (eds), *Byzantine Diplomacy*, pp. 81-3.

⑱ Queller, *The Office of the Ambassador in the Middle Ages*, pp. 3-4.

⑲ Mattingly, *Renaissance Diplomacy*, p. 31.

⑰ Ibid., pp. 32-3.

⑰ Satow, *Satow's Guide to Diplomatic Practice*, pp. 82-3.

⑰ S. Talbott, "Globalization and Diplomacy: A Practitioner's Perspective," *Foreign Policy*, 108 (1997) 78.

⑰ 请参阅 J. A. Black, A. George and N. Postgate, *A Concise Dictionary of Akkadian* (Wiesbaden: Harrassowitz Verlag, 1999), p. 267。

⑭ A. Wolpert, "The Genealogy of Diplomacy in Classical Greece," *Diplomacy and Statecraft*, 12 (2001) 82.

⑮ Kertzer, *Ritual, Politics, and Power*, p. 104.

⑯ E. Clark, *Corps Diplomatique* (London: Allen Lane, 1973), p. 111.

第四章 外交交流

① V. D. Tran, *Communication and Diplomacy in a Changing World* (Norwood, NJ: Ablex, 1987), p. 8.

② M. Stearns, *Talking to Strangers: Improving American Diplomacy at Home and Abroad* (Princeton, NJ: Princeton University Press, 1996), p. 112.

③ C. M. Constantinou, *On the Way to Diplomacy* (Minneapolis, MN: University of Minnesota Press, 1996), p. 25.

④ A. James, "Diplomacy and International Society," *International Relations*, 6 (1980) 942.

⑤ H. Bull, *The Anarchic Society: A Study of Order in the World Politics* (London: Macmillan, 1977), p. 164.

⑥ Constantinou, *On the Way to Diplomacy*, p. 77.

⑦ M. Mullett, "The Language of Diplomacy," in J. Shepard and S. Franklin (eds), *Byzantine Diplomacy* (Aldershot: Variorum, 1992), p. 204.

⑧ 例如，请参阅 H. Nicolson, *Diplomacy*, 3rd edn (New York: Oxford University Press, 1977), pp. 5–6。

⑨ J. Der Derian, *On Diplomacy: A Genealogy of Western Estrangement* (Oxford: Basil Blackwell, 1987), pp. 44–67.

⑩ A. Eban, *The New Diplomacy* (London: Weidenfeld & Nicolson, 1983), p. 333; cf. Der Derian, *On Diplomacy*, p. 65.

⑪ A. James, "Diplomacy," *Review of International Studies*, 19 (1993) 96; cf. G. R. Beeidge, *Talking to the Enemy: How States without "Diplomatic Relations" Communicate* (London: Macmillan and New York: St. Martin's Press, 1994).

⑫ M. J. Reddy, "The Conduit Metaphor – A Course of Frame Conflict in Our Language about Language," in A. Ortony (ed.), *Metaphor and Thought* (Cambridge: Cambridge University Press, 1979).

⑬ A. Ostrower, *Language, Law, and Diplomacy*, 2 volumes (Philadelphia, PA: University of Pennsylvania Press, 1965), p. 72.

⑭ Ibid., p. 164.

⑮ B. Lafont, "International Relations in the Ancient Near East: The Birth of a Complete Diplomatic System," *Diplomacy and Statecraft*, 12 (2001).

⑯ Ostrower, *Language, Law, and Diplomacy*, p. 132.

⑰ Ibid., p. 133.

⑱ 请参阅 ibid., pp. 189–94。

⑲ J. Herrin, "Constantinople, Rome and the Franks in the Seventh and Eighth Centuries," in Shepard and Franklin (eds), *Byzantine Diplomacy*, p. 96.

⑳ E. Satow, *Satow's Guide to Diplomatic Practice*, 5th edn, ed. Lord Gore-Booth

(London and New York: Longman, 1979), p. 38.

㉑ W. Pohl, "The Barbarian Successor States," in L. Webster and M. Brown (eds), *The Transformation of the Roman World: AD 400–900* (London: British Museum Press, 1997), p. 44.

㉒ E. Chrysos, "The Empire in East and West," in ibid., p. 17.

㉓ G. Mattingly, *Renaissance Diplomacy* (London: Jonathan Cape, 1955), p. 236.

㉔ H. Nicolson, *The Evolution of Diplomatic Method* (London: Constable, 1954; reprinted by the Diplomatic Studies Programme, Centre for the Study of Diplomacy, University of Leicester, 1998), p. 57.

㉕ 请参阅 Satow, *Satow's Guide to Diplomatic Practice*, p. 40; Ostrower, *Language, Law, and Diplomacy*, p. 352。

㉖ Ostrower, *Language, Law, and Diplomacy*, p. 356.

㉗ E. Plischke, *Conduct of American Diplomacy*, 3rd edn (Princeton, NJ: Van Nostrand, 1967), p. 18.

㉘ Ibid., p. 19.

㉙ Ostrower, *Language, Law, and Diplomacy*, p. 408.

㉚ *Sydsvenska Dagbladet*, 23 November 2002, p. A12.

㉛ R. Rommetveit, *On Message Structure: A Framework for the Study of Language and Communication* (London: John Wiley, 1974), p. 88.

㉜ L. G. Lose, "Communicative Action and the World of Diplomacy," in K. M. Fierke and K. E. Jørgensen (eds), *Constructing International Relations: The Next Generation* (Armonk, NY and London: M. E. Sharpe, 2001), p. 185.

㉝ C. Jonsson, *Communication in International Bargaining* (London: Pinter, 1990), p. 31.

㉞ 请参阅 Constantinou, *On the Way to Diplomacy*, p. 35。

㉟ R. Cohen, *International Politics: The Rules of the Game* (London and New York: Longman, 1981), p. 32.

㊱ James, "Diplomacy and International Society," p. 942.

㊲ Cohen, *International Politics*, pp. 32–4.

㊳ K. Hamilton and R. Langhorne, *The Practice of Diplomacy: Its Evolution, Theory and Administration* (London and New York: Routledge, 1995), p. 32.

㊴ Mattingly, *Renaissance Diplomacy*, pp. 241–2.

㊵ G. R. Berridge, *Diplomacy: Theory and Practice* (London: Prentice-Hall; Harvester Wheatsheaf, 1995), p. 41.

㊶ 请参阅 R. Cohen, "Intelligence in the Amarna Letter," in R. Cohen and R. Westbrook (eds), *Amarna Diplomacy: The Beginning of International Relations* (Baltimore, MD and London: Johns Hopkins University Press, 2000)。

㊷ J. M. Munn-Rankin, "Diplomacy in Western Asia in the Early Second Millennium BC," *Iraq*, XVIII, pt. 1 (1956) 104.

㊸ 请参阅 K. Nag, *Theories of Diplomacy in Kautilya's Arthasatra* (Calcutta: Writers Workshop Publications, 1997), p. 101; G. J. Roy, *Diplomacy in Ancient India* (New Delhi: Janaki Prakashan, 1981), p. 150。

㊹ B. Campbell, "Diplomacy in the Roman World (*c*. 500 BC–AD 235)," *Diplomacy and Statecraft*, 12 (2001) 19.

㊺ Hamilton and Langhorne, *The Practice of Diplomacy*, pp. 17–19.

㊻ Eban, *The New Diplomacy*, p. 336.

㊼ D. E. Queller, *The Office of the Ambassador in the Middle Ages* (Princeton, NJ: Princeton University Press), p. 98.

㊽ Mattingly, *Renaissance Diplomacy*, pp. 246–7.

㊾ M. Herman, "Diplomacy and Intelligence," *Diplomacy and Statecraft*, 9 (1998) 7.

㊿ Ibid., p. 4.

(51) Ibid., p. 18.

(52) Ibid., p. 7.

(53) W. P. Davison, "Mass Communication and Diplomacy," in J. N. Rosenau, K. W. Thompson and G. Boyd (eds), *World Politics: An Introduction* (New York: The Free Press, 1976), p. 391; cf. J. Tusa, "Diplomats and Journalists-Sisters under

the Skin," *The World Today*, 52 (Aug. /Sept. 1996) 218.

(54) J. Eayrs, *Diplomacy and Its Discontents* (Toronto: University of Toronto Press, 1971), p. 7.

(55) Munn-Rankin, "Diplomacy in Western Asia," p. 104.

(56) Mattingly, *Renaissance Diplomacy*, p. 229.

(57) K. Gruber, "Common Denominators of Good Ambassdors," in M. F. Herz (ed.), *The Modern Ambassador: The Challenge and the Search* (Washington, DC: Institute for the Study of Diplomacy, 1983), pp. 62-3.

(58) Mattingly, *Renaissance Diplomacy*, p. 114.

(59) M. Mallett, "Italian Renaissance Diplomacy," *Diplomacy and Statecraft*, 12 (2001) 66.

(60) Nicolson, *The Evolution of Diplomatic Method*, p. 38.

(61) Mattingly, *Renaissance Diplomacy*, p. 110.

(62) Stearns, *Talking to Strangers*, p. 116.

(63) Eayrs, *Diplomacy and Its Discontents*, p. 4.

(64) A. A. Berger, *Signs in Contemporary Culture: An Introduction to Semiotics* (New York and London: Longman, 1984), p. 20.

(65) C. Bell, *The Conventions of Crisis: A Study in Diplomatic Management* (Oxford: Oxford University Press, 1971), p. 74.

(66) L. S. Frey and M. L. Frey, *The History of Diplomatic Immunity* (Columbus, OH: Ohio State University Press, 1999), pp. 14-15; cf. N. O. Brown, *Hermes the Thief: The Evolution of a Myth* (Madison, WI: University of Wisconsin Press, 1947).

(67) J. Shepard, "Information, Disinformation and Delay in Byzantine Diplomacy," in Jönsson and Langhorne (eds), *Diplomacy*, Volume II (London: Sage, 2004), p. 153.

(68) R. Jervis, *The Logic of Images in International Relations* (Princeton, NJ: Princeton University Press, 1970), p. 70.

⑩ M. Liverani, *International Relations in the Ancient Near East, 1600-1100 BC* (Houndmills: Palgrave, 2001), p. 181.

⑪ R. Cohen, *Theatre of Power: The Art of Diplomatic Signalling* (London and New York: Longman, 1987), p. 20.

⑫ G. Fisher, *International Negotiation: A Cross-Cultural Perspective* (Chicago, IL: Intercultural Press, 1980), p. 46.

⑬ R. Cohen, *Negotiating Across Culture: International Communication in an Interdependent World*, 2nd revised edn (Washington, DC: United States Institute of Peace Press, 1997), p. 152.

⑭ 请参阅 C. Jönsson, "Diplomatic Signaling in the Amarna Letters," in R. Cohen and R. Westbrook (eds), *Amarna Diplomacy: The Beginning of International Relations* (Baltimore, MD and London: Johns Hopkins University Press, 2000), pp. 197-8。

⑮ A. B. West, "The Early Diplomacy of Philip II of Macedon Illustrated by His Coins," *Numismatic Chronicle*, Fifth Series, Volume III (1923).

⑯ Ibid., p. 22.

⑰ Ibid., p. 36.

⑱ Herrin, "Constantinople, Rome and the Franks," p. 102.

⑲ J. Osborne, "Politics, Diplomacy and the Cuit of Relics in Venice and the Northern Adriatic inthe First Half of Ninth Century," *Early Medieval Europe*, 8 (1999) 369-86.

⑳ 请参阅 C. Jönsson, "The Suez War of 1956: Communication in Crisis Management," in A. L. George (ed.), *Avoiding War: Problems of Crisis Management* (Boulder, CO: Westview, 1991)。

㉑ *Ett diplomatiskt misslyckande: Fallet Raoul Wallenberg och den svenska utrikesledningen* [A Diplomatic Failure: The Case of Raoul Wallenberg and the Swedish Foreign Ministry (Stockholm: Commission report, SOU 2003:18)], especially pp. 261-307, 396-408.

㉒ Liverani, *International Relations in the Ancient Near East*, p. 134.

㊂ Stearns, Talking to Strangers, p. 132.

㊃ A. Watson, *Diplomacy: The Dialogue Between States* (London: Eyre Methuen, 1982), p. 33.

㊄ Berridge, *Diplomacy*, p. 1.

㊅ 例如，请参阅 C. Jönsson, "Diplomacy, Bargaining and Negotiation," in W. Carlsnaes, T. Risse and B. A. Simmons (eds), *Handbook of International Relations* (London: Sage, 2002)。

㊆ F. C. Iklé, *How Nations Negotiate* (New York: Praeger, 1964), p. 2.

㊇ 一般而言，仲裁被视为解决争议的半合法程序，争议方选择第三方来判决解决方案的条款，该判决具有法律上的约束力。调停则是通过妥协让步而非法律判决的方式协调具有对立主张的当事方，通过调停达成的争议解决方案条款仅仅属于建议，并不具有约束性质。由于二者的方式均较为灵活，它们之间的正式差异并不显著。

㊈ Munn-Rankin, "Diplomacy in Western Asia," p. 96.

㊉ R. Britton, "Chinese Interstate Intercourse before 700 B. C.," in C. Jönsson and R. Langhorne (eds), *Diplomacy*, Volume II (London: Sage, 2004), pp. 105–7.

⑩ 请参阅 F. E. Adcock and J. Mosley, *Diplomacy in Ancient Greece* (London: Thames and Hudson, 1975), pp. 210–14; C. Reus-Smit, *The Moral Purpose of the State: Culture, Social Identity and Institutional Rationality in International Relations* (Princeton, NJ: Princeton University Press, 1999), pp. 40–62。

⑪ R. Langhorne, "The Development of International Conferences, 1648–1830," in Jönsson and Langhorne (eds), *Diplomacy*, Volume II, pp. 284–5.

⑫ K. J. Holsti, *Taming the Sovereigns: Institutional Change in International Politics* (Cambridge: Cambridge University Press, 2004), pp. 191.

⑬ J. Kaufmann, *Conference Diplomacy*, 3rd revised edn (Houndmills: Macmillan, 1996).

⑭ R. Fisher and W. Ury, *Getting to Yes: Negotiating Agreement Without Giving In* (Boston, MA: Houghton Mifflin, 1981), pp. 118–22; H. Raiffa, *The Art and Sci-*

ence of Negotiation (Cambridge: Cambridge University Press, 1982), pp. 205–17.

(95) 请参阅 Nicolson, *The Evolution of Diplomatic Method*, pp. 50–1。

(96) R. H. Mnookin and J. R. Cohen, "Introduction," in R. H. Mnookin and L. E. Susskind (eds), *Negotiating on Behalf of Others* (London: Sage, 1999), p. 2.

(97) P. R. Evans, H. K. Jacobson and R. D. Putnam (eds), *Double-Edged Diplomacy* (Berkeley and Los Angeles, CA: University of California Press, 1993).

(98) A. Moravcsik, "Introduction: Integrating International and Domestic Theories of International Bargaining," in ibid., p. 15.

(99) 请参阅 G. R. Winham, "Practitioners' Views of International Negotiation," *World Politics*, 32 (1979) 116–19; I. W. Zartman and M. R. Berman, *The Practical Negotiator* (New Haven, CT and London: Yale University Press, 1982), p. 207; G. R. Martin, "The 'Practical' and the 'Theoretical' Split in Modern Negotiation Literature," *Negotiation Journal*, 4 (1998) 49–50。

(100) R. D. Putnam, "Diplomacy and Domestic Politics: The Logic of Two-Level Games," *International Organization*, 42 (1988) 428–60.

(101) D. W. Johnson, "Communication and the Inducement of Cooperative Behavior in Conflicts: A Critical Review," *Speech Monographs*, 41 (1974) 74.

(102) R. Numelin, *The Beginnings of Diplomacy: A Sociological Study of Inter-tribal and International Relations* (Oxford: Oxford University Press, 1950), p. 227.

(103) G. Herman, *Ritualised Friendship and the Greek City* (Cambridge: Cambridge University Press, 1987), pp. 50–1.

(104) Cohen, *International Politics*, pp. 39–40.

(105) Cohen, *Theatre of Power*, p. 156.

(106) Ibid., pp. 156–7.

(107) Ibid., p. 24.

(108) Ibid., pp. 35–40.

(109) Eban, *The New Diplomacy*, p. 393.

(110) H. W. Simons, *Persuasion: Understanding, Practice and Analysis* (Reading, MA:

Addison-Wesley, 1976), p. 50.

⑪ Numelin, *The Beginnings of Diplomacy*, p. 254.

⑫ 请参阅 Jönsson,"Diplomatic Signaling in the Amarna Letters," pp. 194–5。

⑬ Campbell,"Diplomacy in the Roman World," p. 16.

⑭ Mullett,"The Language of Diplomacy," pp. 213–14.

⑮ 请参阅 R. Cormack, "But Is It Art?" in Shepard and Franklin (eds), *Byzantine Diplomacy*, p. 238。

⑯ Ibid., p. 230.

⑰ A. Muthesius,"Silken Diplomacy," in Shepard and Franklin (eds), *Byzantine Diplomacy*, p. 237.

⑱ N. Oikonomides,"Byzantine Diplomacy, A. D. 1204–1453: Means and Ends," in ibid., p. 85.

⑲ 参阅 J. Hartmann, *Staatszeremoniell* (Köln: Carl Heymanns Verlag, 1988), p. 272。

⑳ 请参阅 Jönsson,"Diplomatic Signaling in the Amarna Letters," pp. 202–3。

㉑ J. D. Mosley,"Envoys and Diplomacy in Ancient Greece," *Historia: Zeitschrift fur alte Geschichte*, Einzelschriften, Heft 22 (Wiesbaden: Franz Steiner Verlag, 1973), p. 43.

㉒ Ibid., p. 36.

㉓ Adcock and Mosley, *Diplomacy in Ancient Greece*, p. 153.

㉔ C. W. Thayer, *Diplomat* (New York: Harper & Brothers, 1959), p. 20.

㉕ G. T. Seaborg, *Kennedy, Khrushchev, and the Test Ban* (Berkeley and Los Angeles, CA: University of California Press, 1981), p. 252.

㉖ Mosley,"Envoys and Diplomacy in Ancient Greece," p. 14.

㉗ C. P. Jones, *Kinship Diplomacy in the Ancient World* (Cambridge, MA: Harvard University Press, 1999), p. 18.

㉘ G. J. Roy, *Diplomacy in Ancient India* (New Delhi: Janaki Prakashan, 1981), p. 72.

⑬ A. Iqbal, *Diplomacy in Islam: An Essay on the Art of Negotiation as Conceived and Developed by the Prophet of Islam*, 3rd edn (Lanhore: Institute of Isiamic Culture, 1977), p. 76.

⑬ Mullett,"The Language of Diplomacy," p. 211.

⑬ Nicolson, *The Evolution of Diplomatic Method*, p. 57.

⑬ 请参阅 G. Beckman, *Hittite Diplomatic Texts* (Atlanta, GA: Scholars Press, 1996), pp. 27, 62。

⑬ 请参阅 Jönsson,"Diplomatic Signaling in the Amarna Letters," pp. 201-2, 204。

⑬ Beckman, *Hittite Diplomatic Texts*, p. 117.

⑬ Mosley,"Envoys and Diplomacy in Ancient Greece," p. 14.

⑬ Adcock and Mosley, *Diplomacy in Ancient Greece*, pp. 155, 179.

⑬ M. Mallett,"Italian Renaissance Diplomacy," *Diplomacy and Statecraft*, 12 (2001) 65-6.

⑬ Mattingly, *Renaissance Diplomacy*, pp. 248-50.

⑬ L. N. Rangarajan,"Diplomacy, States and Secrets in Communications," *Diplomacy and Statecraft*, 9 (1998) 20.

⑭ Ibid.

⑭ 请参阅 H. E. Catto, Jr.,"The End of Diplomacy?" *Information Impacts Magazine* (www. cisp. org/imp/july_2001/07_01catto. htm)。

⑭ M. Leonard, with C. Stead and C. Smewing, *Public Diplomacy* (London: The Foreign Policy Centre, 2002), p. 6.

⑭ E. H. Potter,"Canada and the New Public Diplomacy," *Discussion Papers in Diplomacy*, no. 81 (The Hague: Netherlands Institute of International Relations "Clingendael," 2002), p. 3.

⑭ Leonard et al., *Public Diplomacy*, p. 50.

⑭ M. Leonard,"Diplomacy by Other Means," *Foreign Policy*, 132 (2002) 50.

⑭ J. Kurbalija, "Diplomacy in the Age of Information Technology," in J. Melissen (ed.), *Innovations in Diplomatic Practice* (London: Macmillan and New York: St.

Martin's Press, 1999), p. 185.

⑭⑦ 请参阅 Jönsson, "Diplomatic Signaling in the Amarna Letters," p. 203。

⑭⑧ T. Örn, *Varför diplomati ?* [Why Diplomacy?] (Stockholm: Wahlström & Widstrand, 2002), p. 29.

⑭⑨ Queller, *The Office of the Ambassador in the Middle Ages*, p. 89.

⑮⓪ Eban, *The New Diplomacy*, p. 358.

⑮① W. Macomber, *The Angels' Game: A Commentary on Modern Diplomacy*, revised edn (Dennisport, MA: Grane Corporation, 1997), p. 45.

⑮② Stearns, *Talking to Strangers*, p. 113.

⑮③ Catto, Jr, "The End of Diplomacy?"

⑮④ D. Busk, *The Craft of Diplomacy* (London: Pall Mall Press, 1967), p. 238.

⑮⑤ Eban, *The New Diplomacy*, p. 360.

⑮⑥ Quoted in Berridge, *Diplomacy*, p. 52n1.

⑮⑦ G. Jackson, *Concorde Diplomacy: The Ambassador's Role in the World Today* (London: Hamish Hamilton, 1981), p. 5.

⑮⑧ D. H. Dunn, "The Lure of Summitry: International Dialogue at the Highest Level," *Discussion Papers in Diplomacy*, No. 13 (Leicester: Centre for the Study of Diplomacy, University of Leicester, 1996), p. 2.

⑮⑨ Britton, "Chinese Interstate Intercourse before 700 BC," p. 93.

⑯⓪ 请参阅 Quller, *The Office of the Ambassador in the Middle Ages*, p. 14; Nicolson, *The Evolution of Diplomatic Method*, p. 42。

⑯① Nicolson, *The Evolution of Diplomatic Method*, p. 43.

⑯② Dunn, "The Lure of Summitry," p. 3.

⑯③ J. Melissen, "Summit Diplomacy Coming of Age," *Discussion Papers in Diplomacy*, no. 86 (The Hague: Netherlands Institute of International Relations "Clingendael," 2003), p. 3.

⑯④ Eban, *The New Diplomacy*, p. 363.

⑯⑤ Melissen, "Summit Diplomacy Coming of Age," p. 19.

⑯ Ibid., pp. 16–18.
⑯ W. R. Roberts, "The Media Dimension II: Diplomacy in the Information Age," *The World Today*, 47 (1991) 113.
⑯ T. J. McNulty, "Television's Impact on Executive Decision-making and Diplomacy," *Fletcher Forum of World Affairs*, 17 (1993) 67.
⑲ S. Talbott, "Globalization and Diplomacy: A Practitioner's Perspective," *Foreign Policy*, 108 (1997) 69–83.
⑰ Cohen, *Theatre of Power*.
⑰ Eban, *The New Diplomacy*, p. 356.
⑰ 请参阅 Y. Cohen, *Media Diplomacy: The Foreign Office in the Mass Communication Age* (London: Frank Cass, 1986); C. Jönsson, "Diplomatic Signaling in the Television Age," *Harvard International Journal of Press/Politics*, 1 (1996) 24–40; E. Gilboa, "Diplomacy in the Media Age: Three Models of Uses and Effects," *Diplomacy and Statecraft*, 12 (2001) 1–28。
⑰ E. S. Herman, "The Media's Role in U. S. Foreign Policy," *Journal of International Affairs*, 47 (1993) 23–6.

第五章 外交代表

① 请参阅 H. J. Morgenthau, *Politics Among Nations: The Struggle for Power and Peace*, 3rd edn (New York: Alfred A. Knopf, 1966), pp. 542–5; K. J. Holsti, *International Politics: A Framework for Analysis* (Englewood Cliffs, NJ: Prentice-Hall, 1967), pp. 220–1。
② G. R. Berridge, *Diplomacy: Theory and Practice* (London: Prentice Hall/Harvester Wheatsheaf, 1995), pp. 34–5; P. Sharp, "For Diplomacy: Representation and the Study of International Relations," *International Studies Review*, 1 (1999) 33–57.
③ M. Keens-Soper, "Wicquefort," in G. R. Berridge, M. Keens-Soper and T. G. Otte, *Diplomatic Theory from Machiavelli to Kissinger* (Houndmills and New York: Pal-

grave, 2001), p. 93.

④ P. Sharp, "Who Needs Diplomats? The Problem of Diplomatic Representation," in J. Kurbalija (ed.), *Modern Diplomacy* (Malta: Mediterranean Academy of Diplomatic Studies, 1998), p. 63.

⑤ M. Stearns, *Talking to Strangers: Improving American Diplomacy at Home and Abroad* (Princeton, NJ: Princeton University Press, 1996), p. 73.

⑥ H. Redner, *A New Science of Representation: Towards an Integrated Theory of Representation in Science, Politics, and Art* (Boulder, CO: Westview, 1994), p. 27.

⑦ 请参阅 ibid., pp. 28-35。

⑧ A. de Grazia, "Representation: Theory," in D. L. Sills (ed.), *International Encyclopedia of the Social Sciences*, Volume 13 (New York: Macmillan and Free Press), 1968, p. 462.

⑨ Sharp, "Who Needs Diplomats?" p. 61.

⑩ 请参阅 H. E. Pitkin, *The Concept of Representation* (Berkeley, CA: University of California Press, 1972), pp. 3, 241。

⑪ Ibid., pp. 3, 242.

⑫ Redner, *A New Science of Representation*, p. 240.

⑬ de Grazia, "Representation: Theory," p. 461.

⑭ F. R. Ankersmit, *Political Representation* (Stanford, CA: Stanford University Press, 2002), p. 108.

⑮ 请参阅 J. Tallberg, *Making States Comply* (Lund: Department of Political Science, Lund University, 1999), pp. 51-5。

⑯ 请参阅 M. D. McCubbins, R. G. Noll and B. G. Weingast, "Administrative Procedures as Instruments of Political Control," *Journal of Law, Economics and Organiztion*, 3 (1987) 243-77。

⑰ Sharp, "Who Needs Diplomats?" p. 65.

⑱ C. W. Freeman, Jr., *Arts of Power: Statecraft and Diplomacy* (Washington, DC: United States Institute of Peace Press, 1997), p. 115.

⑲ C. W. Thayer, *Diplomat* (New York: Harper & Brothers, 1959), p. 242.
⑳ B. J. Diggs, "Practical Representation," in J. R. Pennock and J. W. Chapman (eds), *Representation* (New York: Atherton Press, 1968), p. 31.
㉑ P. Baber, *Diplomacy: The World of the Honest Spy* (London: The British Library, 1979), p. 121.
㉒ Pitkin, *The Concept of Representation*, p. 114.
㉓ M. Sobolewski, "Electors and Representatives: A Contribution to the Theory of Representation," in Pennock and Chapman (eds), *Representation*, p. 96.
㉔ Pitkin, *The Concept of Representation*, p. 144-5.
㉕ H. Nicolson, "Foreword," in C. W. Thayer, *Diplomat* (New York: Harper & Brothers, 1959), p. xi.
㉖ D. E. Queller, *The Office of the Ambassador in the Middle Ages* (Princeton, NJ: Princeton University Press), p. 7.
㉗ G. Beckman, *Hittite Diplomatic Texts* (Atlanta, GA: Scholars Press, 1996), p. 20.
㉘ Freeman, *Arts of Power*, p. 111.
㉙ J. D. Mosley, "Envoys and Diplomacy in Ancient Greece," *Historia: Zeitschrift fur alte Geschichte*, Einzelschriften, Heft 22 (Wiesbaden: Franz Steiner Verlag, 1973), p. 39.
㉚ Thayer, *Diplomat*, p. 39.
㉛ Mosley, "Envoys and Diplomacy in Ancient Greece," p. 39.
㉜ Ibid., pp. 40-1.
㉝ H. Nicolson, *The Evolution of Diplomatic Method* (London: Constable, 1954; reprinted by the Diplomatic Studies Programme, Centre for the Study of Diplomacy, University of Leicester, 1998), p. 17.
㉞ 请参阅 Queller, *The Office of the Ambassador in the Middle Ages*, pp. 106-7。
㉟ G. Jackson, *Concorde Diplomacy: The Ambassador's Role in the World Today* (London: Hamish Hamilton, 1981), pp. 67-8.

㊱ *Sydsvenska Dagbladet*, 16 October 2004, p. A16; *Dagens Nyheter*, 23 October 2004, p. 27.

㊲ 请参阅 S. Talbott, *Deadly Gambits: The Reagan Administration and the Stalemate in Nuclear Arms Control* (New York: Vintage Books, 1985), pp. 116–47。

㊳ T. A. Bailey, "Advice for Diplomats," in E. Plischke (ed.), *Modern Diplomacy: The Art and The Artisans* (Washington, DC: American Enterprise Institute for Public Policy Research, 1979), p. 227.

㊴ Thayer, *Diplomat*, p. 242.

㊵ *Sydsvenska Dagbladet*, 12 March 2003, p. 47.

㊶ Thayer, *Diplomat*, pp. 218–19.

㊷ L. Van der Essen, *La Diplomatie* (Bruxelles: Editions P. D. L., 1953), p. 52.

㊸ 请参阅 Thayer, *Diplomat*, p. 219; E. Satow, *Satow's Guide to Diplomatic Practice*, 5th edn, ed. Lord Gore-Booth (London and New York: Longman, 1979), pp. 180–1。

㊹ Satow, *Satow's Guide to Diplomatic Practice*, p. 186.

㊺ 请参阅 Thayer, *Diplomat*, p. 218; T. Örn, *Varför diplomati?* [Why Diplomacy?] (Stockholm: Wahlström & Widstrand, 2002), pp. 61–2。

㊻ Pitkin, *The Concept of Representation*, pp. 144–7.

㊼ Ibid., pp. 38–9.

㊽ Ibid., p. 5.

㊾ 请参阅 E. A. Nordlinger, "Representation, Governmental Stability, and Decisional Effectiveness," in Pennock and Chapman (eds), *Representation*, p. 110。

㊿ M. Liverani, *International Relations in the Ancient Near East, 1600–1100 BC* (Houndmills: Palgrave, 2002), p. 72.

(51) Mosley, "Envoys and Diplomacy in Ancient Greece," pp. 30–7.

(52) Queller, *The Office of the Ambassador in the Middle Ages*, pp. 26–58.

(53) Ibid., pp. 130, 135.

(54) Barber, *Diplomacy: The World of the Honest Spy*, p. 63.

(55) Queller, *The Office of the Ambassador in the Middle Ages*, pp. 106-7.

(56) Ibid., p. 54.

(57) 请参阅 *Ett diplomatiskt misslyckande: Fallet Raoul Wallenberg och den svenska utrikesledningen* [A Diplomatic Failure: The Case of Raoul Wallenberg and the Swedish Foreign Ministry] (Stockholm: Commission report, SOU 2003:18), especially pp. 261-307, 396-408。

(58) 引自 G. Mattingly, *Renaissance Diplomacy* (London: Jonathan Cape, 1955), p. 219。

(59) Ibid., p. 221.

(60) Ibid., pp. 220-1.

(61) Nicolson, *The Evolution of Diplomatic Method*, p. 68.

(62) Mattingly, *Renaissance Diplomacy*, pp. 224-5.

(63) 请参阅 Nicolson, *The Evolution of Diplomatic Method*, pp. 81-2。

(64) W. Macomber, *The Angels' Game: A Commentary on Modern Diplomacy*, revised edn (Dennisport, MA: Grane Corporation, 1997), p. 21.

(65) I. W. Zartman and M. R. Berman, *The Practical Negotiator* (New Haven, CT and London: Yale University Press, 1982), p. 223.

(66) M. Sobolewski, "Electors and Representatives: A Contribution to the Theory of Representation," in Pennock and Chapman (eds), *Representation*, pp. 106-7.

(67) J. R. Pennock and J. W. Chapman, "Preface," in ibid., p. viii.

(68) K. Hamilton and R. Langhorne, *The Practice of Diplomacy: Its Evolution, Theory and Administration* (London and New York: Routledge, 1995), p. 132.

(69) Stearns, *Talking to Strangers*, p. 75.

(70) J. G. H. Halstead, "Today's Ambassador," in M. F. Herz (ed.), *The Modern Ambassador: The Challenge and The Search* (Washington, DC: Institute for the Study of Diplomacy, 1983), p. 23.

(71) E. Bunker, "Introduction," in ibid., p. 1.

(72) H. Trevelyan, *Diplomatic Channels* (Boston, MA: Cambit, 1973), p. 29.

(73) Tallberg, *Making States Comply*, p. 65.

(74) C. Hill, "Diplomacy and the Modern States," in C. Navari (ed.), *The Condition of States* (Milton Keynes and Philadelphia: Open University Press, 1991), p. 97.

(75) P. Sharp, "Representation in a Nationalist Era," *Discussion Papers in Diplomacy*, No. 15 (Leicester: Centre for the Study of Diplomacy, University of Leicester, 1996), p. 5.

(76) Bailey, "Advice for Diplomats," p. 227.

(77) H. Nicolson, *Diplomacy*, 3rd edn (New York: Oxford University Press, 1977), p. 35.

(78) Nicolson, *The Evolution of Diplomatic Method*, p. 92.

(79) Thayer, *Diplomat*, pp. 39-40.

(80) 引自 Nicolson, *The Evolution of Diplomatic Method*, p. 13。

(81) *Stearns*, *Talking to Strangers*, p. 77.

(82) Örn, *Varfòr diplomati ?* p. 77.

(83) J. Cutcher-Gershenfeld and M. Watkins, "Toward a Theory of Representation in Negotiation," in R. H. Mnookin and L. E. Susskind (eds), *Negotiating on Behalf of Others* (London: Sage, 1999), p. 24.

(84) 请参阅 Stearns, *Talking to Strangers*, p. 113。

(85) R. E. Kennedy, *Thirteen Days: A Memoir of the Cuban Missile Crisis* (New York: Signet Books, 1969), p. 116; 请参阅 S. Simpson, "Education in Diplomacy," in S. Simpson (ed.), *Education inDiplomacy: An Instructional Guide* (Lanham, MD: University Press of America, 1987), p. 11; R. Cooper, *The Breaking of Nations: Order and Chaos in the Twenty-first Century* (London: Atlantic Books, 2003), p. 99。

(86) Diggs, "Practical Representation," p. 36.

(87) D. W. Organ, "Linking Pins Between Organizations and Environment," *Business Horizons*, 14 (1971) 11.

(88) J. Cohen, "Commentary Representation and the Problem of Identity," in Pennock

and Chapman (eds), *Representation*, p. 44.

⑧⑨ 请参阅 Örn, *Varför diplomati?* p. 160; Bailey, "Advice for Diplomats," pp. 230-1。

⑨⓪ Queller, *The Office of the Ambassador in the Middle Ages*, p. 11.

⑨① Mattingly, *Renaissance Diplomacy*, p. 27.

⑨② F. L. Ganshof, *The Middle Ages: A History of International Relations* (New York: Harper and Row, 1970), p. 39.

⑨③ A. Gillet, *Envoys and Political Communication in the Late Antique West, 411-533* (Cambridge: Cambridge University Press, 2003), p. 6 n12. 关于将教廷大使当作外交官驱逐，或任何与常驻使节起源相关的内容，*Renaissance Diplomacy*, p. 56。

⑨④ R. Langhorne, "History and Evolution of Diplomacy," in J. Kurbalija (ed.), *Modern Diplomacy* (Malta: Mediterranean Academy of Diplomatic Studies, 1998), p. 159.

⑨⑤ Charles Peirce, as quoted in Redner, *A New Science of Representation*, p. 23.

⑨⑥ Sharp, "Who Needs Diplomats?" p. 61.

⑨⑦ G. V. McClanahan, *Diplomatic Immunity: Principles, Practices, Problems* (London: Hurst & Co, 1989), p. 28.

⑨⑧ Barber, *Diplomacy: The World of the Honest Spy*, p. 121.

⑨⑨ Sharp, "Who Needs Diplomats?" p. 63.

⑩⓪ McClanahan, *Diplomatic Immunity*, p. 29.

⑩① Sharp, "Who Needs Diplomats?" p. 63.

⑩② Pitkin, *The Concept of Representation*, pp. 60-1.

⑩③ N. Oikonomides, "Byzantine Diplomacy, A. D. 1204-1453: Means and Ends," in Shepard and S. Franklin (eds), *Byzantine Diplomacy*, p. 83.

⑩④ Morgenthau, *Politics among Nations*, pp. 245-7.

⑩⑤ Nicolson, *The Evolution of Diplomatic Method*, p. 34.

⑩⑥ Stearns, *Talking to Strangers*, p. 88.

⑩⑦ G. R. Berridge, "Guicciardini," in G. R. Berridge, M. Keens-Soper and T. G. Otte, *Diplomatic Theory from Machiavelli to Kissinger* (Houndmills and New York: Palgrave, 2001), p. 35.

⑩⑧ Freeman, *Arts of Power*, p. 111.

⑩⑨ Thayer, *Diplomat*, p. 183.

⑩ 请参阅 Redner, *A New Science of Representation*, pp. 33-4。

⑪ E. Plischke, *Conduct of American Diplomacy*, 3rd edn (Princeton, NJ: Van Nostrand, 1967), pp. 294-5.

⑫ G. Jackson, *Concorde Diplomacy: The Ambassador's Role in the World Today* (London: Hamish Hamilton, 1981), p. 116.

⑬ N. Kaufman Hevener (ed.), *Diplomacy in a Dangerous World: Protection for Diplomats Under International Law* (Boulder, CO: Westview, 1986), p. 69.

⑭ 请参阅 E. Clark, *Corps Diplomatique* (London: Allen Lane, 1973), p. 136; Satow, *Satow's Guide to Diplomatic Practice*, pp. 199-201。

⑮ J. Eayrs, *Diplomacy and Its Discontents* (Toronto: University of Toronto Press, 1971), pp. 8, 12.

⑯ M. Liverani, *International Relations in the Ancient Near East, 1600-1100 BC*, p. 73.

⑰ Ibid., pp. 74-5; G. R. Berridge, "Amarna Diplomacy: A Full-fledged Diplomatic System?" in R. Cohen and R. Westbrook (eds), *Amarna Diplomacy: The Beginning of International Relations* (Baltimore, MD: Johns Hopkins University Press, 2000), p. 214.

⑱ G. R. Berridge, "Grotius," in Berridge Keens-Soper and Otte, *Diplomatic Theory from Machiavelli to Kissinger*, p. 60.

⑲ 请参阅 Thayer, *Diplomat*, p. 44; Nicolson, *The Evolution of Diplomatic Method*, p. 29。

⑳ A. Watson, *Diplomacy: The Dialogue Between States* (London: Eyre Methuen, 1982), passim.

㉑ W. Macomber, *The Angels' Game: A Commentary on Modern Diplomacy*, revised edn (Dennisport, MA: Grane Corporation, 1997), p. 26.

⑫ Sharp, "Who Needs Diplomats?" p. 67.

⑬ H. Nicolson, "Foreword," in C. W. Thayer, *Diplomat* (New York: Harper & Brothers, 1959), p. xi.

⑭ Freeman, *Arts of Power*, p. 139.

⑮ Sharp, "Who Needs Diplomats?" p. 67.

⑯ Hill, "Diplomacy and the Modern State," p. 99.

⑰ J. R. Pennock, "Political Representation: An Overview," in Pennock and Chapman (eds), *Representation*, p. 6.

第六章 国际社会的再造

① 例如，请参阅 K. Kristiansen, *Europe Before History* (Cambridge: Cambridge University Press, 1998), p. 41。

② 例如，请参阅 B. Buzan, C. Jones and R. Little, *The Logic of Anarchy: Neorealism to Structural Realism* (New York: Columbia University Press, 1993)。

③ R. R. Williams, *Hegel's Ethics of Recognition* (Berkeley and Los Angeles: University of California Press, 1997), p. 349.

④ K. Waltz, *Theory of International Politics* (New York: Random House, 1979), p. 74.

⑤ A. Wendt, *Social Theory of International Politics* (Cambridge: Cambridge University Press, 1999), esp. p. 318.

⑥ 例如，请参阅 H. Spruyt, *The Sovereign State and Its Competitors* (Princeton, HJ: Princeton University Press, 1994); C. Tilly, *Coercion, Capital, and European States, AD 990-1992* (Oxford: Blackwell, 1992)。

⑦ Spruyt, *The Sovereign State and Its Competitors*, p. 179.

⑧ B. Lafont, "International Relations in the Ancient Near East: The Birth of a Complete Diplomatic System," *Diplomacy and Statecraft*, 12 (2001) 50.

⑨ J. D. Mosley, "Envoys and Diplomacy in Ancient Greece," *Historia: Zeitschrift fur alte Geschichte*, Einzelschriften, Heft 22 (Wiesbaden: Franz Steiner Verlag, 1973), p. 82.

⑩ W. Pohl, "The Barbarian Successor States," in L. Webster and M. Brown (eds), *The Transformation of the Roman World: AD 400-900* (London: British Museum Press, 1997), p. 33.

⑪ E. Chrysos, "The Empire in East and West," in L. Webster and M. Brown (eds), *The Transformation of the Roman World: AD 400-900*, p. 18.

⑫ A. Gillett, *Envoys and Political Communication in the Late Antique West, 411-533* (Cambridge: Cambridge University Press, 2003), p. 1; E. Chrysos, "Byzantine Diplomacy, A. D. 300-800: Means and Ends," in Shepard and Franklin (eds), *Byzantine Diplomacy* (Aldershot: Variorum, 1992).

⑬ Gillett, *Envoys and Political Communication in the Late Antique West*, p. 1.

⑭ P. S. Barnwell, "War and Peace: Historiography and Seventh-Century Embassies," *Early Medieval Europe*, 6 (1997) 138.

⑮ Chrysos, "Byzantine Diplomacy, AD 300-800," p. 32. 该作者侧重的是拜占庭外交,相关概述请参阅 Barnwell, "War and Peace," p. 136。

⑯ Barnwell, "War and Peace," p. 137.

⑰ Gillett, *Envoys and Political Communication*, p. 6.

⑱ Ibid., ch. 2.

⑲ Chrysos, "Byzantine Diplomacy, AD 300-800," p. 36.

⑳ Chrysos, "The Empire in East and West," p. 13.

㉑ Ibid., p. 15.

㉒ B. Jahn, *The Cultural Construction of International Relations: The Invention of the State of Nature* (Houndmills: Palgrave, 2000), ch. 2.

㉓ N. Inayatullah and D. L. Blaney, *International Relations and the Problem of Difference* (New York and London: Routledge, 2004), p. 49.

㉔ Ibid., p. 48.

㉕ 关于"承认失败"的文献有很多,范围较广。除了已经引用的研究,还包括: T. Todorov, *The Conquest of America: The Question of the Other* (New York: Harper & Row, 1984); U. Bitterli, *Cultures in Conflict: Encounters Between European and Non-European Cultures, 1492–1800* (Stanford, CA: Stanford University Press, 1986); 安东尼·佩登(Anthony Pagden)所做的系列研究也可作为该问题的重要参考文献。

㉖ 转引自 Todorov, *The Conquest of America*, p. 150。

㉗ H. Spruyt, "The Origins, Development, and Possible Decline of the Modern State," *Annual Review of Political Science*, 5 (2002) 134.

㉘ 转引自 S. Talmon, *Recognition of Governments in International Law: With Particular Reference to Governments in Exile* (Oxford: Clarendon Press, 1998), p. 21。

㉙ P. Malanczuk, *Akehurst's Modern Introduction to International Law*, 7th revised edn (London and New York: Routledge, 1997), p. 82.

㉚ Ibid., p. 83.

㉛ 请参阅 M. J. Peterson, *Recognition of Governments: Legal Doctrine and State Practice, 1815–1995* (London: Macmillan, 1997), p. 26。

㉜ A. Cassese, *International Law* (Oxford: Oxford University Press, 2001), p. 48.

㉝ M. Doxey, "'Something Old, Something New': The Politics of Recognition in Post-Cold-War Europe," *Diplomacy and Statecraft*, 6 (1995) 304.

㉞ Malanczuk, *Akehurst's Modern Introduction*, p. 83.

㉟ Doxey, "'Something Old, Something New'," p. 306.

㊱ Malanczuk, *Akehurst's Modern Introduction*, p. 82.

㊲ Peterson, *Recognition of Governments*, p. 100.

㊳ Malanczuk, *Akehurst's Modern Introduction*, pp. 88–9.

㊴ Ibid., pp. 87–8.

㊵ C. Weber and T. J. Biestecker, "Reconstructing the Analysis of Sovereignty: Concluding Reflections and Directions for Future Research," in T. J. Biestecker and C. Weber (eds), *State Sovereignty as a Social Construct* (Cambridge: Cambridge Uni-

㊶ versity Press, 1996), p. 279.

㊶ Malanczuk, *Akehurst's Modern Introduction*, p. 83.

㊷ K. J. Holsti, *Taming the Sovereigns: Institutional Change in International Politics* (Cambridge: Cambridge University Press, 2004), p. 128.

㊸ 请参阅 Malanczuk, *Akehurst's Modern Introduction*, p. 83。

㊹ Holsti, *Taming the Sovereigns*, p. 129.

㊺ G. W. Gong,"China's Entry Into International Society," in H. Bull and A. Watson (eds), *The Expansion of International Society* (Oxford: Clarendon Press, 1984), p. 172.

㊻ Ibid.

㊼ 例如, 请参阅 D. S. Linton, "Asia and the West in the New World Order-From Trading Companies to Free Trade Imperialism: The British and Their Rivals in Asia, 1700-1850," in A. T. Embree and C. Gluck (eds), *Asia in Western and World History* (Armonk, NY: M. E. Sharpe, 1997)。

㊽ H. Suganami, "Japan's Entry Into International Society," in Bull and Watson (eds), *The Expansion of International Society*, p. 190.

㊾ Ibid.

㊿ Ibid.

㉛ Holsti, *Taming the Sovereigns*, pp. 129-30.

㉜ Doxey,"'Something Old, Something New'," p. 307.

㉝ Ibid., p. 308.

㉞ Cassese, *International Law*, p. 52.

㉟ 请参阅 ibid., p. 49-50; Doxey,"'Something Old, Something New'," pp. 314-17。

㊱ Malanczuk, *Akehurst's Modern Introduction*, p. 90.

㊲ 请参阅 ibid., p. 85。

㊳ 例如, 请参阅 ibid., p. 89; Cassese, *International Law*, p. 50; Doxey, "'Something Old, Something New'," pp. 312-13。

㊴ Peterson, *Recognition of Governments*, pp. 77-81.

⑥ 请参阅 S. Kransner, *Sovereignty: Organized Hypocrisy* (Princeton, NJ: Princeton University Press, 1999), pp. 15–16。

⑥ Talmon, *Recognition of Governments*, pp. 7–10.

⑥ 请参阅 Kransner, *Sovereignty*, p. 16。

⑥ 事实上的国家可以被定义为"缺乏广泛承认但能够在具体领土范围内或多或少有效发挥政府权威的非主权实体"。S. Pegg, *International Sovereignty and the De Facto State* (Aldershot: Ashgate, 1998), p. 6。

⑥ G. R. Berridge, *Talking to the Enemy: How States without "Diplomatic Relations" Communicate* (London: Macmillan and New York: St. Martin's Press, 1994).

⑥ A. Eban, *The New Diplomacy* (London: Weidenfeld & Nicolson, 1983), p. 343.

⑥ R. J. Barnet, *Roots of War* (New York: Penguin, 1973), p. 25.

⑥ E. Plischke, *Conduct of American Diplomacy*, 3rd edn (Princeton, NJ: Van Nostrand, 1967), pp. 49–50.

⑥ Eban, *The New Diplomacy*, p. 343.

⑥ V. V. Aspaturian, *Process and Power in Soviet Foreign Policy* (Boston, MA: Little, Brown: 1971), p. 623.

⑦ Ibid., p. 599.

⑦ K. Hamilton and R. Langhorne, *The Practice of Diplomacy: Its Evolution, Theory and Administration* (London and New York: Routledge, 1995), p. 213.

⑦ Eban, *The New Diplomacy*, p. 343.

⑦ J. Kaufmann, *Conference Diplomacy*, 3rd revised edn (Houndmills: Macmillan, 1996), pp. 112–13.

⑦ 例如，请参阅 H. Grabbe, "Europeanization Goes East: Power and University in the EU Accession Process," in K. Featherstone and C. M. Radaelli (eds), *The Politics of Europeanization* (Oxford and New York: Oxford University Press, 2003)。

⑦ 例如，请参阅 T. A. Börzel and T. Risse, "Conceptualizing the Domestic Impact of Europe," in ibid., pp. 65–8。

⑯ 请参阅 J. Kelley, "International Actors on the Domestic Scene: Membership Conditionality and Socialization by International Institutions," *International Organization*, 58 (2004) 454。

⑰ F. Kratochwli, "Of Systems, Boundaries, and Territoriality: An Inquiry into the Formation of the State System," *World Politics*, 39 (1986) 27.

第七章 外交和变化中的政治实体

① M. Wight, "The States-System of Hellas," in Jönsson and Langhorne (eds), *Diplomacy*, Volume II (London: Sage, 2004), p. 56.

② Ibid.; C. P. Jones, *Kinship Diplomacy in the Ancient World* (Cambridge, MA: Harvard University Press, 1999), pp. 14–15.

③ M. Flower, "Alexander the Great and Panhellenism," in A. B. Bosworth and E. J. Baynham (eds), *Alexander the Great in Fact and Fiction* (New York: Oxford University Press, 2000), pp. 97–8.

④ Ibid., pp. 105–6.

⑤ Ibid., p. 103.

⑥ Ibid., p. 101.

⑦ C. Roebuck, "The Settlements of Philip II with the Greek States in 338 B. C.," *Classical Philology*, 43 (1948) 77.

⑧ 请参阅 ibid., p. 90; J. A. O. Larsen, "Representative Government in the Panhellenic Leagues," *Classical Philology*, 20 (1925) 314。

⑨ Larsen, "Representative Government in the Panhellenic Leagues," pp. 318–19; A. J. Heisserer, *Alexander the Great and the Greeks: The Epigraphic Evidence* (Norman: University of Oklahoma Press, 1980), pp. xxiii–xxiv.

⑩ Larsen, "Representative Government in the Panhellenic Leagues," pp. 319–21.

⑪ Ibid., pp. 325–7; J. A. O. Larsen, "Representative Government in the Panhellenic Leagues, II," *Classical Philology*, 21 (1926) 56.

⑫ Larsen, "Representative Government in the Panhellenic Leagues," pp. 319, 327.

⑬ Ibid., pp. 319, 322; Larsen, "Representative Government in the Panhellenic Leagues, II," p. 56; Heisserer, *Alexander the Great and the Greeks*, pp. xxiii-xxiv.

⑭ Heisserer, *Alexander the Great and the Greeks*, p. xxiv.

⑮ Larsen, "Representative Government in the Panhellenic Leagues," p. 324.

⑯ F. E. Adcock and J. Mosley, *Diplomacy in Ancient Greece* (London: Thames and Hudson, 1975), p. 89.

⑰ Heisserer, *Alexander the Great and the Greeks*, p. xxv.

⑱ Ibid., Larsen, "Representative Government in the Panhellenic Leagues," p. 323.

⑲ A. B. Bosworth, *Conquest and Empire: The Reign of Alexander the Great* (Cambridge and New York: Cambridge University Press, 1988), p. 188.

⑳ N. G. L. Hammond, *The Genius of Alexander the Great* (London: Duckworth, 1997), pp. 48-9.

㉑ Ibid., p. 49; Bosworth, *Conquest and Empire*, p. 197.

㉒ 例如，请参阅 V. Ehrenberg, *Alexander and the Greeks* (Oxford: Basil Balckwell, 1938), p. 63; Hammond, *The Genius of Alexander the Great*, p. 199。

㉓ Flower, "Alexander the Great and Panhellenism," pp. 108-9.

㉔ Ehrenberg, *Alexander and the Greeks*, p. 62.

㉕ Ibid., pp. 84-90.

㉖ Ibid., p. 85.

㉗ C. A. Robinson, Jr., "The Extraordinary Ideas of Alexander the Great," *American Historical Review*, 62 (1957) 327.

㉘ H. M. de Mauriac, "Alexander the Great and the Politics of 'Homonia'," *Journal of the History of Idea*, 10 (1949) 106.

㉙ Jones, *Kinship Diplomacy in the Ancient World*, pp. 6-7, 44.

㉚ Hammond, *The Genius of Alexander the Great*, p. 199; Robinson, "The Extraordinary Ideas of Alexander the Great," p. 336.

㉛ Ehrenberg, *Alexander and the Greeks*, p. 91; de Mauriac, "Alexander the Great and the Politics of 'Homonia'," p. 109; Robinson, "The Extraordinary Ideas of Alexander the Great," pp. 336-7.

㉜ Ehrenberg, *Alexander and the Greeks*, p. 103; Bosworth, *Conquest and Empire*, p. 194.

㉝ Flower, "Alexander the Great and Panhellenism," pp. 110, 128.

㉞ Ehrenberg, *Alexander and the Greeks*, pp. 109-110.

㉟ Larson, "Representative Government in the Panhellenic Leagues, II," pp. 62-3.

㊱ Ibid., pp. 64-5.

㊲ Adcock and Mosley, *Diplomacy in Ancient Greece*, pp. 103, 106.

㊳ Larson, "Representative Government in the Panhellenic Leagues, II," p. 71.

㊴ B. Tierney, *Western Europe in the Middle Ages, 300-1475*, 6th edn (Boston, MA: McGraw-Hill, 1999), p. 214.

㊵ U.-R. Blumenthal, *The Investiture Controversy: Church and Monarchy from the Ninth to the Twelfth Century* (Philadelphia, PA: University of Pennsylvania Press, 1988), p. 79.

㊶ Ibid., p. 49.

㊷ Ibid., p. 119.

㊸ F. Ganshof, *The Middle Ages: A History of International Relations* (New York: Harper and Row, 1971), p. 131.

㊹ Tierney, *Western Europe in the Middle Ages*, p. 221.

㊺ Blumenthal, *The Investiture Controversy*, p. 113.

㊻ Ibid., pp. 113-15. 关于格列高利立场的其他描述，请参阅 Tierney, *Western Europe in the Middle Ages*, p. 221。布卢门塔尔（Blumenthal）和蒂尔尼（Tierney）的观点差异并不影响较长时期的历史叙述，也不影响本书的观点。蒂尔尼代表的是传统观点，认为"平信徒叙任"导致了叙任权之争。布卢门塔尔（pp. 120-1）则进一步分析指出，平信徒叙任遭禁止是由教皇与君主之间的冲突所致。对本书而言，知道冲突至少是部分关于平信徒叙任就足够了，本书更感兴趣的是整个冲突带来的其他后果。

㊼ Blumenthal, *The Investiture Controversy*, p. 124.

㊽ Ibid., p. 127.

㊾ 二者均引自 Blumenthal, *The Investiture Controversy*, p. 156。

㊿ A. B. Bozeman, *Politics and Culture in International History: From the Ancient Near East to the Opening of the Modern Age*, 2nd edn (New Brunswick, NJ: Transaction Publishers, 1994), p. 256.

㊼ P. Sharp, "For Diplomacy: Representation and the Study of International Relations," *International Studies Review*, 1 (1999) 51.

㊾ 更多例子请参阅 Ganshof, *The Middle Ages*, ch. 7; Blumenthal, *The Investiture Controversy*, ch. 4。

㊽ Bozeman, *Politics and Culture in International History*, p. 267.

㊾ 有关"12世纪教会法的复兴",请参阅 Tierney, *Western Europe in the Middle Ages*, pp. 312–18; 有关调解和仲裁的案例,请参阅 Ganshof, *The Middle Ages*, ch. 7。

㊾ Bozeman, *Politics and Culture in International History*, pp. 265–6.

㊾ Ganshof, *The Middle Ages*, p. 152. 作者提供了非教皇仲裁的若干案例。

㊾ Tierney, *Western Europe in the Middle Ages*, p. 224.

㊾ Blumenthal, *The Investiture Controversy*, p. 37.

㊾ J. R. Strayer, *On the Medieval Origins of the Modern State* (Princeton, NJ: Princeton University Press, 1970), p. 22.

⑥⓪ D. Boucher, *Political Theories of International Relations: From Thucydides to the Present* (Oxford: Oxford University Press, 1998), p. 118.

⑥① Ibid., p. 136.

⑥② Bozeman, *Politics and Culture in International History*, p. 264.

⑥③ Strayer, *On the Medieval Origins of the Modern State*, p. 23.

⑥④ F. Laursen, "On Studying European Integration: Integration Theory and Political Economy," in F. Laursen (ed.), *The Political Economy of European Integration* (The Hague: Kluwer Law International, 1995), pp. 7–9.

⑥⑤ 请参阅 C. Hill and W. Wallace, "Diplomatic Trends in the European Community," *International Affairs*, 55 (1979) 49。

㊻ R. Cooper, *The Breaking of Nations: Order and Chaos in the Twenty-first Century* (London: Atlantic Books, 2003), p. 142.

㊼ Hill and Wallace, "Diplomatic Trends in the European Community," p. 48.

㊽ 请参阅 B. Laffan, R. O'Donnell and M. Smith, *Europe's Experimental Union: Rethinking Integration* (London: Routledge, 2000)。

㊾ J. G. March and J. P. Olsen, "The Institutional Dynamics of International Political Orders," *International Organization*, 52 (1998) 967.

㊿ Laffan, O'Donnell and Smith, *Europe's Experimental Union: Rethinking Integration*, p. 199.

(71) A. Stone Sweet and W. Sandholtz, "Integration, Supranational Governance, and the Institutionalization of the European Polity," in W. Sandholtz and A. Stone Sweet (eds), *European Integration and Supranational Governance* (Oxford: Oxford University Press, 1998), pp. 8-11.

(72) L. Hooghe and G. Marks, *Multi-Level Governance and European Integration* (Oxford: Rowman & Littlefield, 2001), pp. 3-4.

(73) G. Wiseman, "'Polylateralism' and New Modes of Global Dialogue," *Discussion Paper*, No. 59 (Leicester: Leicester Diplomatic Studies Programme, 1999), pp. 10-11.

(74) Hill and Wallace, "Diplomatic Trends in the European Community," p. 50.

(75) *Taking Europe to the World: 50 Years of the European Commission's External Service* (Luxembourg: Office for Official Publications of the European Communities, 2004), p. 3.

(76) Hill and Wallace, "Diplomatic Trends in the European Community," p. 50.

(77) P. Ifestos, *European Political Cooperation: Towards a Framework of Supranational Diplomacy?* (Aldershot: Avebury, 1987), p. 585.

(78) S. Duke, "A Foreign Minister for the EU: But Where's the Ministry?" *Discussion Papers in Diplomacy*, No. 89 (The Hague: Netherlands Institute of International Relations "Clingendael," 2003), p. 12n23; S. Duke, "Preparing for European Diplomacy?" *Journal of Common Markets Studies*, 40 (2002) 858; M. Bruter, "Diplomacy without a State: The External Delegations of the European Commission,"

Journal of European Public Policy, 6 (1999) 183-4; *Taking Europe to the World*, pp. 3, 25, 34, 56.

⑲ *Taking Europe to the World*, p. 13.

⑳ Ibid., pp. 15, 36, 37.

㉑ Duke, "A Foreign Minister for the EU," pp. 4-5.

㉒ Bruter, "Diplomacy without a State," p. 185.

㉓ Duke, "Preparing for European Diplomacy?" p. 859.

㉔ 请参阅 R. Bengtsson, "The Council Presidency and External Representation," in O. Elgström (ed.), *European Union Council Presidencies: A Comparative Perspective* (London: Routledge, 2003), pp. 62-5。

㉕ S. Duke, "The Convention, the Draft Constitution and External Relations: Effects and Implications for the EU and its International Role," *Working Paper*, No. 2003/W/2 (Maastricht: European Institute of Public Administration, 2003), p. 3.

㉖ 请参阅 ibid., pp. 15-17。

㉗ Duke, "A Foreign Minister for the EU," p. 7.

㉘ Duke, "The Convention, the Draft Constitution and External Relations," pp. 19-20.

㉙ Ibid., pp. 5-14.

㉚ 请参阅 C. Hill, "A Foreign Minister without a Foreign Ministry-or with Too Many?" *CFSP Forum*, 1 (2003) 2; Duke, "A Foreign Minister for the EU," pp. 2-3。

㉛ Hill, "A Foreign Minister without a Foreign Ministry," p. 2.

㉜ Duke, "A Foreign Minister for the EU," pp. 12-13.

㉝ Hill, "A Foreign Minister without a Foreign Ministry," p. 2.

㉞ Duke, "A Foreign Minister for the EU," p. 16.

㉟ Duke, "Preparing for European Diplomacy?" p. 867.

㊱ D. Spence, "The Evolving Role of Foreign Ministries in the Conduct of European Union Affairs," in B. Hocking and D. Spence (eds), *Foreign Ministries in the European Union: Integrating Diplomats* (Houndmills: Palgrave, 2002), p. 34.

㊲ Hill, "A Foreign Minister without a Foreign Ministry," p. 2.

㊳ J. S. Nye, Jr. and R. O. Keohane, "Transnational Relations and World Politics: A

Conclusion," in R. O. Keohane and J. S. Nye, Jr. (eds), *Transnational Relations and World Politics* (Cambridge, MA: Harvard University Press, 1973), p. 383.

⑨ Spence,"The Evolving Role of Foreign Ministries in the Conduct of European Union Affairs," pp. 24-5.

⑩ B. Hocking, "Introduction: Gatekeepers and Boundary-Spanners-Thinking about Foreign Ministries in the European Union," in Hocking and Spence (eds), *Foreign Ministries in the European Union: Integrating Diplomats*, p. 3.

⑩ Duke,"Preparing for European Diplomacy?" p. 853.

⑩ S. Talbott, "Globalization and Diplomacy: A Practitioner's Perspective," *Foreign Policy*, 108 (1997) 78.

⑩ Spence,"The Evolving Role of Foreign Ministries in the Conduct of European Union Affairs," pp. 22-3.

⑩ J. Batora,"Does the European Union Transform the Institution of Diplomacy?" *Discussion Papers in Diplomacy*, No. 87 (The Hague: Netherlands Institute of International Relations "Clingendael," 2003), p. 11.

⑩ Ibid., pp. 18-19; www. europa. eu. int. /comm/external_relations/delegations/intro/ms. htm.

⑩ www. europa. eu. int. /comm/external_relations/delegations/intro/ms. htm.

⑩ Spence,"The Evolving Role of Foreign Ministries in the Conduct of European Union Affairs," p. 22.

⑩ S. Keukeleire,"The European Union as a Diplomatic Actor," *Discussion Paper*, No. 71 (Leicester: Leicester Diplomatic Studies Programme, 2000), p. 6.

⑩ Duke,"Preparing for European Diplomacy?" p. 853.

⑩ 根据尚未生效的《欧盟宪法条约（草案）》，欧洲理事会主席的角色将被大幅削弱。例如，欧洲理事会主席的驻外机构将被欧盟代表团——驻在国的主要代表和协调机构所取代。请参阅 *Taking Europe to the World*, p. 59。

⑪ 请参阅 Wiseman,"'Polylateralism' and New Modes of Global Dialogue"; A. Cooper and B. Hocking,"Governments, Non-governmental Organizations and the Re-calibration of Diplomacy," *Global Society*, 14 (2000) 361-76。

⑫ B. Hocking, "Conclusion," in Hocking and Spence (eds), *Foreign Ministries in the European Union: Integrating Diplomats*, p. 285.

⑬ Keukeleire, "The European Union as a Diplomatic Actor," p. 1.

⑭ Hocking, "Conclusion," p. 284.

⑮ Batora, "Does the European Union Transform the Institution of Diplomacy?" p. 10.

⑯ Hocking, "Conclusion," p. 279.

⑰ J. M. M. Correia, "Poryugal," in Hocking and Spence (eds), *Foreign Ministries in the European Union: Integrating Diplomats*, p. 204; 请参阅 Hocking, "Conclusion," in ibid., p. 279。

⑱ Bátora, "Does the European Union Transform the Institution of Diplomacy?" p. 14; Hocking, "Introduction," in Hocking and Spence (eds), *Foreign Ministries in the European Union: Integrating Diplomats*, p. 8.

⑲ Spence, "The Evolving Role of Foreign Ministries in the Conduct of European Union Affairs," p. 29.

⑳ Hocking, "Conclusion," p. 285.

㉑ Hocking, "Introduction," p. 8.

㉒ Ibid., p. 2.

㉓ Bátora, "Does the European Union Transform the Institution of Diplomacy?" p. 17.

结　论

① G. Allison and P. Zelikov, *Essence of Decision: Explaining the Cuban Missile Crisis*, 2nd edn (New York: Longman, 1999), p. 404.

② S. Simpson, "Education in Diplomacy," in S. Simpson (ed.), *Education in Diplomacy: An Instructional Guide* (Lanham, MD: University Press of America, 1987), p. 5.

索 引

Adams, Gerry 盖瑞·亚当斯 95
agrément 接受 115
aide-mémoire 外交备忘录 46
Akkadian
   as diplomatic language 阿卡德语为外交语言 65, 69-70
Alexander I, Tsar 沙皇亚历山大一世 92, 114
Alexander the Great 亚历山大大帝 5, 52, 69, 121, 136, 139-43, 162
Allison, Graham 格雷厄姆·艾利森 3-4, 165
alternat 轮换制 56
Amarna Letters 《阿玛那书简》 10, 45, 46, 51, 53, 73, 78, 79, 86, 87, 90
ambiguity
   constructive 建设性模糊 72, 73, 76-80, 94, 96
   destructive 破坏性模糊 80-2, 96
anarchy 无政府状态 18, 22
   vs. hierarchy 和等级制 34-5
Ancient China
   diplomacy of 古代中国外交 11, 53, 82, 92
   and immunity 古代中国外交豁免 59
   and ritual 古代中国外交礼仪 47, 49
Ancient Greece
   diplomacy of 古希腊外交 11, 22, 51-2, 64, 68, 76, 85, 87-88, 89, 102, 106, 117
   and immunity 古希腊外交豁免 59-60
   and recognition 古希腊外交承认 5, 121-2, 134, 164
   and ritual 古希腊外交礼仪 49
Ancient India
   diplomacy of 古印度外交 7, 11, 63, 88
   and immunity 古印度外交豁免 59
   and intelligence 古印度外交情报 73
Ancient Near East
   diplomacy of 古代近东外交 10,

49, 50-1, 63, 75, 76, 81, 82, 86, 88-9, 90, 105-6, 166

and immunity 古代近东外交豁免 58-9

and precedence 古代近东外交优先权 58-9

and recognition 古代近东外交承认 5, 121

and ritual 古代近东外交礼仪 45, 48-9, 65-6

Antipater 安提佩特 141, 142

Arafat, Yasser 亚西尔·阿拉法特 85, 94

Aragon 阿拉贡 54

Aramaicas

as diplomatic language 阿玛那语为外交语言 69, 70

arbitration 仲裁 22, 82-3, 138, 144, 148, 149

Aristotle 亚里士多德 140

Aron, Raymond 雷蒙·阿隆 16

Arthasastra 政事论 7, 63, 70

Athens 雅典 64, 79, 87, 102, 110, 137, 139, 140-2

Austria 奥地利 41, 104

autocrator 全权代理 87, 106

Babylonia 巴比伦 51, 78-9, 87

Ball, George 乔治·鲍尔 92

Bangladesh 孟加拉国 130

Barber, Peter 彼得·巴伯 113

bargaining situation 讨价还价 82

Belgium 比利时 115

Bell, Catherine 凯瑟琳·贝尔 43

Berlin Wall 柏林墙 94, 129

Biafra 比夫拉 130

Berridge, G. R. G. R. 贝里奇 82, 131

Blair, Henry W. 亨利·W. 布莱尔 115

Blair, Tony 托尼·布莱尔 72

boundary roles 边缘角色 112, 117, 118

Brandt, Willy 威利·勃兰特 129

Brown, John 约翰·布朗 104

Brunus, Conradus 康洛德斯·布鲁努斯 60

Brzezinski, Zbigniew 兹比格纽·布热津斯基 2

Bull, Hedley 赫德利·布尔 20, 67

Burton, John 约翰·伯顿 2

Bush, George 乔治·布什 57-8, 90

Bush, George W. 乔治·W. 布什 72, 104

Butterfield, Herbert 赫伯特·巴特菲尔德 20

Buzan, Barry 巴里·布赞 34

Byzantium

diplomacy of 拜占庭外交 11, 45-

6, 49, 52, 53, 64-5, 67, 70, 74, 76, 80, 76-7, 88, 89, 114, 116, 122, 123

 and ceremonial　拜占庭仪式　47

de Callières, François　弗朗索瓦·德·卡利埃　8, 107
Camp David negotiations (1978)　1978年戴维营会谈　83
Canning, George　乔治·坎宁　71
Carter, Jimmy　吉米·卡特　83, 103
Catholic Church　天主教会　41, 56, 61, 70, 124, 143, 161
 see also popes　另见教皇
Chaironeia, battle of　喀罗尼亚战役　137, 138
Chalcidic League　卡尔西狄克联盟　79
Chamberlain, Neville　内维尔·张伯伦　85
Charlemagne　查理曼大帝　123, 143, 147
Chechnya　车臣　130
Chicherin, Georgi　格奥尔基·契切林　132
China　中国　30, 78, 115, 154
 diplomatic recognition of　外交承认
 see also Ancient China　另见古代中国
Churchill, Winston　温斯顿·丘吉尔　57, 92, 125
Clemenceau, Georges　乔治·克里孟梭　71
Clinton, Bill　比尔·克林顿　95
CNN　美国有线电视新闻网　94
coexistence
 as basic norm of diplomacy　共存作为外交的基本规范　28, 35, 39, 41, 50, 53, 82
Cohen, Raymond　雷蒙德·科恩　85
Cold War　冷战　1, 62, 74, 83, 111
 end of　结束　129, 130, 150
de Comines, Philippe　菲利普·德·科米纳　92
communication　交流　5, 12, 20, 25, 27, 37, 45-8, 59, 67-97, 108-9, 117-18, 1213, 136, 142, 148, 149, 160-1, 164-6
 constructivist view of　建构主义的交流观　68, 72
 private vs. public　公开交流和秘密交流　5, 68, 88-90, 96
 and ritualization　与仪式化　43-4
 as shared meaning　形成共同内涵的　37, 69
 and technological development　与技术发展　5, 68, 89, 90-7
 verbal vs. nonverbal　语言交流和非语言交流　5, 68, 75, 77-9, 81, 84-8, 94, 96

Concert of Europe 欧洲协调 29, 127

Concert of Worms (1122) 1122年《沃尔姆斯协议》 144, 147

conference diplomacy 会议外交 83

Congress of Aix-la-Chapelle (1818) 1818年亚琛会议 57

Congress of Vienna (1815) 1815年维也纳会议 57, 63, 65, 114, 127, 132

Corinthian League 科林斯同盟 138-9, 141-3, 162

Council of Europe 欧洲委员会 57, 133, 150

constructivism 建构主义 19, 21, 68, 72, 120

Croatia 克罗地亚 129

Cyprus 塞浦路斯 130

Czechoslovakia 捷克斯洛伐克 129

De Vera, Don Juan Antonio 唐·璜·安东尼奥·德·维拉 8, 107

Dekanozov, Vladimir 弗拉基米尔·杰卡诺佐夫 81

Delors, Jacques 雅克·德洛尔 150

Demosthenes 狄摩西尼 64, 88, 102, 110, 139

Denmark 丹麦 54, 114-15

Der Derian, James 詹姆斯·德·代元 21-2

diplomacy
"classic," 经典外交 11
definitions of 外交的定义 3, 67, 82
etymology of 外交的词源 67
institutionalization of 外交制度化 4, 25, 39-66, 72, 119, 167
and intelligence 与情报 11, 73-4, 96
as international institution 作为国际制度 3, 4, 20, 23, 25-30, 38-40, 164, 167
and media 与媒体 74-5, 77, 90, 91, 93-7
multilateral 多边 22, 71, 83, 133, 152, 159, 160
"new," "新" 12, 167
"old," "旧" 11, 22, 89
professionalization of 职业化 11, 44
public 公共 90, 96
ritualization of 仪式化 4, 25, 42-66, 167
and secrecy 秘密外交 2, 11, 77, 89-90, 131
and theory 与理论 1-4, 7, 167
vs. warfare 和战争 13, 15, 16, 17, 122
diplomatic "bodylanguage," 外交"身体语言" 77, 84-6, 94

diplomatic corps 外交使团 26, 40-1, 57, 114, 154, 157
diplomatic culture 外交文化 20, 21, 77, 165
diplomatic history 外交史 7, 9-12, 22
diplomatic immunity 外交豁免权 5, 30, 39, 40, 41, 44, 58-63, 64, 66, 113, 154, 164
diplomatic information-gathering 外交信息收集 5, 11, 46, 68, 73-5, 82, 95-6, 166
diplomatic protocol 外交礼仪 41, 44, 45-50, 54, 57, 66, 86, 94
diplomatic ranks 外交官衔 5, 42, 44, 47, 57, 60, 63-5, 66, 87, 100-1, 154, 166
diplomatic recognition 外交承认 5, 28, 28, 44, 119-31, 133-5, 141, 147, 152, 154, 161, 163, 164-6
　of China 中国 55-6, 127-8, 129
diplomatic recognition-*continued*
　constitutive vs. declaratory theory of 外交承认的构成论和外交承认的宣示论 125-7
　of Croatia 克罗地亚 129
　de facto vs. de jure 事实上的外交承认和法律上的外交承认 126, 129
　Estrada Doctrine 埃斯特拉达主义

的外交承认 127
　of EU Commission delegations 欧盟委员会代表团 154
　of German Democratic Republic (GDR) 民主德国 129
　inclusive vs. exclusive 包容性外交承认和排他性外交承认 5, 120-2, 124-5, 134-5, 163, 164, 166
　of Japan 日本 127-8
　of states vs. governments 国家外交承认和政府外交承认 126-7
diplomatic representation 外交代表 98-118
　see also representation 另见代表
diplomatic signaling 外交信号 50, 75-82, 86-7, 93-7
diplomats
　accountability of 外交官问责制 102-5
　attacks on 针对外交官的袭击 115-16
　authorization of 外交官授权制 105-8
　as boundary-role occupants 作为边缘角色的外交官 112, 118
　instructions of 外交官的指令 5, 84, 88, 92, 100-3, 106, 107-11
　as "intuitive semioticians," 外交官作为"依靠直觉的符号学家" 72, 75, 95

Dulles, John Foster 约翰·福斯特·杜勒斯 30, 81

Eban, Abba 阿巴·埃班 1, 2, 74, 92, 132, 133
Edelman, Murray 默里·埃德尔曼 44
Eden, Anthony 安东尼·艾登 80, 85
Egypt 埃及 10, 45, 51, 53, 59, 69, 73, 78, 80, 81, 86, 87, 104
Elias, Norbert 诺伯特·埃利亚斯 14, 15
Emirbayer, Mustafa 穆斯塔法·艾弥拜尔 13
English
  as diplomatic language 英语作为外交语言 71
English School 英国学派 19-23, 24, 32, 33, 35, 167
essentialism 本质主义 4, 24
European Coal and Steel Community (ECSC) 欧洲煤钢共同体 150, 153
European Union 欧洲联盟 30, 65
  Common Foreign and Security Policy (CFSP) 共同外交和安全政策 153, 154, 155, 156, 161
  as diplomatic actor 作为外交行为体 5, 134-5, 136, 150-62, 167

and diplomatic recognition 与外交承认, 129, 133, 154
European Political Cooperation (EPC) 欧洲政治合作 153
European Security and Defence Policy (ESDP) 欧洲安全和防务政策 153, 154, 155, 161
  plans for foreign minister 外长行动计划 156-7, 162
exchange 交换
  of gifts 礼物 48, 51, 86-7, 88, 89, 91
  of information 信息 53, 74, 75, 166
  and origins of diplomacy 与外交起源 26
extraterritoriality 治外法权 61-2, 63

family metaphors 家人比喻 41, 50-2
First World War 第一次世界大战 2, 11, 42, 71, 89, 128, 132
Florence 佛罗伦萨 52, 116
France 法国 41, 92, 127, 130, 146-7, 150
  and precedence 与优先 54-7
French
  as diplomatic language 法语作为外交语言 70-1

G-8 meeting in Genoa (2001) 2001年八国集团热那亚峰会 93

de Gaulle, Charles 夏尔·戴高乐 151

Geneva Conference (1954) 1954年日内瓦会议 30

George, Lloyd 劳合·乔治 71

Gerard, James W. 詹姆士·W.杰勒德 115

Germany 德国 105, 114, 1115, 129, 144, 145, 146, 147, 148, 150, 160

Gilpin, Robert 罗伯特·吉尔平 16

Giddens, Anthony 安东尼·吉登斯 14

Gillon, Carmi 迦米·吉伦 114-15

Grant, Ulysses S. 尤利西斯·S.格兰特 109

Greece 希腊 133

 see also Ancient Greece 另见古希腊

Greek

 as diplomatic language 古希腊语作为外交语言 70

Gregorian reforms 格列高利改革 145, 149

Grenville, Lord 格伦维尔勋爵 71

Grimes, Ronald 罗纳德·格莱姆斯 43

Grotius, Hugo 雨果·格劳秀斯 37, 61

Habermas, Jurgen 尤尔根·哈贝马斯 72

Hague Congress (1948) 1948年海牙大会 150

Hallstein Doctrine 哈尔斯坦主义 129

Hallstein, Walter 瓦尔特·哈尔斯坦 151

Hammer, Armand 阿尔蒙德·哈默 83

Hanseatic League 汉萨同盟 121

Harriman, Averell 埃弗里尔·哈里曼 87

Henry Ⅲ 亨利三世 144

Henry Ⅳ 亨利四世 144-7

Heracles 赫拉克勒斯 52, 140, 141

Hermes 赫尔墨斯 64, 68, 72, 76

Hermes, Andreas 安德里亚斯·赫梅斯 115

hierarchy 等级制 31, 36, 56

 vs. anarchyvs 和无政府状态 34-5

Hirohito, Emperor 裕仁天皇 57-8

historical sociology 历史社会学 14, 25, 30-3, 167

Hitler, Adolf 阿道夫·希特勒 150

Hittite treaties 《赫梯条约》 10, 46, 101

Holsti, Kalevi 卡莱维·霍尔斯蒂 28

Holy Roman Empire 神圣罗马帝国 57, 70
Homer's *Iliad* 荷马的《伊利亚特》 46, 140
Huxley, Sir Julian 朱利安·赫胥黎爵士 44
India 印度 130, 143
　　see also Ancient India, diplomacy of 另见古印度、古印度外交
institution
　　definition of 制度的定义 25
　　evolved vs. Designed 演进型制度和设定型制度 27
　　foundational vs. Procedural 基础性制度和程序性制度 28
　　vs. organization 制度和组织 25-6
　　primary vs. secondary 首要制度和次要制度 27, 28
institutionalization
　　definition of 制度化定义 39, 40
　　see also diplomacy, institutionalization of 另见外交、制度化
intelligence 情报 8, 11, 73-4, 76, 96, 103, 131
international society 国际社会 20, 21, 22, 23, 24, 26, 27, 33-7, 67
　　definition of 定义 33
　　homogeneous vs. heterogeneous 同质的国际社会和异质的国际社会 120-1, 122, 123, 134
　　inclusive vs. exclusive 包容性国际社会和排他性国际社会 120-1, 123-4, 134, 135
　　vs. international system 和国际体系 33
　　reproduction of 再造 4, 5, 25, 28, 32, 37-8, 119-35, 142-3, 149, 161-5
Internet 互联网 75, 90
Investiture Controversy 叙任权之争 144, 146, 147, 148, 149
Isocrates 伊索克拉底 137, 140
Israel 以色列 85, 115-15
Italy 意大利 85, 146
　　see also Renaissance Italy 另见文艺复兴时期的意大利
ius gentium 《万民法》 60

Jackson, Geoffrey 杰弗里·杰克逊 115
Japan 日本 57-8, 115, 150, 154
　　diplomatic recognition of 外交承认 127, 128
Jusserand, Jules 朱尔斯·朱瑟朗 8

Kautilya 考底利耶 7, 63, 73
Kennan, George F. 乔治·F. 凯南 105, 111
Kennedy, John F. 约翰·F. 肯尼迪

94

Kennedy, Robert F. 罗伯特·F.肯尼迪 111

keryx (herald) 传令官 64, 68, 87, 88

Khrushchev, Nikita S. 尼基塔·S.赫鲁晓夫 87

Kiesling, John Bradley 约翰·布莱德利·基斯林 104

kinship diplomacy 亲缘外交 51-2, 64, 65-6, 121-2, 134, 141, 164, 166

Kissinger, Henry A. 亨利·A.基辛格 78

Korean War (1950-3) 1950—1953年朝鲜战争 131

Kuchma, Leonid 列昂尼德·库奇马 71-2

Kvitsinsky, Yuli 尤力·科维辛斯基 103

Lane, Arthur B. 亚瑟·B.雷恩 104

Latin

    as diplomatic language 拉丁语作为外交语言 70

Law of the Sea negotiations 海洋法谈判 83

Le Trosne, Guillaume F. 纪尧姆·F.勒·特罗那 2

League of Nations 国际联盟 71

Levy, Jack 杰克·利维 10

Lewin, Kurt 科特·卢因 3

liberalism 自由主义 15, 17-18

Libya 利比亚 62, 104

Louis XIV 路易十四 37, 55

Machiavelli, Niccolo 尼科洛·马基雅维利 149

Mamedov, Georgi 乔治·马梅多夫 94

Mann, Michael 迈克尔·曼恩 14, 35

Marxism 马克思主义

    see structuralism 见结构主义

Mattingly, Garrett 加勒特·马丁立 8, 28

mediation 调停 21, 40, 56, 82-3, 144, 148, 149

Mexico 墨西哥 115, 126

Middle Ages

    diplomacy of 中世纪外交 48, 50, 65, 83, 92, 101, 106, 122-5, 143-9, 162, 165

Middle Ages-continued

    and ceremonial 中世纪外交仪式 53-4

    and immunity 中世纪外交豁免 60, 61, 116

    and recognition 中世纪外交承认 5, 124, 134, 163, 164, 166

and representation 中世纪外交代表 112, 113, 122-3
Monnet, Jean 让·莫内, 150-1
Monroe Doctrine 门罗主义 131
Morgenthau, Hans J. 汉斯·J. 摩根索 15-16
Motley, John L. 约翰·L. 莫特利 109
multilevel governance 多层治理 151, 152, 159
Murray, Craig 克雷格·默里 103
Mussolini, Benito 贝尼托·墨索里尼 85

Naples 那不勒斯 55, 91
Napoleon 拿破仑 91, 92, 125, 127, 150
negotiation 协商 3, 5, 11, 37, 44, 53, 56, 58, 68, 7, 082-4, 85, 88, 89, 92, 95, 96, 103, 105, 106, 108, 109, 110, 122, 133, 134, 144, 146, 148, 152, 153, 165, 166
neorealism 新现实主义 13, 17
Neumann, Iver 艾弗·纽曼 20-2
Nicolson, Harold 哈罗德·尼科尔森 8, 41, 55, 58, 63, 70, 110
Nitze, Paul 保罗·尼采 103
Nixon, Richard M. 理查德·M. 尼克松 78

nongovernmental organizations (NGOs) 非政府组织 83, 113, 134, 159, 166
North Atlantic Treaty Organization (NATO) 北大西洋公约组织（北约） 71, 134
North Korea 朝鲜 62, 85, 104, 130, 131
note 正式照会 46, 81
note verbale 普通照会 46
Numelin, Ragnar 朗纳·努梅林 12
nuncius 教廷大使 65, 101, 106
Nye, Joseph 约瑟夫·奈 18

O'Neill, Onora 奥诺拉·奥尼尔 36
Opium War (1840-42) 1840—1842年鸦片战争 127-8
organization
 vs. institution 组织和制度 25-6
Organization of American States (OAS) 美洲国家组织 134

Pakistan 巴基斯坦 130, 141
Palestine Liberation Organization (PLO) 巴勒斯坦解放组织 103, 130
Palmerston, Lord 帕默斯顿伯爵 71, 91
panhellenism 泛希腊主义 5, 52, 79, 136-43, 162
Paris negotiations (1972-3) 1972—

1973 年美越巴黎谈判　85
Paris Peace Conference（1919-20）
　1919—1920 年巴黎和会　71, 110
Parma　帕尔马　55
particularism　特殊主义　4, 5, 25,
　33-7, 77, 82, 117, 119, 122,
　131, 136, 137, 139, 142, 143,
　144, 148-9, 150, 164-5
Patten, Chris　彭定康　154, 155
Persian Empire　波斯帝国　51, 52,
　1124, 137-41
persona non grata　不受欢迎的人
　104-5
Philip II of Macedonia　马其顿腓力二
　世　5, 52, 79, 136-9, 142-3,
　162
Pindar　品达　64, 140
political space　政治空间　13, 14,
　15, 17, 18, 19, 22, 24, 25, 31,
　32, 33, 37, 167
　differentiation of　政治差异化　14,
　　15, 24-5, 31, 32, 33, 37, 167
　hierarchical vs. anarchical　等级制
　　的政治空间和无政府的政治空间
　　13
polity
　definition of　政治实体的定义　31
　"polylateralism,"　"复合代表主义"
　　152, 157-9, 160, 163
popes　教皇　36, 54, 80, 83, 112,
　143-9, 166
　see also Catholic Church　另见天主
　　教会
Popper, Karl　卡尔·波普　108
Porphyrogenitus, Constantine　君士坦
　丁七世　47
Portugal　葡萄牙　54
postmodernism　后现代主义　19, 32
precedence　优先权　5, 41, 44, 50,
　53-8, 66, 85, 164
principal-agent（P-A）theory　委托—
　代理理论　38, 99-100, 101,
　103, 108-9, 112, 117
processualism　过程主义　14, 15,
　19, 20, 23, 24, 25, 38, 39, 136,
　166, 167
procurator　代理人　65, 106
protocol
　etymology of　礼仪的词源　45
　see also diplomatic protocol　另见外
　　交礼仪
proxenia　监护, 护侨官　60, 64
Pufendorf, Samuel　塞缪尔·普芬多
　夫　37

Qasim, Abdul　阿卜杜·卡西姆　115
Rabin, Yitzhak　伊扎克·拉宾　94
Reagan, Ronald　罗纳德·里根　103
realism　现实主义　15-17, 18, 31,

120, 149
reciprocity 互惠 5, 11, 28-30, 35, 39, 41, 44, 50-3, 63, 66, 75, 78, 79, 86
  diffuse vs. specific 扩散性互惠和具体性互惠 28-30, 41, 51, 52, 53, 86
recognition
  definition of 承认的定义 119-20
  see also diplomatic recognition 另见外交承认
relationalism 关系主义 13-15, 17, 18, 19, 20, 23, 24, 32, 33, 166, 167
Renaissance Italy
  diplomacy of 文艺复兴时期的意大利外交 3, 8, 11, 22, 46, 50, 73, 74, 75, 167
representation 代表 4, 5, 12, 25, 37, 38, 47, 63, 64, 67, 85, 98-118, 132, 142, 149, 153, 155, 161, 164-6
  as behavior 行为 100-13
  definition of 定义 98-9
  etymology of 词源 99
  as status 地位 113-17
  and technological development 与技术发展 108-9, 117-18
reproduction
  definition of 再造的定义 119

  see also international society, reproduction of 另见国际社会再造
Reus-Smit, Christian 克里斯蒂安·雷乌-斯密特 21, 22, 27
Richelieu, Cardinal 枢机主教黎塞留 26, 56, 83
ritual
  definition of 仪式的定义 42
ritualization
  definition of 仪式化定义 42-3
  see also diplomacy, ritualization of 另见外交仪式化
Roe, Sir Thomas 托马斯·罗爵士 56
Roosevelt, Franklin D. 富兰克林·D. 罗斯福 125
Roosevelt, Theodore 西奥多·罗斯福 131
Rosecrance, Richard 理查德·罗斯克兰斯 18
Rosenau, James N. 詹姆斯·N. 罗西瑙 31
Roman Empire
  diplomacy of 罗马帝国外交 11, 50, 64, 70, 74, 86, 87, 102, 123
  and immunity 罗马帝国豁免权 30, 60
  and ritual 罗马外交仪式 49
du Rosier, Bernard 伯纳德·杜·罗西耶 8

Rusk, Dean 迪安·腊斯克 92
Russia 俄罗斯 94, 104, 111, 114, 132
　　see also Soviet Union 另见苏联

Sadat, Anwar 安瓦尔·萨达特 85, 104
San Francisco Conference (1945) 1945年旧金山会议 71
Satow, Ernest 欧内斯特·萨道义 2, 8
Second World War 第二次世界大战 91, 92, 128, 129, 131, 132, 150
Sforza, Ludovico 卢多维科·斯福扎 114
Sharp, Paul 保罗·夏普 109, 148
Simpson, Smith 史密斯·辛普森 12, 167
single negotiation text (SNT) 单一谈判文本 83
Slovenia 斯洛文尼亚 129
social space 社会空间 39-40, 43
Socialization 社会化 17, 38, 119, 120, 123, 125, 131-3
Söderblom, Staffan 斯达芬·瑟德布罗姆 106
Solana, Javier 哈维尔·索拉纳 72, 155
South Korea 韩国 154
sovereignty 主权 3, 5, 13, 14, 18, 20, 28, 31, 36-7, 61, 98, 120, 125, 127, 133, 134, 150, 151, 153
Soviet Union 苏联 81, 83, 87, 103, 104, 105, 10, 128, 132
　　dissolution of 解体 129-30
　　see also Russia 另见俄罗斯
Spain 西班牙 91, 114, 127, 130
　　and precedence 外交优先权 54-7
Stalin, Joseph 约瑟夫·斯大林 57, 106
Stearns, Monteagle 蒙蒂格尔·斯狄恩斯 67
Stinnett, Caskie 卡斯基·史汀奈特 72
Strayer, Joseph 约瑟夫·斯特雷耶 149
structuralism 结构主义 15, 18-19
substantialism 实体主义 13-15, 16, 17, 20, 23, 24, 32, 167
Suez War (1956) 1956年苏伊士运河战争 80-1
Sumerian
　　as diplomatic language 苏美尔语作为外交语言 69
summitry 峰会 30, 48, 71, 92-3, 144, 148-9
supranationality 超国家性 138, 142, 150, 151-3, 159, 161, 162
Sweden 瑞典 55, 56, 81, 85, 106,

111, 114

Switzerland 瑞士 103, 114, 115

Taiwan 台湾 44, 129
Talbott, Strobe 斯特博·塔尔博特 94
Thirty Years War 三十年战争 36, 56
Thompson, Llewelyn 卢埃林·汤普森 111
Tierney, Brian 布莱恩·特尼 149
Tilly, Charles 查尔斯·梯利 14
Tran, Van Dinh 陈文庭 (Trần Văn Dĩnh) 67
transaction costs 交易成本 26
transgovernmental relations 政府间关系 158, 161
treaty rituals 条约仪式 49-50
Trojan War (c. 1200 BC) 公元前 1200 年特洛伊战争 140
Trotsky, Leon 列夫·托洛茨基 132
Truman, Harry S. 哈里·S. 杜鲁门 57
two-level games 双层博弈 84

United Kingdom 英国 26, 57, 71, 72, 74, 80, 85, 91, 92, 103, 106, 115, 146
  and diplomatic recognition 外交承认 55-6, 127, 147
  and intelligence 外交情报 74
  and precedence 外交优先权 56, 58
  and recall of ambassadors 召回大使 104
United Nations (UN) 联合国 44, 57, 103, 128, 129, 130, 133, 134, 154, 159
United States 美国 30, 57, 58, 78, 85, 87, 103, 110, 131-2, 150, 154
  and diplomatic recognition 外交承认 127, 128
  and intelligence 外交情报 74
  and recall of ambassadors 召回大使 104
universalism 普遍主义 4, 5, 25, 33-7, 77, 82, 117, 119, 122, 131, 136, 137, 139, 143, 144, 148-9, 150, 163, 164-5
un-owned processes 无主进程 34

Venice 威尼斯 11, 47, 48, 75, 80, 91, 102, 104, 106, 116
Verdun, Treaty of (843) 843 年《凡尔登条约》 147
Vienna Convention on Diplomatic Relations of 1961 1961 年《维也纳外交关系公约》 62, 63, 65, 67
Vietnam 越南 78, 85
Vietnam War 越南战争 85

"walk in the woods"（1982） 1982年"林中漫步" 103

Wallenberg, Raoul 拉乌尔·瓦伦堡 81, 106

Waltz, Kenneth 肯尼思·沃尔兹 17, 120

Watson, Adam 亚当·沃森 20-1, 35, 82, 116

Weber, Max 马克斯·韦伯 105

Wendt, Alexander 亚历山大·温特 120

Westphalia, Peace of（1648） 1648年《威斯特伐利亚和约》 36-7, 56, 83, 121, 125, 150, 166

White, Andrew D. 安德鲁·D. 怀特 8

de Wicquefort, Abraham 亚伯拉罕·德·威克福 8, 98

Wight, Martin 马丁·怀特 20

Wilson, Woodrow 伍德罗·威尔逊 12, 71, 89, 110, 128

World Trade Organization（WTO） 世界贸易组织 134

Wotton, Sir Henry 亨利·沃顿爵士 76

Young, Andrew 安德鲁·杨 103

Yugoslavia 南斯拉夫, 129

Zhou Enlai 周恩来, 30, 78